“一带一路”沿线国家社会发展丛书·印度系列

印度大都市治理：四城市个案研究

[法] 乔尔·吕埃(Joël Ruet)
[法] 斯蒂芬妮·塔瓦·拉玛-瑞瓦尔
(Stéphanie Tawa Lama-Rewal)
主编

赵春雨 主译

華東理工大學出版社
EAST CHINA UNIVERSITY OF SCIENCE AND TECHNOLOGY PRESS
·上海·

图书在版编目(CIP)数据

印度大都市治理：四城市个案研究／（法）乔尔·吕埃，（法）斯蒂芬妮·塔瓦·拉玛-瑞瓦尔主编；赵春雨主译. —上海：华东理工大学出版社，2022.12

书名原文：Governing India's Metropolises：Case Studies of Four Cities

ISBN 978-7-5628-6983-2

Ⅰ. ①印… Ⅱ. ①乔… ②斯… ③赵… Ⅲ. ①大城市—城市管理—研究—印度 Ⅳ. ①F299.351.3

中国版本图书馆 CIP 数据核字(2022)第 251660 号

Governing India's Metropolises：Case Studies of Four Cities, 1st Edition / by Joël Ruet, Stéphanie Tawa Lama-Rewal

ISBN：978-1-138-38035-6

著作权合同登记号:“图字 09-2019-201 号”

策划编辑／刘　军
责任编辑／秦静良
责任校对／孟媛利
装帧设计／徐　蓉
出版发行／华东理工大学出版社有限公司
地址：上海市梅陇路 130 号,200237
电话：021-64250306
网址：www.ecustpress.cn
邮箱：zongbianban@ecustpress.cn
印　刷／上海新华印刷有限公司
开　本／710 mm×1000 mm　1/16
印　张／17.75
字　数／298 千字
版　次／2022 年 12 月第 1 版
印　次／2022 年 12 月第 1 次
定　价／198.00 元

丛书编委会

主　　编：曹锦清

执行主编：黄玉琴

译　　者（按姓氏笔画排序）

刘欣燕　吴建伟　何雪松　张之燕　赵春雨

原著致谢

这本书是集体研究的主要成果。研究始于 2003 年，当时有几位学者恰巧都在新德里（New Delhi）的法国人文科学中心（French Centre de Sciences Humaines, CSH）工作。他们在若干次非正式讨论后发现，尽管各自从不同的角度进行研究，但都是在研究印度的城市。4 年后，从这些讨论中诞生的项目完成了。2007 年 1 月，他们还在德里（Delhi）举行了一次总结研讨会。

作为这一研究项目的协调者，我要感谢团队的 11 名成员为实现共同的科学目标而承担的责任，以及对这类研究面临的固有的行政限制所表现出的耐心。项目研究团队是国际化、跨学科的，拥有印度、荷兰、法国和德国的学者，他们分别来自经济学、地理学、政治科学、社会学和城市学等领域。除了本书各章的作者们，团队成员本来还包括埃弗林·哈斯特（Evelin Hust）和弗朗索瓦·勒克莱尔（François Leclerc），出于工作原因，他们在项目开展 1 年后不得不离开，但也促进了项目构想的实现。团队中还有巴苏迪布·乔杜里（Basudeb Chaudhuri），他一直帮助澄清概念并提供参考文献；还有皮埃尔·查佩雷特（Pierre Chapelet），他是项目网站的管理员，项目的其他成果都是通过这个网站发表的。

这 4 年间的研究得到了一些人士和机构的支持，在此我们要表示感谢。如果没有法国研究部的资助和由让-皮埃尔·高丁（Jean-Pierre Gaudin）协调的“可持续城市发展”（Action Concertée Incitative）研究项目提供的慷慨捐赠，我们的项目永远也不可能实施。法国人文科学中心一直是项目开展的主要支持机构，给项目提供了额外资金和后勤保障。我们非常感谢法国人文科学中心的行政人员，他们在组织讨论会和记录方面极富经验。

2003—2007年，法国人文科学中心主任维罗尼克·杜邦(Véronique Dupont)也是项目科学委员会的成员，她以两种身份为项目开展提供了支持。项目科学委员会成员还包括阿兰·杜布莱森(Alain Dubresson)、皮埃尔-诺埃尔·吉罗(Pierre-Noël Giraud)、约翰·哈里斯(John Harriss)、布鲁诺·佐伯特(Bruno Jobert)、阿米塔布·昆都(Amitabh Kundu)和库尔迪普·马图尔(Kuldeep Mathur)。他们经常给出富有启发意义的建议，对此我们由衷地表示感谢。

这4年间，我们在德里、海得拉巴(Hyderabad)、加尔各答(Kolkata)、孟买(Mumbai)和巴黎(Paris)举行了一系列讨论会。这些会议都至关重要，让我们有机会讨论研究目标与研究方法、实地调查有关问题、初步发现问题、进行不同视角的比较以及讨论各种理论框架，让我们有机会向作为研究对象的来自这四个城市的一些参与城市治理的观察员或治理参与者们提出自己的想法，并从他们那里得到宝贵的反馈意见，我们真诚地感谢他们。他们中有加尔各答的贾延塔·巴苏(Jayanta Basu)、特丽莎·森·夏尔马(Trisha Sen Sharma)、德巴托什·达斯·古普塔(Debatosh Das Gupta)、帕比特拉·吉里(Pabitra Giri)、安那普尔纳·肖(Annapurna Shaw)、南迪塔·查特吉(Nandita Chatterjee)、塔帕斯·加塔克(Tapas Ghatak)和莫希特·巴塔查里亚(Mohit Bhattacharya)，德里的阿努拉格·斯里瓦斯塔瓦(Anurag Srivastava)、马图尔(O. P. Mathur)、贾恩(A. K. Jain)、莱努·夏尔马(Renu Sharma)、巴塔查里亚(B. B. Bhattacharya)、阿米特·普拉卡什(Amit Prakash)、尼拉加·高帕·加雅尔(Niraja Gopal Jayal)、阿米塔·辛格(Amita Singh)、拉吉布·达斯古普塔(Rajib Dasgupta)、阿加伊·梅赫拉(Ajay Mehra)、普尔那米塔·达斯·古普塔(Purnamita Das Gupta)、迈克尔·科贝尔莱恩(Michael Koeberlein)、斯里达兰(N. Sridharan)、吉塔·纳姆比桑(Geetha B. Nambissan)和拉·高文达(R. Govinda)，海得拉巴的斯里德威(N. Sreedevi)、斯里尼瓦苏鲁(K. Srinivasulu)、维诺德·贾伊拉(Vinod K. Jairath)、莫汉提(P. K. Mohanty)、斯里尼瓦斯·查瑞(V. Srinivas Chary)、拉玛·迈尔库特(Rama Melkote)、希拉·普拉萨德(Sheela

Prasad)、拉玛查恩德拉亚(C. Ramachandraiah)和拉奥·车里卡尼(Rao V. B.J. Chelikani),还有孟买的阿布依·派特(Abhay Pethe)、马拉·拉尔瓦尼(Mala Lalvani)、拉维·达格尔(Ravi Duggal)、戈顿·迪索萨(Gordon D'Souza)、阿吉特·卡尔尼克(Ajit Karnik)、拉加拉克斯米·卡马斯(Rajalaxmi Kamath)、阿什奥克·达塔尔(Ashok Datar)、亚扎德·贾尔(Yazad Jal)、西玛·莱德卡尔(Seema Redkar)和阿米塔·比海德(Amita Bhide)。这些人大都做了主题陈述(其中一些研究是受项目委托的),这增加了我们对那些复杂进程的了解,感谢他们。在欧洲的同事们中,我们还要感谢伊莎贝尔·米尔伯特(Isabelle Milbert)、伯纳德·巴拉克(Bernard Barraqué)和约普·德·威特(Joop de Wit)。

感谢那些为我们提供研究场所的学术机构,如海得拉巴的印度行政人员学院(ASCI-CME),德里的贾瓦哈拉尔·尼赫鲁大学(Jawaharlal Nehru University)的法律与治理研究中心(Centre for the Study of Law and Governance),加尔各答的社会科学研究所(Institute for Social Sciences),还有孟买大学(Mumbai University);法国的国立巴黎高等矿业学校(Mines ParisTech)和楠泰尔(Nanterre)的巴黎第十大学(Parix X University)也给了我们支持,令我们受益匪浅。

我们的项目具有极强的比较性和集体性,这就意味着分散协调必不可少。有了阿卡纳·戈什(Archana Ghosh)、洛兰·肯尼迪(Loraine Kennedy)和玛丽·伊莲·谢拉(Marie-Hélène Zérah)这三位作为城市协调者的团队成员,研究工作才得以顺利开展。感谢她们分别为加尔各答、海得拉巴和孟买城市团队所做的协调工作,也感谢她们卓越的工作方法。

这项研究也是实证性的,这意味着我们进行调查时得到了一些研究助理的帮助,感谢他们。我们也要感谢参与案例研究的一些学生。此外,我们还要感谢愿意利用自己的宝贵时间来回答我们问题的人们——无论是接受个人访谈者,还是参加焦点小组讨论者。

最后,项目面临的主要挑战之一是在研究的集体层面和个人层面之间找到平衡点:前者丰富了项目构想,促进了数据收集,我们也因此可以进行

第一部分　城市治理的主题与问题

第一章 在印度大都市研究中，何为“治理”

斯蒂芬妮·塔瓦·拉玛-瑞瓦尔

如今，印度仍然主要是个农业国（在2001年人口普查中，其农村地区人口占总人口的比例达72%）。不过，它经历了长期的城市化发展进程，城市规模正在不断扩大。2007年，孟买和德里甚至位居全球十大特大城市之列。当前，世界上高达十分之一的城市人口居于印度。印度大都市的管理究竟由谁掌控，又为谁服务？此问题是本研究项目的核心，其研究结果将在本书中展现。

这个问题与三个方面有莫大关联。一是在人口增加的情况下印度人民的生活水平状况。2001年，印度有2.85亿城市居民，且人口数字仍在上涨。[①] 此外，其城市发展以大城市为主（Kundu and Gupta，1996；Sivaramakrishnan，Kundu and Singh，2005）[②]，而这些地区面临着严峻的基础建设（如住房、供水和卫生条件、交通和电力设施等）短缺问题。这给城市居民带来了严重的环境问题，进而导致贫民区居民的生存条件极为低劣（贫民区居民的数量为特大城市人口的四分之一到二分之一）。[③]

二是印度的经济发展状况。因为城市（尤其特大城市）是国家发展的动力所在，城市的经济发展状况决定其在国家乃至全球层面的竞争力（Sassen，2001）。实际上，在过去15年中，印度的高速发展与中心城区

① 根据联合国最近的预测，目前生活在城市地区的人口占29%（近3.5亿人）（UN，2005）。

② 服务和基础设施缺乏问题也让中小城市深感忧虑［见《2006年印度基础设施报告》（*India Infrastructure Report 2006*）］。

③ 2001年印度人口普查将“大都市”定义为人口超过100万的城市群（2001年有35个），将“特大城市”定义为人口超过500万的城市群（2001年有6个）。

组织在“让公共医疗服务有选择性且目标导向明确，而不是有整体性并提供综合服务”上所起的作用。

第六章和第七章聚焦于两个重要方面：一方面，尽管教育和医疗领域的治理已大规模私有化了，但仍有明显的集权主义倾向。这两个案例研究都指出了这两个领域中存在的民主缺乏、家长和病人鲜有话语权、教师和医生同样很难参与决策等问题。另一方面，虽然国家越来越让基础服务私营化（无论是企业还是非政府组织），但迄今为止，它却没能相应地对这些新机构的服务行为加以规范，涉及定义伙伴关系时尤其如此。

第八章讨论了另一种城市服务，即供水和卫生服务。与前几章一样，作者发现，在供水和卫生这类有形基础设施的使用上，出现了两极分化。在这个案例中，一方面是因为私营参与者在该部门的作用日益增强，另一方面是因为新技术的发展使这类资源的分权管理成为可能。实际上，正如乔尔·吕埃（Joël Ruet）等强调的，在特大城市中供水和卫生服务技术很重要，他们还认为城市的分散化程度既与技术解决方案有关，也与治理情况有关。本章重点描述了各种参与者在三个作为研究对象的城市中各自的优势：加尔各答仍以公共行动者为主，在市政中尤为凸显；在海得拉巴，市政议员是该市较贫困地区供水和卫生服务“供应链”中的一环，但非政府组织、社区组织和中产阶级社区协会在这些服务的供应上也扮演着重要角色；在德里，后一种类型的民间社会组织和私营企业家则发挥着重要作用。作者认为，各地的不同情况说明，水已经不再属于公共物品，而是正在成为一种俱乐部物品。[①]

第九章的核心是贫民区改造，通过集中讨论这方面的两个主要行动者——市政府和民间社会组织——对“参与式治理”的概念提出了疑问。戈什认真研究了城市地方机构在扶贫方面的作用，分析了加尔各答和海得拉巴被授权的市政实际职能、负责贫民区改造和重建的组织架构，以及两市各自的财政能力。借助于这样的分析，她发现了“这两地政府对邦和中央政府的财政依赖”，即中央对权力下放得不彻底大大阻碍了地方政府功

① 俱乐部物品指的是具有排他性（某些类别的人们无法获得这些商品）的商品，与公共物品不同。

能的发挥。不过，她也表示民选代表并不是毫无力量，他们在感到社区组织有威胁性时，会把这些组织破坏掉。例如：在加尔各答，有政治关联的民间社会组织构成了一个庞杂的网络，让贫民区重建（或改造）计划架构中的社区组织显得多余；在海得拉巴，新当选的议员们始终坚决抵制社区组织的运作，以免“危及他们作为民选代表的权威”。从这两个案例中，作者发现了议员和“社区发展协会”之间带有竞争意味的关系，最终后者在竞争中落败。她由此得出结论，“权力链上存在着机构层级，每个机构都不愿将自己的权力分给较低层级的机构”。

第十章聚焦固体废物管理方面的改革——它也属于基础性的市政服务——并进行了关于公私伙伴关系（PPPs）运作及其影响力的案例研究。本章重点研究孟买和海得拉巴市政的作用，介绍了两地如何针对富裕地区和贫困地区设计不同的公私伙伴关系。谢拉对这种关系的技术效益和社会效益进行了批判性评估，并将它与早期的公共承包形式进行了对比。与前述情况相类似，她也发现市政议员在贫困地区发挥的作用更大，他们是这些地区政治庇护的重要组成力量。她还指出，公私伙伴关系并不与“垂直治理”对立。此案例研究为第八章至第九章的部分结论提供了依据：虽然贫民区“社区参与”的理念在固体废物管理方面很不现实，只不过是将其分包给私人参与者的另一种说法而已，但是在较富裕的聚居区，这一理念确实推动社区协会参与决策过程，实际上促进了在其他问题上的集体参与。

最后，在第十一章中，吕埃从经济角度重新解释了治理的一些政治和社会演变，并讨论了他们从作为研究对象的四个城市中所观察到的规律：治理的变化由政治驱动，且大多是自上而下的；行政部门在治理改革中的作用始终模糊不清；治理中的参与者不仅数量大大增加，而且各自的作用也多样化了；人们对治理的期望值一直在上升，“中产阶级”的呼声尤其如此。吕埃还分析了公私合作的新模式——这些模式在公私伙伴关系理念中只得到部分体现，并进一步讨论了前几章提出的公共物品向俱乐部物品转变的问题，以及这种转变对城市治理的意义。本章指明了进一步的研究方向，论述了关于调控的规范性观点，并将我们对城市治理的分析与印度城市政治经济发展重大问题联系起来。

从以上概述可以看出，本书的各章都有一些共同的主题。

第一，归结起来就是印度城市政策调解的有限更新，这一点可从三个方面看出。其一，《第 74 次宪法修正案》的施行，赋予城市地方机构及其负责审议的民选代表以新的宪法地位。但我们的研究显示，议员的调停中介作用主要从各城市的较贫困地区体现出来。其二，私营部门尤其是企业参与者在城市事务管理方面开始获得合法性，这归功于政治话语中无时不提及的公私伙伴关系。然而，进一步的研究发现，这些伙伴关系与旧的分包形式并非截然不同。其三，企业参与者和社区协会这两种力量的新的声音在城市治理中越发响亮且有效，并通过直接或间接的方式让民选代表的作用边缘化——在所研究的四个城市中，有三个城市的民选代表正受到制度架构的约束，让步于地方官僚。不过，政党仍然是治理的主要行动者，在加尔各答，政党往往执掌整个公共空间，在其他城市里同样如此。例如，对公共分配系统的研究显示，孟买和海得拉巴的所有经纪人都有政治背景，这似乎是一种必不可少的资源。简而言之，政策调解是多样化、有争议的，而且越来越按阶级划分。

第二，集体商品和服务的交付制度日益分化。私营供给（性质和质量因人而异）和目标定位愈发精准的公共供给（如公共分配系统、固体废物管理、初级医疗服务等方面）相结合，导致了这样的分化。因此，对于初级教育、医疗服务和公共分配系统的案例研究显示，这些方面服务的公共供给越发集中于贫困人口。这种集体服务的“供给”差异还进一步受“需求”的影响，它是中产阶级在近来的城市冲突中发出的“呼吁”。但私人参与者如今在提供教育和医疗等服务上起主要作用，从而严重抑制了中产阶级提供这些服务的比重，后者由此减弱了发声的愿望。于是，在这些服务中，集体动员是不存在的，尽管保护主义依旧盛行。这与市政议员的赋权不足也有关，形成了一种能促进庇护的独特调解方式。

在此过程中，某些基础的城市服务不再是公共物品。事实上，吕埃等和谢拉得出了相同的观察结果，即当代城市治理往往会将以前的公共物品和服务，如供水、卫生和固体废物管理等，转变为俱乐部物品。私营者

（无论是企业参与者还是民间社会组织）在提供服务方面所发挥的作用越来越大，最终导致根据用户的支付能力划分消费群体，从而加剧社会分化。①

这样的改变需要国家重新定义自己的角色，但这种“自我重塑”（肯尼迪，第三章）仍是不完整的。考虑到当代城市治理的特点是城市事务管理的参与者成倍增加，多数研究显示出坚持协调、仲裁和调控的必要性，但目前国家似乎仍无法扮演好这些角色。此外，我们的调查还指出了国家干预城市治理的一系列内在矛盾：在政策制定上存在着一些重大矛盾，国会议员地方区域发展计划就是政策制定者用一项立法损害另一项立法的典型；不同的公共参与者之间也存在对立——从各邦反对分权政策全面实施这个典型的例子就能明显看出来。还有一点值得特别关注，就是国家对民间社会参与治理的矛盾立场，似乎是既“允许”又压制（肯尼迪，第三章）。因此，一方面是委托非政府组织和社区组织进行项目实施、大量出台参与治理的方案、界定企业非政府组织和中产阶级社区协会的新“特邀空间”（Cornwall，2002），另一方面是对选区的限制性解释或议员对“社区发展协会”的故意破坏，这两者形成了鲜明对比。

以下不过是构成城市治理的复杂作用网络中诸多竞争关系的冰山一角：除了加尔各答——其“市长参与议会制”以独特的方式赋予议员权力，其余三个城市地方机构的行政部门和审议部门之间都有竞争；在中产阶级地区，民选地方代表与社区协会（同样，加尔各答除外，因为此地几乎没有社区协会）之间也存在竞争；或者传统非政府组织和企业非政府组织之间同样存在竞争。

以上概述证实了治理概念在描述其功能上所具有的启发性价值：不可否认，其包罗万象的性质并未减少管理城市事务的复杂性，但是让这种复杂性得到了一种系统化的理解。事实上，我们的研究提供了印度当代城市治理的一种视角，它从阶级层面进行架构，通过不同参与者之间的系列冲突来界定，并由纵向和横向关系网络搭建而成。换句话说，治理在很大程度上与政治有关，因为政治涉及权力平衡、冲突解决和资源分配等方面。

① 然而，这一事实并不意味着服务提供的效率不如以前。

最后，如果作为政治课题的治理“是减少政府监管的代名词”（Stoker，1998：18），那么治理作为一种经验现实凸显了对政府的更多需求。

参考文献[①]

Census of India 1991. 1999. *Mega Cities of India: Population Growth, Dispersal, and Characteristics*. New Delhi: Registrar General, Government of India.

Chandhoke, N. 2003. Governance and the Pluralisation of the State: Implications for Democratic Citizenship. *Economic and Political Weekly* 38 (28): 2957 – 2968.

Chaudhuri, S. 1990. *Calcutta: The Living City, Vol. II: The Present and Future*. Calcutta: Oxford University Press.

Cornwall, A. 2002. Locating Citizen Participation. *Institute of Development Studies (IDS) Bulletin* 33 (2): 49 – 58.

Dahl, R. 1961. *Who Governs? Democracy and Power in an American City*. New Haven, CT and London: Yale University Press.

Devas, N. 1999. Who Runs Cities? The Relationship between Urban Governance, Service Delivery and Poverty. Urban Governance, Partnership and Poverty, Theme Paper 4, University of Birmingham.

Dubresson, A. and S. Jaglin. 2005. Gouvernance, régulation et territorialisation des espaces urbanisés: approches et méthode, in Antheaume Benoît and Frederic Giraut (eds), *Le territoire est mort: vive les territoires!: une refabrication au nom du développement*. Paris: Institut de Recherche pour le Developpement (IRD).

Dupont, V., E. Tarlo and D. Vidal, eds. 2000. *Delhi. Urban Space and Human Destinies*. Delhi: Manohar.

Fernandes, L. 2007. *India's New Middle Class: Democratic Politics in an Era of Economic Reform*. New Delhi: Oxford University Press.

Gaudin, J. P. 2002. *Pourquoi la gouvernance?* Paris: Presses de Sciences Po.

Gupta, D. 1982. *Nativism in a Metropolis*. Delhi: Manohar.

Hansen, T. B. 2001. *Urban Violence in India: Identity Politics, 'Mumbai' and the Postcolonial City*. Delhi: Permanent Black.

Harriss, J., K. Stokke and O. Törnquist. 2004. *Politicising Democracy: The New Local Politics of Democratisation*. Basingstoke: Palgrave Macmillan.

Hermet, G. 2004. Un régime à pluralisme limité? A propos de la gouvernance démocratique, *Revue Française de Science Politique* 54 (1): 159 – 178.

Hust, E. 2005. Introduction, in Evelin Hust and Michael Mann (eds), *Urbanization and Governance in India*. Delhi: Manohar-CSH-SAI.

Hust, E. and M. Mann, eds. 2005. *Urbanization and Governance in India*. Delhi: Manohar-

① 为方便读者查阅，本书按英文原版复制参考文献。

CSH-SAI.

India Infrastructure Report 2006: Urban Infrastructure. New Delhi: Oxford University Press and 3iNetwork.

Jaglin, S. 2005. La participation au service du néolibéralisme? Les usagers dans les services d'eau en Afrique subsaharienne, in M. H. Bacqué, H. Rey and Y. Sintomer (eds), *Gestion de proximité et démocratie participative. Une perspective comparative*. Paris: La Découverte.

Jayal, N. G. 1997. The Governance Agenda. Making Democratic Development Dispensable. *Economic and Political Weekly* 32 (8): 407–412.

——. 2007. Review Essay: On Governance. *Current Sociology* 55 (1): 126–135.

Jha, S., V. Rao and M. Woolcock. 2005. Governance in the Gullies: Democratic Responsiveness and Leadership in Delhi's Slums. World Bank Policy Research Working Paper 3694.

Kaviraj, S. and M. F. Katzenstein. 1981. *Equality and Ethnicity — Shiv Sena Party and Preferential Policies in Bombay*. Ithaca: Cornell University Press.

Kazancigil, A. 2002. La gouvernance: itinéraires d'un concept, in J. Santiso (ed.), *A la recherche de la démocratie. Mélanges offerts à Guy Hermet*. Paris: Karthala.

Kennedy, L. 2004. The Political Determinants of Reform Packaging: Contrasting Responses to Economic Liberalization in Andhra Pradesh and Tamil Nadu, in R. Jenkins (ed.), *Regional Refl ections: Comparing Politics Across India's States*. New Delhi: Oxford University Press.

Kundu, A. 2003. Urbanisation and Urban Governance: Search for a Perspective beyond Neo-liberalism. *Economic and Political Weekly* 38 (29): 3079–3087.

Kundu, A. and S. Gupta. 1996. Migration, Urbanisation and Regional Inequality, *Economic and Political Weekly* 31 (52): 3391–3398.

Le Galès, P. 1995. Du gouvernement des villes à la gouvernance urbaine. *Revue Française de Science Politique* 45 (1): 57–95.

Logan, J. and H. Molotch. 1987. *Urban Fortunes: The Political Economy of Place*. Berkeley: University of California Press.

Mahadevia, D. 2003. *Globalisation, Urban Reforms and Metropolitan Response*. Delhi: Manak Publications.

Mooij, J. 2006. From Government to Governance: The Case of Primary Education in Urban India. Paper presented at the 19th EASAS Conference, Leiden.

Naidu, R. 1990. *Old Cities, New Predicaments: A Study of Hyderabad*. New Delhi: Sage Publications.

Oldenburg, P. 1976. *Big City Government in India: Councillor, Administrator and Citizen in Delhi*. Delhi: Manohar.

Organisation for Economic Co-operation and Development (OECD). 1993. *DAC Orientations on Participatory Development and Good Governance*. Paris: OECD.

Papadopoulos, Y. 2002. Démocratie, gouvernance et《management de l'interdépendance》:

des rapports complexes, in J. Santiso (ed.), *A la recherche de la démocratie. Mélanges offerts à Guy Hermet*. Paris: Karthala.

Patel, S. and A. Thorner, eds. 1995a. *Bombay: Mosaic of Modern Culture*. Bombay: Oxford University Press.

——. 1995b. *Bombay: Metaphor for Modern India*. Bombay: Oxford University Press.

Pinto, Marina R. 2000. *Metropolitan City Governance in India*. New Delhi: Sage Publications.

Rosenthal, D. B., ed. 1976. *The City in Indian Politics*. Faridabad: Thomson Press.

Sassen, S. 2001. *The Global City: New York, London, Tokyo*. Princeton: Princeton University Press.

Sellers, J. M. 2002. *Governing from Below: Urban Regions and the Global Economy*. Cambridge: Cambridge University Press.

Sivaramakrishnan, K. C., A. Kundu and B. N. Singh. 2005. *Handbook of Urbanisation in India*. New Delhi: Oxford University Press.

Stoker, G. 1998. Governance as Theory: Five Propositions. *International Social Sciences Journal* 55: 17 – 28.

Stone, C. 1989. *Regime Politics: Governing Atlanta, 1946 – 1988*. Lawrence: University Press of Kansas.

UNDP. 1997. *Governance for Sustainable Human Development*. A UNDP Policy Document, http://www.pogar.org/publications/other/undp/governance/undppolicydoc97-e.pdf (accessed 7 April 2009).

United Nations (UN). 2005. *World Urbanisation Prospects: The 2005 Revision*. Population Division of the Department of Economic and Social Welfare of the United Nations Secretariat, United Nations, Population Division, http://esa.un.org/unup (accessed 7 April 2009).

UN Habitat. 'Urban Governance Index (UGI). A tool to measure progress in achieving good urban governance', Global Campaign on Urban Governance, www.unhabitat.org/downloads/docs/2232_80907_UGIndex.doc (accessed 7 April 2009).

World Bank. 1989. *Sub-Saharan Africa: From Crisis to Sustainable Growth. A Long-term Perspective Study*. Washington: World Bank.

——. 1992. *Governance and Development*. Washington: World Bank.

第二章　德里、海得拉巴、加尔各答和孟买城市治理的对比概述

阿卡纳·戈什　洛兰·肯尼迪　乔尔·吕埃　斯蒂芬妮·塔瓦·拉玛-瑞瓦尔　玛丽·伊莲·谢拉

本章通过对有关制度、改革和参与者的概述，介绍印度四个城市治理的主要特征。我们以《第 74 次宪法修正案》（1992）为研究的出发点，该文件在城市背景下定义了新的行政和政治分权框架。由于地方政府是印度联邦体系中各邦的主体，因而各邦应加强合规性立法，以利于《第 74 次宪法修正案》施行。因此，各邦自分权伊始就发挥了重要作用，我们在本章内会多次说明这一作用的重要性和影响。不过，我们还会指出，分权与民间社会乃至整个社会的变化是同步且相关的，在经济上也是如此。不同参与者在日益增多，故而以城邦为中心的架构实际上已经过时了。

在我们展开研究的时间范围内，我们以《第 74 次宪法修正案》施行期间四个城市各自进行的第一次选举即 1995 年加尔各答的选举、1997 年德里和孟买的选举、2002 年海得拉巴的选举为参考。因此，我们的研究大体上将针对 1995—2005 年的情况，尽管每个城市独立后的历史大背景也对我们的研究有影响。

首先，我们会从经济状况、区域政治和改革动态（第一节）等方面说明每个城市的概况，然后大致介绍其机构体系（第二节）。其次，通过研究市政府的主要改革活动（重点放在行政和政治两个方面），我们会对比它们进行民主分权时各自所取得的成效（第三节）。如果城市治理的变化超出《第 74 次宪法修正案》规定的范围，我们会介绍各个城市发生的其他重要改革，并指出作用突出的新兴参与者以正式或非正式的关系相互作

用并参与此过程。再次，我们将从以下几个方面展开讨论：① 各级与邦有关的参与者（中央、地区及其下属机构或市政机关）；② 民间社会团体参与者（非政府组织、社区协会、社区组织和网络）；③ 工业和企业部门（第四节）。最后，本章结尾将主要讨论我们认为与印度大都市治理重大变革有关的主要私营参与者和多边参与者（第五节）。

第一节　四个城市概况

我们所研究的四个城市均为各所属邦首府。它们在印度的政治和经济领域内都扮演了重要角色，是政治中心、现代化中心和文化熔炉。各城市的历史和身份也频频出现在最近许多学者的研究中，我们在这里只能提及其中的一些：关于德里的有福莱肯伯格（Frykenberg，1986），杜邦、塔罗和维达尔（2000），森古达（Sengupta，2007）；关于加尔各答的有拉辛（Racine，1986）、乔杜里（1990）、桑亚尔和提瓦瑞（Sanyal and Tiwari，1990）；关于孟买的有帕特尔和索纳（1995）、汉森（Hansen，2001）、帕特尔和马瑟罗（Masselos，2003）；关于海得拉巴的有奈杜（Naidu，1990）、巴鲁（Baru，2007）和肯尼迪（2007）。

德里

在中世纪和现代印度，德里是几个帝国的首都，今天我们依旧能从其城市景观中感悟到它悠久厚重的历史：北方的老德里城由莫卧儿帝国的皇帝沙·贾汗（Shah Jahan）在1649年建立，如今已是活力无限的贸易中心。位于老德里和南德里之间的新德里市，是由英属印度政府在1911年将首都从加尔各答迁至德里后建造的花园城市。今天，此地是一个由中央政府、各政党、高级官员和外交飞地占据的高级安全戒备区域。印巴分治后，南德里得到发展，从旁遮普涌来了大量移民，如今这里是中产阶级的住宅和商业区。东部的亚穆纳地区在20世纪90年代得以开发，起初是为了安置被驱逐的贫民区居民，最近则成了中产阶级的新居住区。

德里市十分富饶，其经济此前一直由行政活动把控，但近来则为服务业所主导。它吸引了大量寻求就业的外来务工人员，这些人构成了无组织群体的主体（2000 年占该市劳动力的 81%），也给现有基础设施带来了压力。顺便一提，在德里生活在贫民区的人口占 45%。[①]

从法律意义上讲，德里与印度其他城市不同，原因在于它是中央政府所在地，在管理城市事务方面发挥着重要作用。因此，德里有三级政府参与治理：其一是中央政府；其二是德里国家首都辖区（NCTD）政府，即一个拥有自己的议会和部长会议的准国家；其三是德里市政法人（MCD，德里国家首都辖区政府和德里市政法人的权责范围基本上重合）。值得一提的是，该市还另有两个城市地方机构，即新德里市政委员会和德里军营委员会，管辖小片区域和特定选区（前者负责中央政府和外交飞地，后者负责部队官兵管理）。因此，虽然在同一领域内多个机构同时运作（辖区往往有重叠）是印度多数大城市的共性，但这种情况在德里尤其明显。

自独立以来，首都的政党政治始终由国大党（Congress）和人民党（Jana Sangh-BJP）两大政党所主导。必须注意，直到 2007 年（当再次划分市政和议会选区时），从地域位置上来看，德里市级政府和邦级政府比印度其他任何地方都离得更近，因为此地一位立法议会议员只能从两名市议员中选出，而其他大都市则从多达六到八名议员中选出。这样一来，立法议会议员和市议员之间就出现了激烈的竞争，因为几乎每个市议员都可能成为立法议会议员。这或许可以解释为什么在同一政党（1997—1998 年的人民党，2004—2007 年的国大党）的主导下，在城市辖区内运作的中央政府、德里国家首都辖区政府和德里市政法人三级政府机制似乎并未改善城市治理，哪怕此间政治竞争依然激烈。

自 20 世纪 90 年代初以来，德里政府发生的重大变化都与希拉·迪克希特（Sheila Dikshit）有关。她于 1998 年担任印度议会内阁首席部长，并在一次旨在彰显其善治功绩的运动后于 2003 年再次当选。政治领导人与治理改革之间的这种紧密联系是德里的一大特点。无独有偶，海得拉巴也是如此。

① 所有数据均来自 Government of Delhi（2006）。

由那些本地大型企业提出，后来才得到马哈拉施特拉邦政府和市政当局的支持。

加尔各答

1947 年印巴分治后，加尔各答经历了快速的城市转型，由一个前殖民首都变成了来自孟加拉其他地区的大量移民的收容所，这成为 20 世纪 50 年代到 60 年代期间该市治理的首要关注点。从胡格利河左岸城市的早期发展开始，城市经历了飞速发展。早些时候加尔各答北部混合着宫殿和集市，而现在这里成了最受欢迎的蓝领聚集区。该城市的中心地区（公园街区）曾是资产阶级的聚集地，后来衰落了，一直持续到 2005 年左右才再次崛起。南部是该市最富裕的地区，如巴利贡热（Ballygunge）、托利贡热（Tollygunge）和湖心地区。城市向东部和东南部扩展，聚集了不同社会背景的人员，地区充满活力，这里得益于临近机场的优势，即将建成最具蓬勃生机的新兴企业聚集区。而在东北偏东方向，城市规划管理部门的重点项目如盐湖城的建设正在进行。河的右岸是加尔各答的姊妹城豪拉，每天有数以百万计的工人在此地与加尔各答之间通勤穿梭。这里还分布着众多小型产业，对城市群的经济发展同样起着举足轻重的作用。

在经济政策方面，2004 年布迪哈德布·巴塔查尔吉（Buddhadeb Bhattacharjee）开始接任西孟加拉邦首席部长。在任期间，他推出了以工业发展为主导的增长战略，并以国内竞争为背景开始了针对加尔各答城市群的治理和改善。然而，在加尔各答，公私伙伴关系主要限于部分行政工作的外包和少数房地产项目（如“新加尔各答”建设项目）的联合承包，对于实体基础设施项目并没有实施私有化或建立正式的合同关系的打算（这与德里和海得拉巴不同）。相反，政府着力于吸引工业投资，关注有关政策本身，这样做对城市治理有何影响，尚不清楚。

自 1967 年以来，印度共产党（马克思主义）[CPI（M）]长期（除了 2000—2005 年）掌握加尔各答邦大权，且几乎始终控制着加尔各答市政府。在此背景下，城市治理不仅以邦为中心，而且主要通过党内渠道进行。而共产党领导下的左翼阵线（Left Front）联盟所面临的最大挑战，来自国大党在1997年成立的分支——崔纳木国大党（Trinamool Congress，TC），该党常年针对左翼阵线政府挑起纷争。

正如吕埃等（第八章）指出的：

> 印度共产党（马克思主义）和崔纳木国大党都太急于证明自己在治理方面的相对效率，结果往往会激化对抗策略，而非改善城市服务……共产党一直忙于增强其城市中上层阶级基础，崔纳木国大党则一直试图效仿其运作形式，确保在被边缘化的社会群体中获得大批忠实的支持者。

在加尔各答，实施以发展为主导的模式持续的时间比其他城市长得多。如果这种模式至今未发生改变，那么加尔各答仍将是受邦政府影响最大的城市。

以上概述突出的是改革时机和发起改革的参与者类型在各城市中的差异。在海得拉巴，一如德里，城市治理的改革自20世纪90年代中期由各首席部长发起，他们的政治形象大多是世界银行善治理想的支持者。而在加尔各答，变化比较有限，出现得也较晚，且与单个领导人的联系也更少，尽管邦政府再次提供了主要推动力。相反，在孟买，其重大发展都来自商界，尤其是大型工业企业，我们在第四节中会再次谈到这一点。

第二节　碎片化的大都市体系

四个城市的体制都呈碎片化模式。长期以来，印度联邦政府的权力一直在中央和各邦的“制高点”之间平衡，很少分散到市级（Kumar，2006）。城市地方政府机构已被其他大都市机构边缘化，例如大都市发展当局常常把控着规划权和用地权，邦政府借此控制城市发展、插手市政事务，就像掌管交通、供水等的半国营机构一样。因此，市政府和邦政府之间的关系常由邦政府主导，这不但有害于政治问责制，也不利于经济协作。《第74次宪法修正案》正是在这种独特的体制背景下实施的，这解释了许多观察到的分权政策的失败。

市政府和邦政府之间失衡的关系在进行各自机构的预算分配时尤为明

加尔各答大都市规划委员会（KMPC）在2001年得以成立，并成为全国首家这一类型的机构（截至2008年仍然如此）。与其他都市机构不同的是，该委员会是政治机构：60名成员中有三分之二从大都市区下属40个自治市的议员和133个地方政府、乡政府和地方议会主席中选举出来；其余20名成员则由中央政府、邦政府以及其他与规划和发展有关的组织提名。加尔各答大都市发展局是加尔各答大都市规划委员会的秘书处。该委员会的突出作用，加上大都市地区的城市划分，使得半国营机构甚至在加尔各答这种市政架构权势举国最盛的城市中也能发挥重要作用（见下文）。

最后，关于城市治理的两种新趋势值得一提：第一，大都市在地理和人口上向周边地区扩张的趋势，正在促使一种新的平衡形成，这种平衡会削弱市中心的政治主导地位。第二，私营部门和企业部门的加入正在促进城市事务中参与者的多样化，并带来新型的治理关系。

第三节　分权与民主化

分权未必等同于民主化，但是关于《第74次宪法修正案》的讨论清楚地表明，在印度，分权与民主化息息相关。在第三章、第四章中，我们会对实施《第74次宪法修正案》带来的治理参与新途径（尤其是女性、表列种姓、表列部落的参与比例和选区委员会的成立）以及其他方面的改革作进一步介绍。这里，我们将简要说明一下在城市中发挥作用的两种市政模式，并找出各城市推进民主化分权时（包括民间社会在城市事务管理中的参与）所取得的成效和遭遇的阻力。

印度主要的市政模式是“专员制”，也称“孟买制”。《孟买市政法（1888）》关于执行人（市政专员）和审议机构（市政府和常务委员会）之间的权责划分，赋予了市政专员很大的权力。虽然所有预算决定均须获得常务委员会批准，但大部分决策与订立合同等相关事务仍由市政专员负责。

在孟买，专员模式引发了市政府两部门之间的冲突（Thakkar，1995），这表明，与其他城市（尤其是海得拉巴）相比，孟买的地方政治更具活力。例如，与专员模式下的集权效应不同的是，马哈拉施特拉邦政府早在 1990 年就为女性提供了一定的参与配额。如今，女性在公司席位中的份额已增至近 40%，这显然是民主化进程的表现。

另外，选区委员会的成立推迟到 2000 年才真正落实①，当时的决定是设立 16 个选区（现有 24 个行政选区）。市政委员们选出的 3 个非政府组织代表民间社会②，在选区委员会中发挥积极作用。不过，民间社会能参与城市治理，得益于城市非政府组织的持续努力（Navtej，2005）。这一点上，我们不妨先提一个颇具影响力的非政府组织——印度善治与网络行动组织（AGNI）。该组织的成员均为活跃的公民，他们试图说服中产阶级参与选举投票，努力推动更合适、更诚实的候选人参选公职。③ 印度善治与网络行动组织的成员遍及各个行政选区，与各地方行政部门也有直接联系。另一个发迹于海得拉巴的组织洛克·萨塔（Lok Satta）正在该城市的公民活动舞台上留下自己的印迹。在孟买，该组织致力于加强地方民主和促进大都市规划委员会的建立，并为市长争取更多权力。④

加尔各答的市政体制则完全不同。《加尔各答市政法（1980）》（自 1984 年 1 月起生效）规定，在市政府中引入内阁式政治执行机构，以“市长参与议会制”直接向选民负责，这是全国上下首次推行此举的法令。市政当局被委托给市政法人、市长议会和市长三个实体。市政法人是最高机构，成员选自 141 个选区的议员；市长议会则包括市长、副市长和不超过 10 名选自市政法人的成员；市长由议员们选举产生，他从市政府的当选成员中任命市长议会成员，每个成员都被分配一个或多个职务。行政权由市长议会行使。

市长议会制与孟买的大都市政府模式大相径庭，它把权力赋予民选的政治代表，而非政府任命的官僚专员。不过，此模式下，虽然从理论上来

---

① 设立选区委员会的决定是较早做出的，因此一位地方政治领导人决定诉诸法庭以确保其执行。

② 在孟买和海得拉巴，地方选举代表被称为 corporators，而在另外两个城市被称为 councillors。

③ 许多地方管理高级机构都是印度善治与网络行动组织的分支机构。

④ 洛克·萨塔（意为“人民的力量”）在孟买拥有一个基于专业组织的强大游说团体。这些想法甚至在首席部长一级也进行了讨论。不过，他们在官僚机构和民间社会组织中也有大量反对者。

讲专员（市长议会模式下的首席执行官）要服从于市长议会，实际上专员却拥有足够的权力来领导城市治理并进行政治管理。市长议会制度能在加尔各答有效运作的一个重要原因就是，除了2000—2005年这段短暂时期外，同一政治联盟（左翼阵线联盟，Left Front）自1984年设立市长议会制以来长期掌管着加尔各答市政府和邦政府。而这两个机构若是由两个对立党派掌权，则会引发何种后果，只需看看在前述非一党执政的5年（2000—2005）内，崔纳木国大党掌管市政府却在邦立法机构中处处发难的情况便可知晓。那段时间里，市长和政府在部分问题上分歧极大，而邦政府时时置身事外。

但是除了市长议会制，加尔各答的城市治理的民主程度又如何呢？德里和海得拉巴的市政府权力直到最近才由邦政府取代，而加尔各答的情况不同，它的市政选举自1985年起每5年进行一次。此外，虽然四个城市的女性席位比例相同，但在加尔各答市政府中，女性发挥的作用比在其他任何城市都大（Ghosh and Tawa Lama-Rewal，2005）。

从理论上讲，加尔各答存在三层分权政治管理结构，在市一级之外，第二层是区委员会，第三层是选区委员会。因此，除了141个选区，加尔各答市政府所管辖的城市共被划分为15个区，每个区都有一个自治委员会，由选区内所有民选区议员组成（平均有8~10名议员）。虽然西孟加拉邦其他地区均已设立选区委员会，但在加尔各答市政府辖区，由于印度共产党（马克思主义）已经建成了地方委员会系统，因而其他政党拒绝在此设立选区委员会。

此外，正如钱德拉（Chandra，2004：24）观察到的，“在其他邦或地区，民间社会都由一个活跃的非政府组织或社区组织团体来代表，且此团体与政治并无任何直接联系，但加尔各答几乎没有这种情况。相反，在该市，印度共产党（马克思主义）和崔纳木国大党的庞大组织为特定政党在更大公共范围内传播信息和加强‘意识形态’发挥了渠道作用”。

已经正式参与治理的非政府组织所扮演的特定角色凸显了这种参与治理受限的感觉。自20世纪90年代初期以来，海外发展代理机构资助开展了加尔各答贫民区改建项目（CSIP），在此项目的推进过程中，非政府组织在教育、健康和贫民区重建项目中的参与度大大提高。现在，愿意为加尔各答市政府工作以及希望与其合作的非政府组织数量大增。然而，最近几年出现了一种新的民间社会运动，即以公共利益为由发起诉讼，来质疑邦或市政府的决议，如反对违反环境标准的行为，或以发展项目的名义为流离失所的穷人和贫民区居民发声。

在这方面，海得拉巴的情况正好相反。在该城市中，数十个非政府组织都参与了与发展相关的活动，并围绕社会和政治问题动员人们。其中有一部分人专注于政治改革和治理，并在选举期间共同组织论坛，各方候选人可以坐在一起展示他们的议程。其中一个组织就是洛克·萨塔，它致力于在印度促进善治，打击腐败和具有政治动机的犯罪，甚至在前不久还发展出了一个政党。另一个组织是志愿者协会联盟（COVA），此组织作用大、名气也大，旨在促进社区和谐，并为穷人谋求权利。而最近，企业非政府组织开始参与治理，它们通常与更资深的组织进行合作。

然而，就民主分权而言，《海得拉巴市政法（1995）》修改案并未体现出《第 74 次宪法修正案》的精神。它没能彻底修改海得拉巴现有的专员制或孟买模式的地方政府架构，以至于上述模式在形式和内容上都继续占据市政管理的主导地位。常务委员会和专员是现行架构中的两个主要实体，分别代表政府的立法部门和行政部门。《海得拉巴市政法（1995）》修改案提出，增设一位经直接选举产生的市长，但该职位并无实权。

2002 年 1 月，海得拉巴市重新划定了选区，最后共划分出 100 个选区，重新设立了 10 个选区委员会。时隔十几年，议员们才在进行市政选举的同年入职。顺便一提，自 2005 年年初市议会不再掌权以来，海得拉巴就再也没进行过选举。①

《海得拉巴市政法（1995）》修改案规定，选区委员会应该每两周开一次会。各选区委员会的主席从十名委员中选出，任期为 1 年。除一名秘书（行政干事）外，最近各选区委员会还指派了一名官员，或称为特派专员，以强化委员会架构。而常务委员会由 10 位选区委员会主席组成，从中选出一位主席，负责主持常务委员会。常务委员会最高可批复 50 万卢

① 1973—1986 年、1991—2002 年均无选举产生的机构。

比的项目。如果数额更高，那么它必须向委员会大会提请获准。虽然设有议员基金，但议员并不直接插手基础设施项目的具体落实，而是由市政部门批准和执行。此外，这些市政部门也只能按照邦政府官员的要求并在其批准下实施项目。值得注意的是，大多数接受采访的议员都对此表示失望，觉得自身权力有限。

在德里，市政府在1989—1997年同样被取代了。因此，1993年举行全国首都辖区第一届立法议会选举时，70名市政立法议会议员是德里人民最“本土”的代表。1997年，德里在《第74次宪法修正案》施行期间举行了首次选举，产生了134名市政府议员，其中包括46名女性。此外，迪克希特政府在2000年推行邦和地方选举，同时广为宣传“人民参与”（bhagidari）计划，旨在鼓励人们参与地方事务的管理，用不到10年时间大大促进了“地方”水平上的人民参与。

然而，《第74次宪法修正案》在印度首都的落实十分有限，德里没有设立都市规划委员会，权力下放远远不够。[①] 此外，由于德里市政府在“专员制”下运作，因而专员比市长（从议员中选出，任期为1年）更有声望，市长身份很大程度上只是个敬称。更笼统地说，德里的权力下放存在民主缺陷，因为民选议员的行动受制度限制，且与选民关系疏远。德里选区委员会也未能体现《第74次宪法修正案》的精神：在这里，所谓选区委员会实际上是区域委员会（各区域大约有10个选区）。此外，选区委员会中没有民间社会的代表，只有市政各部门的议员和代表。

人民参与计划的相对成功实际上可能与缺乏亲近感有关，而这正是德里地方政治的特点。该计划旨在使公民成为管理公民事务的积极“伙伴”，主要是通过居民福利协会（RWAs）[②] 的动员，与德里市政府、德里水务委员会等机构代表共同举办专题研讨会，讨论本地事务、形成共识。

综上所述，四个城市分别展现出市政府内外民主化的不同程度。截至目前，《第74次宪法修正案》的实施还不到位，选区委员会实现民主化的潜

① 值得注意的是，《第74次宪法修正案》附表12推荐下放的市政职能列表中，德里的城市规划由德里发展局负责，给排水和污水处理由德里水务委员会负责，而消防、贫民区改造和城市扶贫由国家首都辖区政府负责（Bakore，2006：13－14）。

② 市场贸易商协会（MTAs）、工业区和非政府组织等也是参与者。

力尚未被开发出来。但我们也注意到，民间社会组织在这些体制框架内外发挥的作用越来越大，故在某种程度上克服了体制上的这些局限性。

故此，在公民与地方政府之间的调解上，选区出现明显改变的因素值得研究。对社会更多调解因素的评估（第五章）和对《第 74 次宪法修正案》在参与度方面的批判分析（第三章）表明，要清楚地且令人信服地说明各城市之间在民主化方面的区别，“市长参与议会制”和“专员制”的传统对立已经不如其他影响因素有意义了。

第四节　治理改革：参与者和出现的问题

本节的重点是提请注意每个城市最近在城市治理过程中出现的一些问题。此处我们不会采用严格比较法（严格的比较会在第十一章中介绍），只是对研究期间每个城市的特点加以概述，这些特点可以表明印度城市治理存在的一般性问题。

在德里，治理在本质上是由行政和政治驱动的，甚至经济改革（如私有化方面的尝试）也带着政治术语的包装。许多政治评论家将迪克希特在 2003 年的连任归功于她的治理质量，衡量标准主要是她领导的政府在第一个任期内成功地完成了各种基础设施建设。但由世界银行提出并流行起来的善治概念，并不只是提供基础设施，它还形成了一种准道德约束，强调治理要具有一系列彰显政治美德的特性，如参与度、透明度、问责制和公私伙伴关系。① 这些观念不仅在首席部长的公开声明中随处可见，也是 20 世纪 90 年代一系列举措的核心内容，证明了国家首都辖区政府在谋求善治上的真诚。②

---

① 人民参与计划是德里善治政策的旗舰项目。它促进人民参与除投票外的公民事务的管理。该计划只涉及中产阶级聚居区，贫民区不在其覆盖范围内；不过中产阶级是投票最不积极的群体，在市政选举中尤其如此，因此动员他们绝非易事。

② 事实上，某些举措早在 1998 年迪克希特上台之前就已发起，但她在人民参与计划之外引入了系列制度改革，旨在实现更好的治理，其政策一致性值得称赞。例如，1995 年颁布的《官员腐败与反腐调查法》（*Lok Ayukta and Upalokayukta Act*），其中监察专员（lokayukta）是负责处理对民选代表（立法议会议员等）投诉的申诉专员，主要处理腐败、裙带关系和其他不道德行为。1997 年，国家首都辖区政府通过决议成立了公众申诉委员会，2001 年通过了《德里知情权法》（2005 年通过了《国家知情权法》）。

然而，德里政府推崇的复杂且有时显得抽象的治理论调与公共行动的残暴无情形成了鲜明对比。2006 年大概可称作德里治理历史的“恐怖之年”，因为负责市政事务的各部门之间缺乏协调合作，导致民众和建设区遭受暴力袭击。当最高法院决定处理城市土地使用问题时，德里市政府、国家首都辖区政府、城市发展部和德里发展局之间缺乏协调的问题已经恶化到戏剧性的程度：商店被查封或砸毁；人们被强行赶出住所，公众抗议，数人死亡。2006 年，体制的混乱（这在过去 10 年里都是德里的一大特色）演变成体制上的紊乱。而政府的施政能力，即所谓推动公共行动的能力（Gaudin，2002），就算不是丝毫没有，也是极其糟糕的。2006 年，随着土地使用问题的公共行动而来的，是屡屡前后矛盾的政治声明、一推再推的处理期限和肆意横行的推土机。

然而这些关于城市新总体规划实施的冲突也表明，本意是推动设立居民福利协会和市场贸易商协会的人民参与计划，最终反而动员了居民和交易商起来反对发起该计划的政府。居民福利协会和市场贸易商协会在冲突中发挥的积极作用（尽管这两者常常是对立的）说明，这种自上而下的举措，虽然常因试图重新推动迪克希特政府合法化而遭人诟病，但它实际上使有关人员真正发起了集体行动。

在海得拉巴，民众参与和利益相关群体的形成主要按照国际援助机构在开展其援助项目时设定的模式进行，例如把用户委员会设计为大多数政府计划的核心组成部分。奈杜的有关治理政策和支持这些政策的经济改革都是为了吸引国际捐助机构与私人投资者（Kennedy，2004）。从某种程度上说，1995—2004 年的一揽子的总体政策还是相当有成效的：国家从世界银行获得了巨额贷款，尽管其在新的私人投资中所占的份额大大增加，尤其是对服务业的投资。

要简化并加快公共服务，最重要的是通过减少腐败来改善政府和公众之间的关系，“e-seva”（印度的电子政务网）就是一个很好的例子。事实证明，它在其所覆盖的地区非常受欢迎。“e-serva”是单窗口设置，客户或公民可以通过它支付水电费、预订安得拉邦运输巴士座位，甚至还可以申请护照。2002 年后期，关于此服务的调查显示，前述大部分服务的支付都是在此电子平台上完成的。

在资源调动方面，1999 年启动的财产税自我评估计划增加了市政收入。自我评估被视为一种让纳税人参与和处理因不缴税而引起的长期诉讼问题的方式。有趣的是，居民福利协会被动员起来向人们解释新的税收方案，在一些情况下，协会成员还选择了集体评估他们的税收。

然而，这些改革并没有实现政治权力的下放。海得拉巴最近的绝大多数市政改革都是在没有选举委员会的情况下进行的，这就很能说明问题。虽然议员们已根据新的立法就职，但他们的职权范围并没有太大改变。在某些方面，他们拥有的自由裁量权甚至比以前更少。此外，与改革同时出台的确保人民参与的官方措施，往往让各政党和民选代表被边缘化，而对持中立立场的其他个人和团体有利。这意味着地方民选官员被边缘化。显然，市长的直接选举也难以让人满意，因为出现了重回旧制的行动，即从议员中选出一名市长。现任市长来自泰卢固之乡党，在他 2002 年当选时，邦政府尚由此政党执政。根据不同说法，雷迪（Reddy）市长的权力优势在 2004 年国会执掌该邦时突然消失。① 市政和邦政之间的这种联系以及前者对后者的从属地位是一种常态，关于这一点，此前也有论及。最后，虽然出现了改革，但人们还是明显倾向于自上而下的政策，甚至在执政党泰卢固之乡党内部也很少进行政策辩论（Manor，2004）。

在海得拉巴和德里，改革的早期举措都是由政治驱动的，但在孟买，城市治理的变化是由企业部门牵头的。2003 年，一群领先的实业家委托麦肯锡（2003：32）进行了一项研究，并发表了一份名为《孟买愿景》（*Vision Mumbai*）的文件，其目标很简单：

> 为 2013 年的孟买提供一个全面的愿景，以明确的目标导向助其成为世界级城市。为孟买未来 10 年的总体发展提供蓝图，即明确指出要做的工作，以确保孟买将其愿景变为现实。

---

① 这一点得到一位前海得拉巴市政专员的证实。他在接受采访时表示，市长从城市政治中的重要角色变成了“无名小卒”（私人采访时间：2004 年 10 月 18 日）。

围绕此目的，文件中指出了需要采取行动和投资的六个核心领域：经济发展、交通、住房、基础设施、金融和治理。这份文件在很大程度上得到民族主义国大党邦政府的支持。它承认孟买对马哈拉施特拉邦经济发展的重要性以及将湿婆神军党和人民党赶下台的必要性。因此，邦政府任命了一名特别秘书——该秘书直接在负责城市发展事务的首席部长手下工作——负责落实报告中的建议。

2003 年，马哈拉施特拉邦政府任命了一个特别工作组，随后在 2005 年成立了孟买改造计划组（在世界银行和城市联盟计划的资金支持下）来实施其愿景。为了跟踪计划的进展情况并确保能及时提供咨询建议，该改造计划组与权力更大的权责委员会一起成立了一个公民行动小组（CAG）。权责委员会由有影响力的实业家和邦务秘书组成，公民行动小组则由实业家和“杰出公民”（其中包括电影和戏剧明星）组成。印度善治和网络行动组织、中心地区促进会（SPARC，代表贫民区居民的主要非政府组织）[①] 均参与其中。洛克·萨塔也获邀参与孟买改造计划的大多数会议，并与世界银行和邦政府保持频繁接触。印度善治和网络行动组织与洛克·萨塔并不支持《孟买愿景》中的所有改革，但它们作为此过程中的重要利益相关者表现得也很积极。它们为部分中产阶级发声，并通过其他方式主动投身于城市服务、空间管理和小贩管制等事务——这些都是孟买面临的主要问题。这些组织是新兴中产阶级的代言人，希望在城市事务中拥有更多的话语权，还想在孟买的空间与话语重塑方面发挥作用（Fernandes，2007；Zérah，2006）。

在这种背景下，经济弱势群体的代表组织则被边缘化了。因此，提出《孟买愿景》这一举措在某种程度上值得商榷。例如，2005 年，人们强烈反对拆除贫民区。在当前阶段，“愿景”更像是“多个捆绑在一起的项目”，且其中大多数项目还只是用传统方法进行筹备，而不是一种整体战略。这意味着邦（以及中央政府）、商业阶层、精英和专家之间结成了联

① 中心地区促进会在孟买的权势很大。它参与了布里汉孟买市政法人和孟买都市区域发展局的许多项目（例如市政府的贫民区和卫生项目；负责受两个都市区域发展局运输项目影响的贫民区居民安抚工作）。然而，该市其他非政府组织质疑中心地区促进会的作用。

盟，以重新制定孟买及其郊区有关事务的政策。这样一来，地方政府的作用就相当有限了。

最后，在加尔各答，西孟加拉邦政府提出了一项公私伙伴关系政策，作为改革进程的一部分。该政策旨在调动投资，以适应世界银行提出的善治议程。与此同时，就服务业而言，尽管这种“外包”看似未曾出现过，实际上它延续了印度发展导向型邦一贯采取的以基础设施为重点、以支出为基础的方式（Ruet，2005）。而重拾对工业发展的兴趣则是政府政策中最重要的变化，该邦目前正处在从以农业为导向的增长向工业发展过渡的阶段。

为了促进这一趋势的发展，加尔各答还成立了新机构。西孟加拉邦工业发展公司（WBIDC）、西孟加拉邦工业发展金融公司（WBIDFC）和住房与工业发展公司应运而生，负责融资、城市基础设施建设、工业发展支持、吸引外资并帮助私营部门进入基础设施发展行业等具体任务。事实上，上述行为依旧未能摆脱本地长期以来的体制架构和增加行政机关数量的老路。更有趣的是，正如采访中提及的①：当地企业家倾向于认为政府更乐意支持国际公司或外邦的印度公司，因此政府总是试图避免与那些地方政治势力强大的本邦公司打交道。尽管政府允许新的参与者加入治理，但为了控制治理进程，它也照顾那些非国家参与者，因为后者在政治上的既得利益较低。在加尔各答，决策过程是不开放的，这与政府为了不下放权力而不设立选区委员会的做法别无二致。

从更广泛的角度来看，邦政府大力推行的工业化新速度，总体上对加尔各答大都市区辖地的治理造成了严重后果。为兴办工业产业而征地，必然导致农业劳动力的大规模转移。这接下来又会增加迁入城市的人口数量，这个数字在过去 20 年里是显著下降的。加尔各答都市发展局在 2006 年起草了《2025 年愿景》，并获得城市规划委员会批准，但该文件在预测加尔各答大都市区和城区人口增长时却没有考虑前述新发展内容。因此，邦的整体城市施政能力，尤其是加尔各答大都市施政能力，会在不久的将

① 乔尔·吕埃于 2004 年 12 月 26—27 日对加尔各答十大工业家中的三位进行了采访。

来面临更大挑战。①

善治方案假设民众参与、政治和行政权力下放以及（一定程度上的）经济发展推进是相辅相成的，但德里、海得拉巴、孟买和加尔各答的实际情况难道没有从各个方面证明这一假设是错误的？我们在不同城市关注的问题提出了关于印度整体城市治理未来的一般性问题。德里的情况凸显了参与式计划在赋予不同社会群体权力和城市施政能力方面的矛盾作用。海得拉巴的改革进程则表明，即便是受到善治理想启迪而进行的改革也不需要分权，也未必能推进善治进程。孟买的情况证明了当前自由化发展动态的显著特征是精英主义趋势。最后，加尔各答断断续续的改革更多的是只限于行政采购程序的改变，而非所谓公私伙伴关系，这样的改革绝非真正的政治改革。于是，印度大部分地区因长久搁置民主化改革而产生的问题引起了人们的注意。

第五节　企业部门的作用：超越公私伙伴关系

在本章最后一节，我们将重点讨论在多边机构发挥更大作用时，企业治理参与者与日俱增的影响力。我们必须在此区分两种发展趋势：一是企业和多边参与者开始在政治决策中发挥作用，尤其是他们以利益集团甚至以顾问的身份进行着决策干预（如前述孟买的情况）；二是他们在服务供给方面也发挥着日益重要的作用。

在所研究的四个城市中，国际发展机构都已存在了几十年，但在 20 世纪 90 年代它们的作用增强了。这些机构都或多或少地影响了各个城市的服务供给系统和行政模式。公私伙伴关系始终是这些国际机构在推动改革时的惯用语之一，用来给企业部门拓展某种发展空间，不管该企业是国

① 我们在研究中无法涵盖更大范围的土地问题。当然，这并不仅限于加尔各答。土地之争在工业、信息技术、其他服务行业以及住宅建设等方面均出现过。自 20 世纪 90 年代以来，一个重要演变是大规模的私营目的土地被征用，实现了以土地为基础的资本积累，在此过程中，有权执行土地法和驱逐违法者的邦一直是私人方面必要的盟友（Huchet and Ruet，2006：414）。

际的、国内的还是地方上的。但对四个城市的实际形势分析表明，公私伙伴关系更像是政府着力控制邦经济所用的工具，实际上并未实现其最初构想时的目的（如在基础设施建设中引进投资）。

自20世纪80年代以来，安得拉邦政府一直与多个国际组织密切合作，其中不少组织都在海得拉巴开展过项目，例如世界银行的城市贫困人口市政服务供给项目、印度人口项目（八）、与联合国开发计划署联合实施的供水和卫生项目，英国国际发展部（DFID）的海得拉巴公民服务和善治中心工作报告措施、联合国人类住区规划署（UN-HABITAT）和城市联盟的城市发展战略。毫无疑问，这些项目和配套的培训方案为服务供给带来了新规范，对城市治理产生了影响。

20世纪90年代，奈杜政府的《2020年愿景》政治项目推动了公私伙伴关系的迅速发展，提出了对策来重新界定社会中公共和私营部门各自的角色并改变官僚机构和人民之间的相互关系。在泰卢固之乡党和当前的国大党政府领导期间，公私伙伴关系被用来促进大都市地区的基础设施（如科技城、私人财团管理的新国际机场和正在规划的地铁系统）建设，从而促进经济的发展。

德里在2002年实现了配电的私有化，这是国大党政府致力于实现善治在经济方面的证明。然而，公私伙伴关系只是作为工具，并未像世界银行倡导的那样，作为一项经过深思熟虑的经济政策，在对特定领域的服务供给、运营和融资等方面的改善情况做出分析之后才被提出。私营部门参与供水服务在后来被设想成私营部门参与水管供给的管理，而不是所有权转让的私有化形式。该项目遭到非政府组织联盟和居民的强烈谴责，它的失败让政府在后续推行基本服务私有化的议程方面更加谨慎。

孟买与德里不同。在孟买，私营部门长期以来一直参与实体基础设施供给（如郊区供电），它在交叉补贴方面（如“市区”交通和电力之间的补贴）经验丰富，可以实现更多的私营部门参与。

布里汉孟买市政法人的私有化力量致力于动员与社会基础设施发展相关的房地产行业。它首先将视线瞄准医院建筑大楼的多余土地，尽量提高建筑面积指数，试图将四分之一的空间用于建造现代化的公立医院，另外的四分之三用于商业活动。此项目不但没有得到该市法人团体的政治支持，还面临着部分非政府组织的反对，这些组织甚至已诉诸法律对此加以阻止。此外，医疗卫生部门外包政策盛行，再加上公共投资减少，都让以前由公共部门管理得当的医疗卫生服务业逐步走向私有化。

从投资角度考虑，公私伙伴关系在孟买起的作用仍然微不足道。它更像是一个用来描述新制度安排的术语，例如在固体废物处理部门中，它主要用于郊区，与传统的分包形式更相近（见第十章）。对私营参与的依赖，其实往往指的是与社区组织（贫民区）、社区协会（住宅区）和非政府组织的伙伴关系。

在贫民区方面，私营参与的过程是制度化的，主要涉及固体废物处理（贫民区改造方案）和厕所供给（贫民区和卫生计划）两个项目。其中，社区组织、非政府组织都进行了明确的任务和财政责任界定。把责任下放给有关社区时，“善治和参与”话语以及世界银行对贫民区和卫生计划的资助都发挥了关键作用。

在住宅区方面，布里汉孟买市政法人最近制定了一项新政策，将高级地方管理团队（ALM）的松散网络制度化，以鼓励地方市民团体的建立。这些团体可到市政府进行官方注册，签署谅解备忘录，在各自领域内提供系列服务，并可自行选择实现该目标的方法。如此一来，这些团体就成为这些服务的官方提供者。

不过，还有两个领域，虽然我们的研究未曾涉及，但私营部门却在其中发挥了非常重要的结构性作用。这两个领域分别是基础交通设施（如孟买的跨海大桥和德里的地铁）和房地产，有关项目不胜枚举。在所研究的四个城市中，私营部门作用的增强均与土地价值的大幅增长有关，价值增长就意味着“开发”贫民区的机会大大增加（见第九章）。

加尔各答城市发展计划指出，市政府将与私营机构结成若干公私伙伴关系，私营机构会参与城市基础设施发展所需的建设、管理和其他服务。公私伙伴关系项目将在总部、自治区和选区展开，并在一名市政府高级官员领导下成立工作小组，负责整个项目的落实。然而，就基础设施项目而言，加尔各答市政府从语义角度看更青睐合资企业（公私伙伴关系的概念在不同行业和文献中始终不断变化而且模糊不清）。市政府能为合作企业提供的，便是它所拥有的优质且昂贵的土地。因此，几个正在酝酿的项目之所以吸引了私营者的兴趣，正是因为有市政府准备出让的昂贵的土地。

2006年，受孟买贫民区改造模式（旨在减轻城市中心地区拥堵程度）的启发，加尔各答市市长宣布了该市贫民区发展的公私合作项目。印度房地产开发商协会联盟（CREDAI）向该市市长提出一项计划，要在主要地区缓解贫民区的拥挤状况，并建造综合性的低成本住宅区。根据市政府专员的说法，市政府已经将该联盟的这项计划与另一个合资企业的住房方案一并纳入考量，根据这项计划，低、中、高收入群体公寓的开发将基于一定的交叉补贴。然而，市长却因此遭到来自反对党和自身党内成员的严重政治抵制，于是该计划目前被束之高阁。

这部分概述了四个城市中与公私伙伴关系相关的各自情况，并强调了多次出现的特点。首先，关于公私合营的决定一向是在更大的改革政治背景下做出的，而不是像国际机构提倡的那样，在分析某部门的供应、经营和财政的改善情况后做出的。其次，在20世纪90年代，私有化的提出是一种吸引投资的方式，如今越来越多的邦政府将其视为一种激发管理技能的方式。在私营机构参与服务供给的问题上，我们可以假设，这样做从某种程度上来说是为了减轻提供服务的财政的负担，也是为了满足公众不断提高的期望值。事实上，在所研究的四个城市中，有三个城市的民间社会在陈述对公共服务提供者的期望方面比以往更坦率，虽然国家的供给能力仍有待增强。

第六节 结论

过去10年间，越来越多的参与者、机构和改革出现在城市治理中。然而，这一概貌也表明，在所研究的四个城市中，有三个城市仍存在自上而下的重要的政治驱动力。在德里、海得拉巴和（最近的）加尔各答，各邦都发起了关于城市治理的重大变革。在德里和海得拉巴，有关参与者

（无论是民间社会还是企业部门）对改革的利用都表明，他们能够在政治变革中生存下来。在加尔各答，眼下就评估各种变化的持久性还为时过早。迄今为止，改革（主要是经济方面）都是由邦主导和掌控的，这也是西孟加拉邦历来的传统。孟买尤为特别：此地的变革大多由大型企业发起，而后得到了政治阶层的认可。

但所有四个城市对善治理想的追求（尽管程度不同）大都起到了削弱议员权力的作用，这引发了印度城市治理发展中有关分权重要性的思考，至少在政治层面是如此。

参考文献

Bakore, Makarand. 2006. 74th Constitutional Amendment and its Implementation in Delhi — A Comparison. Document prepared for the meeting of Delhi Civil Society Organizations on JNNURM. 27 July. Delhi: Centre for Civil Society.

Bardhan, Pranab. 1984. *The Political Economy of Development in India*. Oxford: Basil Blackwell.

Baru, S. 2007. The Local and the Global in Hyderabad's Development. *Economic and Political Weekly* 42 (43): 31 - 36.

Chaudhury, Sukanta, ed. 1990. *Calcutta, the Living City*. Kolkata: Oxford University Press.

Chandra, Medha. 2004. Bridging Everyday and High Politics — the 74th CAA and Inclusion in Kolkata, India, http://www. sasnet. lu. se/EASASpapers/31MedhaChandra. pdf (accessed 8 April 2009).

Das Gupta, D. 2007. An Analysis of Municipal Finance in Kolkata Municipal Corporation. Paper presented at the seminar on 'Urban Actors, Policies and Governance in Four Indian Metropolitan Cities', the Centre de Sciences Humaines de New Delhi (CSH) and the India International Centre, Delhi, 23 - 24 January.

Government of Delhi. 2006. *Delhi Human Development Report 2006: Partnerships for Progress*. Delhi: Oxford University Press.

Dupont, V., E. Tarlo and D. Vidal, eds. 2000. *Delhi: Urban Space and Human Destinies*. Delhi: Manohar.

Fernandes, L. 2007. *India's New Middle Class. Democratic Politics in an Era of Economic Reform*. New Delhi: Oxford University Press.

Frykenberg, R. E., ed. 1986. *Delhi Through the Ages: Essays in Urban History, Culture and Society*. New Delhi: Oxford University Press.

Ghosh, A. 2007. Urban Governance in Kolkata Actors, Policies and Reforms. Paper presented at the seminar on 'Urban Actors, Policies and Governance in Four Indian

Metropolitan Cities' , the Centre de Sciences Humaines de New Delhi (CSH) and the India International Centre, Delhi, 23 – 24 January.

Ghosh, A. and S. Tawa Lama-Rewal. 2005. *Democratization in Progress: Women and Local Politics in Urban India*. New Delhi: Tulika Books.

Government of Andhra Pradesh. 1999. *Andhra Pradesh: Vision 2020*.

Government of India. n. d. *Jawaharlal Nehru National Urban Renewal Mission Overview*. New Delhi: Ministry of Urban Employment and Poverty Alleviation and Ministry of Urban Development, Government of India, http://jnnurm.nic.in/nurmudweb/toolkit/Overview.pdf (accessed 8 April 2009).

Hansen, T. B. 2001. *Urban Violence in India. Identity Politics, 'Mumbai' and the Postcolonial City*. Delhi: Permanent Black.

Huchet, Jean-François and Joël Ruet, eds. 2006. *Globalisation and Opening Markets in Developing Countries and Impact on National Firms and Public Governance: The Case of India, Report and Case Studies*. New Delhi: Centre de Sciences Humaines of New Delhi (CSH), Centre d'Economie Industrielle (CERNA), London School of Economics (LSE) Office, Observer Research Foundation (ORF), National Council for Applied Economic Research (NCAER), and European Union (EU).

Hust, Evelin and Michael Mann, eds. 2005. *Urbanization and Governance in India*. New Delhi: Manohar and CHS.

Kennedy, L. 2004. The Political Determinants of Reform Packaging: Contrasting Responses to Economic Liberalization in Andhra Pradesh and Tamil Nadu, in R. Jenkins (ed.), *Regional Reflections: Comparing Politics across India's States*. New Delhi: Oxford University Press.

Kennedy, L. 2006. Decentralisation and Urban Governance in Hyderabad. Assessing the role of different actors in the city. Governance and Policy Spaces (GAPS) Series, Working Paper 8, Centre for Economic and Social Studies, Hyderabad.

——. 2007. Regional Industrial Policies Driving Peri-urban Dynamics in Hyderabad, India. *Cities* 24 (2): 95 – 109.

Kennedy, L., and M. H. Zérah. 2008. The Shift to City-Centric Growth Strategies in India. Perspectives from Hyderabad and Mumbai. *Economic and Political Weekly* 43 (39): 110 – 117.

Kumar, Girish. 2006. *Local Democracy in India: Interpreting Decentralization*. New Delhi: Sage Publications.

Manor, J. 2004. Explaining Political Trajectories in Andhra Pradesh and Karnataka, in R. Jenkins (ed.), *Regional Reflections: Comparing Politics across India's States*. New Delhi: Oxford University Press.

Mathur, Om Prakash. 2006. *Urban Finance, in India Infrastructure Report 2006*. 3i Network. New Delhi: Oxford University Press.

Naidu, R. 1990. *Old Cities, New Predicaments: A Study of Hyderabad*. New Delhi: Sage Publications.

Navtej, K. B. 2005. Ward Committees in Mumbai – Functions, Finances and Practices. Paper presented at the IDPAD Seminar on 'New Forms of Urban Governance in Indian Mega-Cities', Jawaharlal Nehru University, New Delhi.

Patel, S. and J. Masselos, eds. 2003. *Bombay and Mumbai: The City in Transition*. New Delhi: Oxford University Press.

Patel, S. and A. Thorner, eds. 1995. *Bombay: Metaphor for Modern India*. Bombay: Oxford University Press.

Pethe, A. 2006. Analyse This: Deciphering the Code of Mumbai Budgets. Paper presented at the workshop on 'Urban Actors, Policies and Governance in Mumbai', Mumbai University, 23 February.

Pinto, Marina R. 2000. *Metropolitan City Governance in India*. New Delhi: Sage Publications.

Prud'homme, R. 2005. Financing Mumbai Investment Needs. Note for the World Bank and the Mumbai Transformation Project.

Racine, J., ed. 1986. *Calcutta 1981, The City in Crisis and the Debate on Urban Planning and Development*. New Delhi: Concept Publishing.

Ruet, Joël. 2005. *Privatising Power Cuts? Ownership and Organisational Reform of State Electricity Boards in India*. New Delhi: Academic Foundation.

Sanyal, B. and M. Tiwari. 1990. *Policies and Institutions in Urban Development: The Story of the Calcutta Metropolitan Development Authority*. Economic Development Institute of the World Bank, Washington.

Scott, A. J., ed. 2001. *Global City-Regions: Trends, Policy, Theory*. Oxford: Oxford University Press.

Sengupta, R. 2007. *Delhi Metropolitan. The Making of an Unlikely City*. New Delhi: Penguin Books.

Sreedevi, N. 2005. Finances of Municipal Corporation of Hyderabad. Paper presented at the Workshop on 'Urban Actors, Policies and Governance in Hyderabad', Administrative Staff College of India (ASCI), Hyderabad, 20 September.

Srivastava, A. 2007. A Brief Financial Appraisal of the Municipal Corporation of Delhi. Paper presented at the seminar on 'Urban Actors, Policies and Governance in four Indian Metropolitan Cities', the Centre de Sciences Humaines de New Delhi (CSH) and the India International Centre, Delhi, 23 – 24 January.

Tawa Lama-Rewal, S. 2007. Delhi in the 1990s – 2000s: Good Governance and Bad Governability. Paper presented at the seminar on 'Urban Actors, Policies and Governance in Four Indian Metropolitan Cities', the Centre de Sciences Humaines de New Delhi (CSH) and the India International Centre, Delhi, 23 – 24 January.

Vision Mumbai. Transforming Mumbai into a World-class City. 2003. Bombay First and McKinsey. Mumbai: Bombay First.

Zérah, M. -H. 2006. Assessing Surfacing Collective Action in Mumbai – A Case Study of Solid Waste Management. Paper presented at a Conferernce on 'Actors, Policies and

Urban Governance in Mumbai' , Mumbai University, 23 February.
——. 2007. Urban governance in Mumbai. Paper presented at the seminar on ' Urban Actors, Policies and Governance in Four Indian Metropolitan Cities' , the Centre de Sciences Humaines de New Delhi (CSH) and the India International Centre, Delhi, 23 – 24 January.

第三章　塑造城市治理的参与新模式

洛兰·肯尼迪

城市治理理念的核心是不同的利益相关者（民选或非民选、有权或没权、有组织的或临时性的）或多或少地积极投身于城市事务，并为城市未来发展制定议程。此框架明确肯定了非国家参与者的作用。近年来，在自上而下和自下而上的治理进程中，我们从公民活动中都可见到越来越多的非国家参与者的身影。促进善治的议程、服务供给中的公私伙伴关系和发展项目中的民众参与，三者几乎同时在各地全面出现，发展势头在整个20世纪90年代都不曾减弱。无论源自何处（如多边贷款机构、社会行动主义群体），所有这些议程均致力于打开决策过程的参与途径（在过去，参与决策是政治家和官僚们的特权），让公共服务效率更高、更透明、更有责任心。同时，印度还在推进经济改革，在城市管理体系中纳入新的准则与范例（如成本回收和财政精确），并引入包含新参与者的全新服务供给模式。

以上即本章的研究背景。本章旨在通过对德里、海得拉巴、加尔各答和孟买四个城市的研究，得出一些关于治理参与新模式的普遍规律。我们以20世纪90年代初为研究起点，探索在城市治理上是否出现了新的参与者。若出现了，他们的参与度又如何。此外，把他们纳入参与决策过程或服务供给是出于何种理念？现有参与者的角色发生了多少改变，如何解释这种改变？不同的地方参与者是如何相互作用的？他们各自与邦政府关系的性质如何？邦政府是印度许多邦的主要“城市”参与者？为了保证分析过程条理分明，本章对市政府、中心邦和联合政府做了明确区分，尽管它们管辖的领域有所重叠。这样区分可使关注重点集中于地方变化上。最后，概念上的“国家”在分析参与新模式时至关重要：一方面，从理论上来说，国家是民间社会的主要支持者（Chandhoke，2001：243）；另一方面，私有化还包括私营参与者受委托进行“公共”服务，这可归结为一种新形式的干涉主义（Hibou，1999）。印度政府与其他国家的政府一样，也在进行自我重塑，这就需要通过权力下放来发展与下级行政机构接触的新形式，同时也发展与其他参与者（理论上可概括为“民间社会”和“市场”）接触的新形式。

虽然大多数研究聚焦于参与的某一方面或某一参与群体，但本研究项目的设计思路及其核心即“治理”概念的多义性让我们必须选用跨学科、多部门的综合性研究方法。因此，本章将讨论不同的参与形式，它们的目标不同，合理性依据各异。第一节研究地方当选委员会经历的主要变化。这些委员会虽然不是新参与者，但其职权已大大拓展，且因为强制预留，其成员组成均已发生改变。第二节讨论民间社会组织，如非政府组织和社区协会，它们正成为越来越有影响力的地方治理参与者和民间社会组织。我简要调查了它们参与治理的各种方式：是作为共同生产者直接参与服务供给，还是作为利益相关者代表在为提高参与度而设计的项目框架内发挥作用。我们专门用一节研究私营部门参与治理的新模式。我们认为，经济改革及其背后的自由主义意识形态正在影响当前的治理模式，催生新的“企业”非政府组织，并重新定位不同地方参与者之间的关系。这一章重点讲述民主与治理议程之间的矛盾，前者是公共生活的组织原则，后者使非选举产生的地方参与者的治理参与合法化。

第一节　民主分权的正式制度架构

选举产生的市政委员会是我们所研究的第一类地方参与者。鉴于这些参与者并非新参与者，故本研究的重点放在研究期间其角色的变化上。《第 74 次宪法修正案》是在我们研究的初期获得通过的，它为全国各地的地方政府分权提供了一个共同框架，因此是我们展开调查的重要背景。各邦政府需要修改其市政立法，以确保符合《第 74 次宪法修正案》。市政立法应该至少从四个方面改变地方选举代表参与地方管理的方式：实行强制选举；延长市政委员会任期，主要以拓展其职能（见《第74次宪法修正案》附表12）和使用资金系统化（经过邦财政委员提议）的方式进行；以预留方式改变委员会成员的社会和性别组成；设立市级以下的选区委员会，下放地方政府审议程序。

组织选举看上去像是地方委员会获得下放权力的最低要求。事实上，即便是在印度某些最大的城市，投票流程也极不规范，且地方委员会经常被邦政府（在德里是中央政府）所取代。例如，自20世纪70年代初以来，海得拉巴的选举经历了频繁且极长的空窗期，在这期间，该市只由邦政府提名的一名专员来管理。虽然安得拉邦议会在1995年批准了《第74次宪法修正案》并修改了市政立法，但还是将地方选举推迟到了2002年，这是1986年以来的第一次选举。这也提醒我们，即使当选代表能正式参与城市事务管理，也不代表他们可以理所当然地这么做。①

地方政府为女性和出于历史原因处于弱势地位的群体强制保留席位，这是《第74次宪法修正案》最显著的特点之一。向新的社会群体和性别群体开放民选职位是实现政治体制多样化的关键一步。这些改革的支持者们引证民主的诸多内在品质要求，认为经过这样修改的体制才是理想的，即使它既不会自动成为这些群体更好的利益代表，也不会显著改变政策议程。事实上，在此类较罕见的研究中，戈什和拉玛-瑞瓦尔（2005）发现，印度最大的四个城市增加了市政委员会中女性代表的席位，但此举在短期内并未对当地的政策决定内容产生具体且可衡量的影响。

大多数研究证实，《第74次宪法修正案》（第243-W条）施行后，在扩大城市地方机构职权这一点上，职能下放仍停留在纸面上（Ghosh and Tawa Lama-Rewal，2005；Pinto，2000；Baud and de Wit，2008）。颇具讽刺意味的是，2003年，在城市发展和扶贫部推出修正案10年之后，《示范市政法》颁布了，而它仍没有明确被纳入《第74次宪法修正案》的新职责中，反而回到了更传统的“核心”市政功能概念，即供水、卫生

---

① 撰写本书时（2007年11月），海得拉巴市政法人的选举被再度推迟。官方的解释是，当前在建设大海得拉巴，周边12个自治市要被并入现在的市政法人，因此有必要重新划定选区边界。这一决定由邦政府在2005年7月做出。虽然75%的市政成员对此投了反对票，但该决定依旧如期执行。详见《印度教徒报》2005年8月5日海得拉巴版。

和垃圾处理等方面的职能上，只是在“对促进经济发展、维护社会正义的计划有筹备职责”方面有明显的不同（Government of India，2003，Art. 47）。[①] 尤其值得注意的是，城市发展和扶贫部未把城市扶贫纳入市政职能范围内，尽管这一职能已被明确列入《第74次宪法修正案》的附表12中。因此，虽然邦政府应该为没有扩大地方机构管辖范围而受到批评，但至少有部分责任要归咎于中央政府，因为中央政府本来应该给出提示。

可以说，在《第74次宪法修正案》的贯彻落实上，财政权力下放是最违背其精神的。事实上，收入不足历来是地方机构的主要弱势之一，而邦财政委员会的成立（根据《第74次宪法修正案》第243－I条）是为确保财政拨款不只是依赖于邦政府的自由裁量权。在具体实践中，邦财政委员会并未有效发挥作用，因为邦政府可自主选择不接受其建议；马哈拉施特拉邦（Pethe and Lalvani，2007）和安得拉邦（Sreedevi，2005）都存在这种情况。[②] 德里的情况似乎好一些，因为第二财政委员会建议德里政府将其总收入按一定比例（10.5%）拨给德里市政法人，而这笔款项也确实划拨了（Anurag，2007）。

通过严格控制财政开支，邦政府可有效控制市政当局的作用范围，后者方知自己陷入了一个恶性循环。《示范市政法》第49条规定，市政当局必须首先做到履行核心职能时令人满意，然后才可以“根据其管理、技术和**财政能力**（加粗笔画以示强调，此系笔者所为。下同）决定”是否履行其他职能。鉴于众所周知的地方机构的弱点，这条规定算是一个很有分量的警告，而且可以看出，此警告是用以维持现状，而不是促成实质性的权力下放的。

第二节 二级地方政府

在城市下一级设立选区委员会是《第74次宪法修正案》的显著特点。选区委员会将在定期会议中加强与行政当局不同部门之间的互动，从而有

① 对此的批判分析详见西瓦拉马克莱斯娜（Sivaramakrishnan，2004）。
② 这与国家财政委员会形成鲜明对比，它的裁定额由联邦政府接受。

可能提高当选议员的办事效率，还有利于公民和社区团体的更多参与。但是，《第74次宪法修正案》没有发布有关选区委员会规模、成员和具体职能方面的准则，因此邦政府各自制定规则。在我们的研究中，四个案例城市的规则彼此差异很大①，其中一个最惊人的差异是选区委员会的人口规模（见表3.1）。虽然在市政委员会下增设一级政府的出发点是让人民更易获得参与权，实际上却产生了限制参与人数的趋势。

表3.1 选区委员会数据（截至2006年）比较

市政府	党选议员数量/人	选区委员会数量/个	选区委员会划出的选区数量/个	选区委员会所辖人口（大致）/人	成员身份（除市政官员之外）	委员会会议是否允许媒体参加
德里	134	12	4~16	1 100 000	市政议员	是
海得拉巴	100	10	10	363 000	市政议员，立法会议成员	否
加尔各答	141	15*	7~11	305 370	市政议员	否
孟买	227	16**	8~19	745 000***	市政议员，各选区1~3个非政府组织/社区组织无投票权	否

数据来源：肯尼迪（2006）；拉玛-瑞瓦尔（2007a）；谢拉（2007a）；西瓦拉马克莱斯娜（2004）。

注：*代表自治区委员会，就其实际职能而言，类似于其他城市的选区委员会（见下文）。

**孟买的24个行政选区组成16个选区委员会，具体情况如下：9个行政选区分别设9个选区委员会；岛屿城市的3个小行政选区组成1个选区委员会；剩余12个行政选区组成6个选区委员会。

***从450 000到1 000 000不等。

西孟加拉邦是最早成立选区委员会的邦之一。它制定了一套详尽的选区运作程序。1993年的法案规定，各选区应设立一个选区委员会，成员包括民选议员和任命成员，具体数量取决于该选区人口，但不低于7人，

① 若想了解其他城市的有关信息，请参见西瓦拉马克莱斯娜（2004）或者鲍德和德·威特（Baud and de Wit，2008）的有关论述。

不高于 17 人。[①] 虽然关于选区委员会的立法已经在该邦其他城市施行，但却不包括加尔各答。对此的主要解释是，各党派当选议员均反对其实施（Ghosh and Basu，2007：21），因为这会削弱他们的权力。对于执政党印度共产党（马克思主义）来说，选区委员会无疑是多余的，因为该党组建有自己的选区机构——公民委员会，并每月举行一次会议。因此，“在大部分地区，选区委员会的成立实际上是执政党机构在选区一级的组织延伸。于是人们很难区分开选区委员会和公民委员会”（Ghosh and Basu，2007：22）。加尔各答未设立选区委员会的另一个原因可能是，选区和市政府之间还有个中间组织——自治区委员会（由 8~10 个选区组成）。2002 年，加尔各答市政府处于国大党掌控之下，故邦政府威胁市政府要撤回财政援助，除非市政府设立选区委员会，所以加尔各答市政府不情愿地在 75 个选区成立了选区委员会，但“大多数名存实亡”（Ghosh and Basu，2007：21）。

关于这个问题，不论是从我们的研究中，还是从越来越多的文献中，我们都可以明显看出，选区委员会并非公民可进入的“特邀空间”（Cornwall，2002）；民间社会组织除了在孟买可有限参与治理[②]，在其他地区无从参与选区委员会审议工作。选区委员会唯一向当选代表提供的就是与行政人员互动以及跟进选区内各种项目的机会。我们在德里观察到，比起更正式的内政会议，选区委员会的议员们在与官员们面对面时能更有力地维护自己的主张，因为在内政会议上，议员陈述请求时，“完全是被迫仰视（专员），而专员会以俯视姿态给出回应”（Tawa Lama-Rewal，2007a：8）。反观选区委员会会议，议员与代表德里市政法人所有部门的各区域官员们围坐一桌，由主席（从选区议员中选出）主持会议（Tawa Lama-Rewal，2007a：8）。由此可以看出，在此级别，虽然决策和自由裁量的范围更有限，但选区委员会确实让当选代表以更有效的方式参与到地方政府的管理中。在海得拉巴，我们也观察到类似情形，尽管

① 印度喀拉拉邦同样由共产党主导，且设有类似的规定，它在民主分权的尝试上是印度的典范。

② 非政府机构或社区组织要经多数党或联盟增选，因为只有后者才有权决定哪些组织有资格加入选区委员会。不过它们即使加入了，也只能参与审议，无权投票（见 Navtej，2005）。

地方议员经费（各选区有预算定额）更像是推动议员展开审议和辩论的某种替代途径，促使他们以个体视角来解决城市问题：“（此举）消除了政客们交易和结盟的可能，还有助于更好地了解城市作为独立有机整体这一特性。”（Kennedy，2006：29）

第三节 影响地方政府行动范围的因素

与官僚和邦政府相比，民选代表有相对的自主权，他们能有效参与都市管理及其未来规划。在这方面，我们对四个大都市进行定性比较，揭示了它们之间所存在的巨大的差异，但这个评价过程相当困难。[①] 我们确定了若干解释因素：第一，在最高层面，政治文化和各城市历史、地理等具体特点对于当前模式的形成很有解释力。第二，这四个城市的具体功能各不相同，故地方政府的行动范围也大相径庭。第三，这与第一组因素相关，即根本政治制度，特别是城市与邦政府的关系，似乎对塑造地方政府在治理全局中的能力具有决定性作用。我将简要地考察这三个因素。

德里是印度的首都，这一独特地位自然会影响其治理结构，并在诸多方面限制其自主决策的能动性。在德里市政法人“之上”还有两个政府实体：一是联邦政府，位于德里市内，负责维护法律和治安（警力）、土地开发（通过德里发展局）等核心职能。二是德里国家首都辖区政府，它有独立议会和部长委员会，几乎与印度的邦规制相当。由于联邦政府和德里国家首都辖区的区域大致重叠，因而两者的司法管辖区域也极可能有交叉，尽管从原则上来说，以上三个政府实体与德里水务委员会（负责给排水）等一些半国营机构的主要职能会有明显区分。因此，德里市政法人的行动范围比其他大多数市政法人更有限。[②] 此外，正如拉玛-瑞瓦尔（Lama-Rewal，2007a：3）所指出的，不同“地方”代表之间竞争激烈，因为在德里，一名立法议会议员只能从两名地方议员中选出，而其他特大

① 我们没有考虑议员参与治理的个人意愿、城市服务质量的集体审议结果的有效性等问题，因为难以找到合适的方法来研究这两个问题。

② 例如，贫民区改造和城市扶贫等职能，按惯例会下放给各市，但此处却属于德里国家首都辖区政府的职责。

城市则是从六名或八名地方议员中诞生的。①

在研究中，海得拉巴显得与众不同，不仅是因为它人口规模较小并逐步向大都市迈进，更显著的一点是，它设立市政府的历史并不长。尽管海得拉巴是一座建于16世纪晚期的老城，但直到20世纪30年代，它才有了自己的市政府。作为印度邦或称“本土”邦的首府，海得拉巴并未像19世纪晚期以来的马德拉以及其他殖民城市那样尝试建立地方政府。1960年，在该市并入联邦10年之后，塞康得拉巴（Secunderabad）和海得拉巴两个独立的市政府合并，开始组织地方选举，不过正如前文所述，选举时有中断。有了海得拉巴的历史背景，再加上邦政府（无论执政党为谁）明显不愿将权力分给首都的民选机构，于是海得拉巴的议会就成了我们所研究的四个城市中权力最小的那个。② 相比之下，孟买和加尔各答市政府的历史传统更悠久，虽然在加尔各答，邦政府曾取代过市政府，而德里也曾受到印度政府的控制。相比之下，孟买自1888年法律机制健全以来，其市政府只被邦政府成功取代过一次（Pinto，2000：4）。

在孟买，地方政府机构的长期存在已经让人印象深刻了，而布里汉孟买市政法人还有着比印度其他大城市更广泛的政治职能。除了供水、公共医疗和街道照明等地方机构都普遍承担的法定职责外，布里汉孟买市政法人还负责提供和维护公共交通系统、供电③和医疗保健服务。为完成诸多任务，布里汉孟买市政法人设立了七处权力机构，包括改革委员会、大孟买电力供应及运输委员会、教育委员会等，每个机构都有其管辖范围和权力。相比之下，在某些城市，供水等核心职能已经由自治机构承担，而且它们并不对市政府直接负责。尽管布里汉孟买市政法人的职责范围很大，但它与其他大都市一样，也面临着与上级机构如负责城市规划的孟买都市区域发展局管辖交叠的问题（Pinto，2000）。

在许多方面，区域政治制度影响当地的治理模式。例如，在西孟加拉

---

① 2007年，市政选举重新划定选区后，如今的比例是从四名议员中产生一名立法议会议员。

② 此评价主要基于我们在这个方面收集到的资料，资料来自对议员和政府官员的采访、对不同级别会议的观摩研究以及对本地学者和知名人士的采访。

③ 仅限岛屿城市。

邦，尽管自 1977 年起，执政联盟的领袖印度共产党（马克思主义）自执政起就定期组织选举，但地方代表均为党内干部的下属，最后由干部们将地方诉求加以汇总并呈报上级（Kumar，2006）。若邦、市由不同政党统治，这在我们所研究的孟买、加尔各答和海得拉巴都出现过，邦政府则很难做到不去限制市政府的行动范围，以此削弱其势力。海得拉巴的情况比较独特，该市的主要政治集团印度穆斯林联盟理事会在市一级有选举基础，但无望在地区掌权，这无疑使得邦执政党不愿将权力和职能下放给市政府。[①]

这项研究的主要发现是，近来在分权上做出的努力——主要是《第 74 次宪法修正案》的施行，并没有让民选代表参与地方政府事务的方式发生实质性变化，或者说其职能范围以及与邦政府的关系都没有改变，市政府软弱无权的传统并未从根本上被破除。[②] 不过，地方议员工作的环境有所改变，最明显的就是新的地方治理参与者出现了，他们以不同的方式参与城市管理。从某种程度上说，这种变化是哈里斯（2007：2717）所说的“新政治”的结果。它是印度经济自由化的产物，建立在民间社会组织而非政党的基础上，以及基于社区的运动而不是劳工组织。

第四节　民间社会组织的不同面貌

近年来，民间社会组织在地方上不断发展壮大，这是一个共识，但它们日益增多的意义，例如它们在城市治理中的参与度和对增强民主参与的贡献等，仍是争论的焦点。本节旨在探讨我们的案例研究提出的一些新趋势，重点关注参与地方决策和服务提供的新模式的过程，如民间社会组织的目标是什么？它们为什么能获得参与的机会？

志愿组织长期以来都参与印度的服务供给，甚至在殖民时期也是如

---

① 这也可以解释为什么最近决定设立大海得拉巴市政府，因为这将通过合并周围的十几个城市来有效消除印度穆斯林联盟理事会继续把持议会的可能。

② 顺便一提，最近在农村地区进行的村务委员会评估研究得到的结果相同，可参见贾恩（Jain，2005）和库马尔（2006）。契伯尔（Chhibber，1999：35－36）引用了一项针对古吉拉特邦、马哈拉施特拉邦和北方邦部分街区的研究。在这项前后间隔长达 30 年（分别是 1966 年和 1996 年）的研究中，精英阶层需要表达他们对当地政府自主性和权力的看法。结果显示，他们的看法几乎没有因时代不同而改变。

此，主要涉及教育和卫生领域。① 根据大多数人的说法，非政府组织参与政策执行的制度化程度越来越高。大多数人认为，非政府组织在20世纪七八十年代首次经历了超常的发展。② 人们越来越认同这个观点，即公共部门应将部分发展项目的推进工作委托给非政府组织来完成，以提高效率、强化公共责任。除了其他组织的参与，国际贷款机构也加速了这一进程，为印度国内外的投资者创造了机会，并促进了非政府组织的飞速发展，印度由此成为"世界非政府组织之都"（Kudva，1996：1，cited by Katzenstein et al.，2001：248）。总的来说，自20世纪90年代善治议程提出以来，非政府组织和其他民间社会组织的作用已日益增强。在城市战略规划领域，无论是以社会可持续发展为目标，还是以经济增长为目标，地方利益相关者应或多或少参与决策的观点已在世界范围内被广泛接受（Stren，2001）。③ 通常是非政府组织搭建了参与决策的平台，有时出于实际需要，有时则是权宜之计。印度显然已经接受了这样的做法，这从政府的贾瓦哈拉尔·尼赫鲁国家城市改造计划的设计中可以看出：符合要求的城市在制定城市发展规划时须与利益相关者进行磋商。

本研究揭示了城市治理中民间社会参与的各种模式，它们在活动范围和理论基础上存在差异。我们主要讨论了三类参与者：社区协会、非政府组织和社区组织。大体来看，它们分别与三种参与"理论"相对应：一是让在改善城市环境方面有更大作用的中产阶级参与服务供给；二是让与市民关系更紧密、熟悉地方事务的机构参与决策和服务供给；三是让城市贫民参与服务供给，培养他们对贫民区改造和扶贫计划的"主人翁"意识。这三种类型的合作生产都基于经济原理，即削减成本或从用户处收回成本，本章最后一节会对此作详细阐述。

近年来，一种日益突出的私人志愿组织是社区协会，有的前身是房屋

① 例如，几十年来，与宗教团体关联的慈善组织一直在解决麻风病和结核病等疾病问题，或凭一己之力，或与政府合作。

② 库德瓦（Kudva 1996：6）提到了这一时期非政府组织的两种类型：一种是对政府的作为持批评态度，另一种是新的"专家管理"型（引自 Katzenstein et al.，2001：249）。

③ 世界银行在促进利益相关者参与发展和服务供给上的作用明显，目的是让政府更积极地回应穷人的诉求。

协会，常以居民福利协会的形式出现。这些基于空间的组织往往社会性质相同，主要通过向行政当局施压的方式来改善地方城市环境。它们常常进行垃圾回收、街道照明、供水排水、街道卫生等集体行动，有时也积极组织文化活动。居民福利协会主要存在于上层和中产阶级聚居的地区，通常由退休的专业人士管理，他们利用自己与身居高位的官僚之间的人脉来加快公共工程实施或改善所在地区的服务状况。

我们的综合研究清楚地表明，除了加尔各答，社区协会在城市治理架构中正在塑造自己全新的角色，这往往是经过政府“邀请”的。例如，在德里，政府通过人民参与计划让居民福利协会参与治理，目的是让公民在公民事务管理中成为积极的“伙伴”，第四章对此会有详细论述。这让公民可以与负责城市服务和维护的市政部门、机构之间保持定期联系，同时在决策中起到一定的顾问作用（Tawa Lama-Rewal，2007b）。同样，孟买高级地方管理方案的目标是与居民福利协会建立伙伴关系，尽管授权职责范围不大，仅仅是主要负责固体废物管理，如回收、分类、堆肥等（见第十章）。一些居民福利协会和高级地方管理团队从这一做法中获得“授权”，并在某些问题上动员其“选民”参加，因而其在市政中的地位越来越高（Tawa Lama-Rewal，2007b；Zérah，2007b）。

这些计划不仅鼓励和支持民间社会通过合作或监督方式参与服务供给，而且为协会采取的集体行动举措赋予了一定的合法性，哪怕这些协会最后只代表非常狭隘的利益集团。拉玛-瑞瓦尔（2007）在研究人民参与计划时说，这种新的参与模式的一个主要局限性在于，它将城市人口中生活最不安稳的贫民区居民排除在外。事实上，如果这些计划的重点只是改善城市中相对富裕的地区，那么它们可能会加剧空间上的不平等，除非在劳动阶级地区实施更积极的措施来平衡影响。最近的研究表明，城市贫民的权利缺失表现在多个方面（Baud and de Wit，2008），其中最明显的一点是没有财产权，这让他们难以有效获得公共服务（见第五章）。

另一个对居民福利协会新行动主义的批评是，它会削弱民选官员的权威。事实上，这些协会有时会指责传统民选代表效率低下、贪污腐败，并明确表示目标就是取代这些代表。例如，2007 年 8 月，在海得拉巴，一个居民福利协会联合会与大海得拉巴市政府的专员签署了一份备忘录，双方同意在居民福利协会和负责其地区的行政官员之间定期召开会议。更重要的是，这份备忘录授权居民福利协会“试验性地”直接承担卫生服务工程（排水方面），并负责区域内路灯和市政公园的维护。这个协会可谓资源动员方面的先锋，它在新闻报道中公布了协议内容，还表示希望“这种直接民主行为能有效减少中间人——不必要的政治代表——的影响或干预”（Tarnaka Times，2007：1）。我们从这个例子中可以看出，一些志愿组织在多大程度上接受了利益相关者参与的概念，理解其自身新获得的合法性，并抓住机会让自己在公民事务中扮演关键角色。

非政府组织是参与服务供给的另一种主要组织，它们通常专注于某些具体领域（如卫生、教育、扶贫等），并在特定地区开展工作。如上文所述，政府已广泛动员非政府组织执行政府决策和计划。尽管参与执行的具体组织会有变化，但非政府组织的这一角色已经被制度化了。这一责任委托的依据是，非政府组织对其目标人群和地区基本状况有更深入的了解。各国政府已开始承认老牌非政府组织的专业性，知道这些组织了解各自所在部门的复杂性。鉴于此，非政府组织经常与政府和外部援助机构进行磋商。例如，在安得拉邦，政府最近聘用了一个专注健康问题的非政府组织，让它们培训政府公务员和来自社区的“志愿者”，这些人随后会参与社会项目的实施。人们认为，非政府组织人员比政府机构人员更有效率，因为他们更“负责”；别忘了，至少从理论上看，它们是自发性的组织。实际上，正如批评者所指出的，而且非政府组织自己也欣然承认，这样做也是出于财务方面的考虑：由非政府组织负责要比政府机构负责耗资少（详见下文）。

尽管人们更加青睐受过教育的或富裕的团体，而往往对非政府组织抱有偏见，但后者常被视为地方社区的合法代表（Harriss，2007）。近年来，一些城市借助诸如联合国人居署和城市联盟这样的组织筹划了各自的战略规划行动。这些行动经过与非政府组织的磋商后才得以实行，因为非政府组织被视为民间社会的合法代言人。如表 3.1 所示，非政府组织可以加入孟买的选区委员会，但无权参与投票，其他城市也正在基于“选区大会”

的背景讨论类似措施的可行性。①

第五节 联系目标人群：社区组织

除了将项目实施工作委派给非政府组织，作为政策规划的一部分，邦还寻求非政府组织协助确定项目受益者并建立基于社区的架构。这类社区组织成为一种较新型的地方参与者，人们认为它们参与公民事务是良好城市治理议程的基础，因为它们代表的是穷人和被边缘化的群体。

20 世纪 90 年代，利益相关者团体（如用户委员会）的成立是诸多发展计划设计的核心组成部分，用以确保公众参与决策，并增强受益人对计划的“所有权”意识。公民的直接参与能强化其意识，从而催生其对更好服务的需求。这一趋势再次体现了邦在促进民间社会参与时的“推动者”作用。但同样要知道，如果邦能设计出新的架构，就可以通过设计或纯粹的疏忽来阻止它们发挥作用。事实上，为发展项目设立“非政治性”社区机构的理由被批评为无效的且倒退的（Chhotray，2007）。

邦设立的用来代表边缘利益相关者的机构在此问题上却是有意疏忽，海得拉巴最近就有一个这样的典型例子。在 20 世纪 90 年代末期，中央政府修改了《城市扶贫计划》，其中包含社区团体和社区发展协会的创立。有了这些机构，社区的地方领导人就需要监督扶贫计划的执行，并协助确定受益对象（见第九章）。《城市扶贫计划》在海得拉巴实施了，社区机构也确实建立起来了。但当邦政府的 3 年任期结束时，它没能成功组织连任选举，这些机构的任期也就结束了。② 这样的疏忽表明，邦一级组织在开放决策权上依然举棋不定，政治制度中地方民主和开放共融的程度也由此得见。

无独有偶，一个庞大的卫生“链接志愿者”网络，曾被动员参与一个国际资助的人口控制项目的实施，一旦项目资金停止，就被解散。政府选

① 《海得拉巴城市发展战略》（在联合国人居署和城市联盟框架下制定）让利益相关者进行磋商，建议各选区委员会配备 20 名民间社会代表，以鼓励更多公众参与治理。西孟加拉邦的立法还规定将非政府组织纳入选区委员会。

② 被问及这种不作为时，市政（城市社区发展部）官员们表示，人们认为社区领导过于政治化，因此对政治机构是种潜在威胁。

定负责建立这类机构的非政府组织，后者承认，一旦项目资金中断，给参与人员的物质或非物质激励措施即刻终止，那么这些机构的继续运作就难以为继。尽管如此，我们也能听到政府、非政府组织与社区组织成功合作的例子，如平托(2000：212) 关于孟买贫民区居民安置工作的描述："社区建立自己的组织，尤其是对那些受压迫的、弱势的群体——如贫民区居民和流浪汉，也会与非政府组织和政府通力协作，有效解决他们的问题。"

第六节　经济自由化的新规范与新参照

虽然我们很想把利益驱动的私营部门参与城市治理归功于印度的经济改革，但应该记得，经济参与者在城市中一直占据着主导地位，尽管他们往往是通过市场力量或非正式影响渠道间接起作用。例如，商人和店主组织、房地产投资商和开发商、具备有效投资和就业机会的私营企业等，通过生产性投资和提供就业机会，起到了间接作用。尽管这些行动者在本地有一定影响力，但往往受制于宏观层面的条件，即"使集体行动成为可能，决定该行动的主旨，建立精英与其他社会阶层之间的联系"的制度安排（Sellers，2002：8）。在 20 世纪 90 年代初的经济改革开始之前，印度大部分经济由德里中央集中管理，工业投资在工厂选址、生产规模和外贸范围等方面控制得尤其严格。在此背景下，公共部门投资是印度经济发展的主要动力（World Bank，1997），邦是主要经济参与者。如今，应邦的要求，国内和国际私人资本正逐步接管经济指挥权。毫无疑问，这种改变在城市治理上引起了各种反响。

经济自由化改变了商业环境，印度各地区竞相吸引投资。从战略的角度来看，大城市被视作主要发展引擎，这种转变很"自然"，因为全球趋势都是如此。近年来，德里和印度各邦的决策者已开始着力挖掘规模处于前列的那些城市的经济潜力，创造私人投资者需要的条件（Kennedy and Zerah，2008）。为了达到本书的研究目的，此处有必要回顾一下，有些作者认为城市治理的经济层面至关重要，它是"城市区域内为其政治经济而规定或施加条件的行动和体制"（Sellers，2002：9）。在我们所研究的四个城市中，无论是通过直接影响旨在优化管理和增强财政实力的城市改革，还是通过改善城市服务的供给模式，经济压力都在以各种各样的方式塑造着城市治理。

第七节　服务供给中私营部门的参与

印度与世界其他地区一样，有越来越多的私营部门直接参与“公共”服务的供给。私营部门的作用很关键，在医疗和教育等部门尤其如此。它在诸多领域里提供的服务供给已经超过公共部门，这一点得到了决策层的逐渐认可，也在一定程度上得到了舆论认可。尽管私营部门提供服务的这种趋势标志着某种程度的革新，但仍有必要以国际视角看到其重要作用并未完全得到发挥：因为在拉丁美洲和非洲，私营公司享有供水、卫生和电力等服务供给授权的例子不胜枚举，但类似做法在印度并不常见。虽然印度当下的公共服务供给私有化进展不明显（Zérah，2005），但地方上各个部门都在进行着大量的尝试。① 例如，在供水和卫生服务方面，私营企业参与了孟买（由世界银行资助的项目）和德里的各种基础设施建设项目，以满足当地对不同供水系统的需求。②

确实，多年来的研究结果表明，饮用水的公共供应不足，让城市居民不得不通过其他供水渠道来补充。这实际上相当于饮用水供应成本的私有化，其他公共服务的短缺也由类似的私人机构加以补充。人口中的弱势群体势必要承担更高的成本（Zérah，2000）。本书中讨论教育和健康的章节已经证实私人提供的健康和教育服务主要为中产阶级和上层阶级普遍接受的生活事实，他们对私人设施的需求推动了这一趋势。现在有这样一种观点，某种程度上也是贷款机构宣传的结果，即政府的服务对象应该是穷人，因为这个群体仍依赖于政府。

在整个20世纪90年代，印度城市中出现一种日益增长的趋势，即把

---

① 在道路运输方面，许多城市的服务供给都由私营者控制。例如在加尔各答，私营者在交通服务供应商中占比高达80%。

② 吕埃和谢拉（2007）发现，与20世纪90年代全球进行的传统管理职能授权和/或资产私有化尝试相比，这些参与者的发展和组织形式或将发生范式上的转变。

街道清洁和垃圾收集等基本城市服务责任以外包或其他形式转移给居民协会。这种仍在循序渐进的转变在一定程度上是由于人们认为邦未能提供数量足够且质量可接受的相关服务，但是也存在预算有限等其他因素，同样推动了将这些服务转包给私营者。海得拉巴进行了最广泛的街道清洁服务外包和联产试验（2004 年，占海得拉巴总面积 75% 的街道的清洁服务由私人承包），其市政当局称，外包极大地节省了人力成本。[①] 同一时期，市政当局还选择了将税收等部门的部分工作进行外包，并采取了签署临时雇用合同的做法，包括城市保健的护士岗位。[②] 环卫工人和保安等低技能员工现在都以合同形式进行系统聘用。顺便一提，政府并不直接进行个人招聘，而是靠中介机构招聘和管理员工。虽然私营承包商理应受到监督，但实际调查表明，由于拖欠工资、未达到最低工资标准、无周休假日等问题频发，因而雇员普遍不满。本书第十章会详细分析海得拉巴、孟买进行的公共服务外包和联产试验。

第八节 企业社会行动

20 世纪 90 年代，印度出现了一种新的公民参与者，即企业服务组织。印度的经济改革为私营公司在某些部门（如信息技术）迅速发展创造了条件，这些部门往往与全球市场紧密结合，从而促进这一发展。这些企业无论是印度的还是外资的，都受到全球企业文化及其对社会责任日益关注的影响。在一些城市中，这类“企业非政府组织”占据着非政府服务组织的中心地位，并与政府密切合作，共同解决包括服务供给在内的城市问题。或许更重要的是，这些组织正越来越多地参与城市议程的制定。[③] 本节接下来主要分析海得拉巴的有关情况，这一证据可能有些极端，但的确能反映前述增长趋势。

---

① 2004 年，外包地区（占总面积的 75%）的人力成本不到 1 800 亿卢比，而由市政工作人员负责的地区人力成本却高达 4 200 亿卢比。该数据是 2004 年 10 月 18 日在海得拉巴采访专员时所得。

② 值得注意的是，这项遭到市政工会强烈反对的决策是在选举委员会缺席时做出的。

③ 尤其是在班加罗尔和孟买，企业在推进城市改革方面发挥了主导作用。

企业非政府组织出现于20世纪90年代末的海得拉巴，当时的政治环境还是以公私伙伴关系为主。为了促进发展，泰卢固之乡党领导的政府利用1998年创立的纳安迪基金会（Naandi Foundation）动员企业进行资助，主要动员对象是该邦的“本土”资本家。[①] 该基金会通过寻求私人和企业财政支持来推动各种发展项目的实施，如建立校卫生诊所、协助政府实施午餐计划等项目。这些计划的顺利实施在很大程度上依赖于私营企业的慷慨解囊，也是通过各种社会关系动员私营企业的结果。除了纳安迪，其他企业参与者也成立了各自的发展组织，筹划诸如设立医疗营地、为辍学者组织培训等项目。这些组织这么做的“理由”是创立者及其员工们希望以此“回馈社会”。事实上，两个最活跃的组织（雷迪博士基金会和萨蒂扬基金会）都是由区域性公司设立的。

自然地，这一趋势引发了传统非政府组织的担忧，这些组织批评此类举措是零碎的。人们对所涉企业的诚意表示怀疑，对企业非政府组织能轻易接触政府高级官员以及这类组织可以享受特权待遇感到不满。批评者主要的担忧是项目的可持续发展性：如果这些企业撤回资助，这些项目将如何得以维持？如果这些绩效高、名声响的企业项目可以使政府退出管理舞台，那么完全控制权就会落入私营部门手中。实际上，许多批评者怀疑，巨额的利润才是企业慷慨解囊背后的主要动力，就像免费的微软软件一样，它是一份礼物，能为送礼者带来好处。

尽管批评确实存在，但一些企业非政府组织已经表示愿意与传统非政府组织合作，共同确定有特定需求的区域，并针对特定群体展开服务。最近在海得拉巴就有一个这样的案例，某家企业基金会决定延长由市政运营的基本医疗诊所的营业时间，以更好地满足工作人群的需要。

第九节　结论

本章旨在分析影响城市治理的新参与模式。笔者先研究了现有的参与

---

① 该基金会主席是印度最大的制药集团之一——雷迪实验室——的格勒姆·安吉·雷迪博士，董事会成员包括龙树（Nagarjuna）集团和萨蒂扬软件（Satyam Computers）两家企业的董事长。详见 www. naandi. org（2005年9月16日访问）。

者，即当地的民选代表，用以评估《第 74 次宪法修正案》的影响力。在我们所研究的四个城市中，无论是从职能上还是从财政上，《第 74 次宪法修正案》对市政委员会的赋权都未产生预期效果。市政当局的行动力在很多时候都没有明显提高，与邦政府之间仍然是依赖和从属的关系。我们所研究的城市中，只有孟买的选区委员会为民间社会组织提供了有限的“特邀空间”，其余城市都没有提供。不过，选区委员会的设立确保更频繁的互动，与全体大会的“高层政治”也保持一定的距离，因此在某种程度上巩固了民选代表相对于市政当局的地位。各市政府在有效参与城市管理以及相对于官僚机构和中央政府的自主权方面有很大差异。最终，我们得出结论，城市政府的独特历史、长期以来被赋予的职能和主导政治制度三个方面是用以解释当代治理模式的主要因素。尽管分权及其益处占据主流话语地位，但制度和心态上的惰性不可小觑。

正式民主机构的运作情况虽然是评价治理模式改变的一个重要参数，但我们的研究表明，非选举产生的地方参与者发生的改变更为显著，特别是民间社会组织。除了加尔各答，我们在其他地方都发现社区协会、各种非政府组织乃至社区组织的治理参与有所增强，后两者往往是在政府资助计划的框架内特设的。这三者大致对应三种参与理念，内容有所重叠：其一是让在改善城市环境方面有更大作用的中产阶级参与联合服务供给；其二是让与市民关系更紧密、对地方事务更了解的机构参与决策和服务供给；其三是让城市贫民获得联合服务供给，培养他们对贫民区改造和扶贫计划的“主人翁”意识。这三个类别都得到了邦的授权，但它们在与邦之间的互动方面有所不同。精英阶层一直在调动他们的社会关系，对地方政府施加压力来解决自己的问题，但他们的治理参与在新的合作伙伴关系下正在制度化。有迹象表明，精英阶层现在大都是独立参与者。非政府组织的参与很早已经实现制度化，政府承认它们是民间社会的合法代表。例如，代表参与战略性城市规划工作的协商过程（包括为贾瓦哈拉尔·尼赫鲁国家城市改造计划提出建议），已经成为开展这项工作的一种惯例。创建社区组织的举措也反映出实行参与式民主和善治的新规范，但可持续问题及其对传统政治机构的挑战阻碍着它们在大多数地区的发展。决策层普遍认为，善治就要包容，就要接纳更多的利益相关者，但这些利益相关者能在多大程度上有效参与治理“将取决于民间社会和其他组织与市政机构的关系，以及这些机构拥有的权力和有效权威”（Stren 2001：206）。关键问题在于，如果市政府势力不够强，即使它想和民间社会建立有效联系，也建立不起来。这大概可以解释为何中央资助的贾瓦哈拉尔·尼赫鲁国家城市改造计划在邦级待执行强制性改革中，最先实行分权措施，实行城市地方机构“在进行半国营机构职能规划和公民服务供给方面的有效协作与参与”。①

在前面，笔者讨论了经济自由化对治理的广泛影响，其中包括引入城市管理规范。有限的预算给地方机构带来的压力与日俱增，于是它们依据成本回收原则，尽量削减开支并寻求新型服务供给模式。20 世纪 90 年代，越来越多的城市将街道清洁和垃圾收集等基本城市服务外包给私人承包商或居民协会。海得拉巴甚至把更多的核心职能如税收、市政医疗服务等承包给私营者。该市还出现了一种新的公民参与者，即企业非政府组织，其与政府和传统非政府组织开展合作，解决某些部门的问题。这类非政府组织和其他非政府组织的情况类似，也存在行动可持续性这个令人关注的问题。批评者表示担心：从长远来看，企业非政府组织参与治理会加剧公共服务供给的大规模私有化。

参考文献

Baud, I. and J. de Wit, eds. 2008. *New Forms of Urban Governance in India: Shifts, Models, Networks and Contestation*. New Delhi: Sage Publications.

Chandhoke, N. 2003. The ‘Civil’ and the ‘Political’ in Civil Society, in C. M. Elliot (ed.), *Civil Society and Democracy: A Reader*. New Delhi: Oxford University Press.

Chhibber, P. 1999. *Democracy without Associations: Transformation of the Party System and Social Cleavages in India*. Ann Arbor: University of Michigan Press.

Chhotray, V. 2007. The ‘Anti-politics Machine’ in India: Depoliticisation through Local Institution Building for Participatory Watershed Development. *Journal of Development Studies* 43 (6): 1037 - 1056.

---

① 详见“贾瓦哈拉尔·尼赫鲁国家城市改造计划”官网上“任务概要”第 12 页：http://jnnurm.nic.in/defaultud.aspx（2007 年 11 月 17 日访问）。

Cornwall, Andrea. 2002. Locating Citizen Participation. *IDS Bulletin* 33 (2): 49 – 58.

Ghosh, A. and A. M. Basu. 2007. Urban Governance in Kolkata: Actors, Policies and Reforms. Paper presented at the seminar on 'Urban Actors, Policies and Governance in Four Indian Metropolitan Cities', the Centre de Sciences Humaines de New Delhi (CSH) and the India International Centre, Delhi, 23 – 24 January.

Ghosh, A. and S. Tawa Lama-Rewal. 2005. *Democratization in Progress. Women and Local Politics in Urban India*. New Delhi: Tulika.

Government of India. 2003. Model Municipal Law. Ministry of Urban Development and Poverty Alleviation, http://urbanindia.nic.in/moud/legislations/li_by_min/Model_Municipal_Law/indexmml.html (accessed 8 November 2007).

Harriss, J. 2007. Antinomies of Empowerment. Observations on Civil Society, Politics and Urban Governance in India. *Economic and Political Weekly* 42 (26): 2716 – 2724.

Hibou, B., ed. 1999. *La privatisation des États*. Paris: Karthala, Collection Recherches Internationales.

Jain, L. C., ed. 2005. *Decentralisation and Local Governance*. New Delhi: Orient Longman.

Katzenstein, M., S. Kothari and U. Mehta. 2001. Social Movement Politics in India, in A. Kohli (ed.), *The Success of India's Democracy*. Cambridge: Cambridge University Press.

Kennedy, L. 2006. Decentralisation and Urban Governance in Hyderabad: Assessing the Role of Different Actors in the City. GAPS Series, Working Paper 8, Centre for Economic and Social Studies, Hyderabad. Paper presented at the Workshop on Actors, Policies and Urban Governance, held at ASCI-CME, Hyderabad, 20 September 2005.

——. 2007. Regional Industrial Policies driving Peri-urban Dynamics in Hyderabad, India. *Cities* 24 (2): 95 – 109.

Kennedy, L. and M. -H. Zérah. 2008. The Shift to City-Centric Growth Strategies: Perspectives from Hyderabad and Mumbai. *Economic and Political Weekly* 43 (39), Special Article: 110 – 117.

Kudva, N. 1996. *Uneasy Partnerships? Government — NGO Relations in India*. Berkeley, CA: University of California, Berkeley.

Kumar, G. 2006. *Local Democracy in India: Interpreting Decentralization*. New Delhi: Sage Publications.

Navtej, K. B. 2005. Ward Committees of Mumbai — Functions, Finances and Practices. Paper presented at the Indo-Dutch Conference on 'New Forms of Urban Governance in Indian Mega-Cities', Jawaharlal Nehru University, New Delhi, 10 – 11 January 2005.

Pethe, A. and M. Lalvani, 2007. Analyze This: Dechipering the Code of 'Mumbai' Budgets. Paper presented at the seminar on 'Urban Actors, Policies and Governance in Four Indian Metropolitan Cities', the Centre de Sciences Humaines de New Delhi (CSH) and the India International Centre, Delhi, 23 – 24 January.

Pinto, M. R. 2000. *Metropolitan City Governance in India*. New Delhi: Sage Publications.

Ruet, J. and M.-H. Zérah. 2007. *An Alternate Approach to the Water Supply and Sanitation*

Infrastructure in Urban India. Unpublished mimeo.

Sellers, J. M. 2002. *Governing from Below: Urban Regions and the Global Economy*. Cambridge: Cambridge University Press.

Sivaramakrishnan, K. C. 2004. Municipal and Metropolitan Governance: Are they relevant to the Urban Poor? Paper presented at the Forum on Urban Infrastructure and Public Service Delivery for the Urban Poor, Regional Asia, sponsored by the Woodrow Wilson International Centre for Scholars and the National Institute of Urban Affairs, New Delhi, 24 – 25 June, http://wwics.si.edu/topics/docs/ACF34F34C4.doc (accessed 6 July 2006).

Sreedevi, N. 2005. Finances of the Municipal Corporation of Hyderabad. Paper presented at the Workshop on 'Actors, Policies and Urban Governance in Hyderabad', 20 September 2005, ASCI-CME, Hyderabad.

Srivastava, A. 2007. A Brief Financial Appraisal of the Municipal Corporation of Delhi. Paper presented at the seminar on 'Urban Actors, Policies and Governance in Four Indian Metropolitan Cities', the Centre de Sciences Humaines de New Delhi (CSH) and the India International Centre, Delhi, 23 – 24 January.

Stren, R. 2001. Local Governance and Social Diversity in the Developing World: New Challenges for Globalizing City-regions, in A. J. Scott (ed.), *Global City-Regions: Trends, Theory, Policy*. New York: Oxford University Press.

Tarnaka Times, September 2007.

Tawa Lama-Rewal, S. 2007a. Urban Governance through the Prism of Primary Level Health Services Provision: A Study of Delhi. Paper presented at the seminar on 'Urban Actors, Policies and Governance in Four Indian Metropolitan Cities', the Centre de Sciences Humaines de New Delhi (CSH) and the India International Centre, Delhi, 23 – 24 January.

——. 2007b. Neighbourhood Associations and Local Democracy: Delhi Municipal Elections 2007. *Economic and Political Weekly* 42 (47): 51 – 60.

World Bank. 1997. India: Sustaining Rapid Economic Growth. A World Bank Country Study, Washington, DC.

Zérah, M. -H., 2000. Water: Unreliable Supply in Delhi. New Delhi: Manohar and CSH.

——. 2005. Towards an Improved Urban Governance of Public Services, in E. Hust and M. Mann (eds), *Urbanization and Governance in India*. New Delhi: Manohar and French Research Institutes in India & South Asia Institute.

——. 2007a. Urban Governance in Mumbai. Paper presented at the seminar on 'Urban Actors, Policies and Governance in Four Indian Metropolitan Cities', the Centre de Sciences Humaines de New Delhi (CSH) and the India International Centre, Delhi, 23 – 24 January.

——. 2007b. Middle Class Neighbourhood Associations as Political Players in Mumbai. *Economic and Political Weekly* 42 (47): 61 – 68.

第四章 印度大都市的阶级：中产阶级的崛起

乔斯·莫伊 斯蒂芬妮·塔瓦·拉玛-瑞瓦尔

在过去15年中，印度的面貌和形象（无论是国际形象还是自我形象）发生了巨大的变化。现在的印度，一改过去农村贫穷落后的面貌，经济增长率高，信息技术蓬勃发展，中产阶级更是日益壮大，其消费水平和行为方式与世界其他地区的精英和中产阶级相差无几。城市集中了中产阶级的许多关键特征（涉及财富、白领工作、教育机构和商店等方面）。因此在印度，城市的中产阶级化似乎已成定局，城市面貌的不断变化也确实反映了这一富裕、西化、消费至上群体的影响力：购物中心取代了路边小店（Voyce，2007）；餐馆和多映厅影院随处可见；牛、自行车和摩托车逐渐从路上消失，取而代之的是豪华汽车（Baviskar，2007）；公寓楼群成倍增加，社区不断开始设置门禁（Falzon，2004），与此同时，贫民区正缓慢但确定地被边缘化（Dupont and Ramanathan，2009）。在印度城市里，富人的影响力越来越大，穷人则截然相反。①

在本章中，我们会对这个所谓中产阶级化进程展开批判分析：印度城市的阶级发展动态如何？中产阶级化确实发生了吗？如果是，这说明了什么？前几章已经讲过，我们的研究是在德里、海得拉巴、加尔各答和孟买这四个大都市进行的，因此会基于对这四个城市的了解来回答这些问题。关于印度城市的阶级动态，我们重点关注的是基础教育和地方民主两个领

---

① 这似乎与盛行的迈克·戴维斯（Mike Davis）城市贫困“大爆炸”的观点相矛盾。不过我们还是认为，与其说是贫困人口比例在下降，不如说是在城市重建中，贫困人口的存在感降低了。

域。在过去几十年中，这两个领域都发生了重要变化，阶级动态也以不同方式发挥了作用。这些案例研究让我们对中产阶级的崛起有迹可循，也揭示了印度城市中产阶级化目前存在的种种形式。在分析中，我们将讨论这些中产阶级化进程对教育供给、教育质量和民主程度的影响，我们会使用赫希曼（Hirschman，1970）的“退出”和“发声”理论，此框架便于我们将阶级问题（哪个阶级退出，哪个阶级发声?）与学校和地方民主在形式、供给和质量上的改变联系起来。

中产阶级的概念本质上是模糊的，其定义历来是研究印度问题的学者们争论的焦点。有人可能认为，中产阶级的概念与“治理”一样，不可或缺，但充满不确定性，因为它同时指的是一个经验现实和一个意识形态项目。

从经验现实角度来讲，对中产阶级的界定通常基于收入水平（Sridharan，2004）和消费模式（Deshpande，2006）。其他一些衡量标准如职业类型（体力劳动还是非体力劳动）、受教育程度（教学语言是英语还是其他语言）、居住地（农村还是城市）和种姓、宗教身份（印度教上层种姓还是其他）存在争议。根据现有标准，中产阶级约占总人口的 6% ~ 26%（Sridharan，2004：414）。[①] 也就是说，用严格的术语来讲，这些中产阶级构成了精英阶层。[②]

再从意识形态角度来讲，中产阶级是新的“道德多数派”（Deshpande，2006）。他们在印度绝不是数量最多的社会经济群体，但只要还代表着印度在 21 世纪的发展目标，就一定会占据主导地位：受过良好教育、向社会更高层流动、奉行西方化的消费模式（不一定是西方的价值观）。

不过中产阶级并不等同于富人：他们“日益分化”（Deshpande，1997：303），构成了一个本质上开放、异质、不断扩大的群体。因此，我们有必要像费尔南德斯（Fernandes，2007：206）一样，区分新中产阶级

---

① 尼基曼（2006）还提到两个总部位于德里的研究中心，即工业与经济研究中心和国家应用经济研究委员会，如今两者分别估计有 34% 和 54% 的家庭属于中产阶级。

② 这两个数字之间的巨大差距凸显了印度中产阶级概念的模糊性：如果是指收入排在前 6% 的人群，那么“中产阶级”显然是“富人”的委婉说法；但如果是指收入排在前 26% 的人群，那么中等偏下阶层就占了其中很大一部分。

和其他中产阶级，前者是新富裕阶层，经济自由化对他们而言意味着丰厚的薪水和全新的生活方式。这个“新中产阶级，实际上是一个社会群体，代表着自由化的印度可实现的发展潜力”。

这样看来，中产阶级的概念本质上是模糊的，引申开来的话，中产阶级化的概念也是如此。鉴于印度中产阶级的精英属性，中产阶级化可被理解为社会两极分化的过程：中产阶级的上层群体更加富有，奢侈消费变本加厉，居住在封闭的有门禁社区里；而穷人日益潦倒，就算不是绝对的，相对来说也肯定如此。不过，“中产阶级化”概念也能指代另一种过程。虽然中产阶级只是人口的一小部分，但受到他们的世界观、理想观和价值观影响的不只他们自身。几位作者（如 Fernandes and Heller，2006）都指出，中产阶级的话语已成为主流，他们的地位亦是如此。因此，中产阶级化不仅是划清界限的过程，也是模糊界限的过程。我们的案例研究表明，中产阶级化在**实践**上转化成更尖锐的社会两极分化，同时也带来了**理想**的同质化，我们希望借此在本章中阐明中产阶级的双面性。印度的不同城市就像一个个社会实验室，是研究中产阶级化进程的绝佳场所。

第一节　中产阶级化与教育

要了解印度大都市中产阶级，教育是一个不错的切入点，至少从两个方面来看是这样：首先，教育是阶级再生产的机制之一。下面会讨论到，印度现有的教育体系反映出印度的阶级分化，精英和中产阶级对此体系较为满意，并积极地加以利用。教育是阶级动态变化可以发挥显著作用的领域。其次，教育不再只是为精英阶层服务并且仅仅让这个阶层感兴趣。如今，较低收入群体也同样认为，教育是提升社会地位的主要途径之一。换句话说，许多（还）不属于中产阶层的人们正在努力通过教育投资为他们的孩子谋得进入中产阶层的机会。一项关于教育的研究也显示了非中产阶级人士想要改变这种情形的主观能动性，因此教育成为推动中产阶级化发生的一个方面。

我们研究城市治理的方法之一是研究服务需求和供给，因此教育的重要性不容忽视。如今，印度对教育的需求不断增加，供给也相应地迅速增加。教育供给很大一部分来自私立学校，接下来我们会说明这一点。[①]

印度教育一直具有明显的阶级性。最初主要是入学问题。在很长时间里，只有社会中较富裕的群体拥有受教育的机会。1947 年，印度独立时，全国只有不到 20% 的人口接受过学校教育，其中绝大多数是高种姓的男性。印度独立时起草的宪法打算结束这种教育中的排他性。然而，在法律的推行过程中，这种情形并没有发生太多改变。几十年来，受教育的机会基本上仍是富裕群体的特权。韦纳（Weiner，1991：188）认为，精英分子和中产阶级抱有社会等级和阶级观念，这种局面正好符合他们的心态。他还认为，印度的中产阶级有意将穷人家的孩子和自己的孩子区分开来——“把孩子们作为‘手’和‘脑’区分开来”，这样的区分显然是认为体力活动比脑力活动低级。

自 20 世纪 80 年代末以来，情况发生了一些改变，政策议程中开始突出教育普及问题。1994 年，印度实施的一项大型综合计划，即《地区初级教育计划》（DPEP），成为一大推动力。该计划最初在少数几个地区（不在印度大城市）推行，后来范围有所扩大。2001 年，《初级教育普及项目》（SSA）开始施行。该项目在印度各地推广实施，重点关注初级教育中的高年级（六年级和七年级）教育。《地区初级教育计划》和《初级教育普及项目》的宗旨，都是让所有孩子能享有上学机会。其他政策措施还包括一项 2002 年通过的《第 84 次宪法修正案》。根据该文件的精神，印度 14 岁以下的所有儿童都有接受义务教育的基本权利。这些措施都反映了如今人们普遍赞同的新观点：教育应惠及所有人。

不过，这并不意味着印度社会已实现了教育平等。相反，教育体系还在继续分化，尽管方式有所不同。这一点从教育结果的极端多样性上很容易看出来。一方面，印度的教育体系培养出了大批高技能劳动力，这些劳动力能在硅谷大规模获得就业。自 20 世纪 90 年代以来，无数受过良好教

---

① 詹妮弗·塔拉做了关于德里的研究，莫伊做了关于海得拉巴和加尔各答的研究。参见本书第六章。

育的印度年轻人离开祖国，远赴美国信息技术部门工作。[①] 这样的发展甚至引起了发达国家对本国高等教育制度相对于印度的国际竞争力的担忧。[②] 另一方面，大多数印度孩子在童年阶段虽然上过学，但辍学率很高。上过学的孩子中只有三分之二完成了 5 年学业（Govinda and Bandyopadhyay，2007：39－40），而且就算他们完成了，有的人学习成绩也极差。非政府组织布拉罕协会（Pratham）最近的一份报告指出，五年级的农村儿童中，几乎有一半不会读二年级的课本（《2006 年教育状况报告》）。因此，入学限制已经不再是区分特权阶层和贫困阶层的主要因素，教育质量才是。

在印度，教育质量与各种教育服务的供给者直接相关。行政类教育供给主要有政府供给者（政府投资和管理的教育机构）、政府资助供给者（政府投资而私人管理的机构，政府进行不同程度干预）和私人供给者（私人投资和管理的机构，费用主要来自学生缴费）。这些供给者提供的教育的质量千差万别，这在很大程度上重现教育的鸿沟。

和农村地区相比，各类不同的教育供给者在印度城市地区更多，私立学校也更有影响力。这是因为密集的城市人口需要在单位面积土地上开设更多的学校，于是人们就有了更多选择空间。同时，父母和孩子都渴望与现代化世界接轨，教育显然是其中一环。虽然很难给出精确数据（见第六章），但据计算，印度城市入学人数的增加几乎完全归功于私营部门（Kingdon，2007）。[③]

私立学校形式各异，规模也不同。顶级的是一些所谓国际学校，财力雄厚，校园宽敞，还配备了游泳池和其他体育设施，学校有空调巴士负责接送学生，有的还设有宿舍，每年学费约为 5 万～10 万卢比（1 000～2 000 欧元）。这些学校专为印度上层阶级和非印度居民子女开设。较低端的则是一些小型私立学校，每个孩子每月学费不会超过 50 卢比，但学校设施通常极差。所以说，私立学校不仅是面向“富人”的，也有的面向不

---

① 1999—2002 年，签发给印度人的 H－1B 签证超过 25 万份。但 2001 年以后，这个数字有所下降，部分原因是安全审查要求更加严格，还有离岸外包进一步发展的影响（Pandit，2004）。

② 例如，参见《国家教育与经济中心报告》（2007）。

③ 这是因为未获认可学校在私立学校中占比高，但官方的学校统计数据未将其计算在内。

那么富裕的人群。

公立学校办学质量往往不理想，尤其是在小学阶段，尽管也有其他（私立）学校。不过，非资助类的学校办学质量差别很大。某些因教育质量好而备受赞誉，吸引了精英和中产阶级子女入学，但也有一些学校，如“普通”公立学校，教育质量不尽如人意。但是，绝大多数私立学校（无论费用高低）和公立学校的主要区别还在于，前者的教学语言通常是英语，或至少如此宣传，而后者常用方言进行教学。

如果仔细观察，我们就会发现，对城市中产阶级来说，私立教育不可或缺。中产阶级家庭不仅愿意支付高额学费，还愿意（尽管非法）向心仪的学校捐赠大笔资金，除此之外，还花很多的钱送子女去私人辅导中心，仅最后一项每年的花费就超过 3.5 万卢比（辅导中心会设置入学考试并择优录取）。这些家庭想要获得的收益也是多方面的。一是子女掌握英语。在日益全球化的世界里，精通英语对印度中产阶级来说必不可少。斯克莱斯（Scrase，2004：1）引用加尔各答中产阶级的话说，“英语不仅对找一份更好的工作很重要，而且在社交中处处要用到。如果不会说英语，你就只能是个无名小卒”。流利的英语已经成为印度中产阶级的一个身份表征。英语是“一种确保中产阶级地位的文化资本形式”（2004：3）。同时，它也将中产阶级和其他人区分开来，正如英语把来自不同区域和文化背景且受过教育的印度人联系在一起并让他们与世界接轨一样，英语也把任何不属于这个教育体系的人排除在外（Ramanathan，1999）。二是获得高薪工作或进入名牌大学接受高等教育。两者都不容易做到，因为就业市场竞争非常激烈，进入某些学院和大学如印度管理学院和印度理工学院这类高等学府也同样困难，因此学生在考试中取得优异的成绩、在地区或邦排名中名列前茅十分重要。三是与文化资本有关。拉卡（Lakha，1999：258）认为，“对中产阶级来说，教育已经成为男性找到一位受过教育的妻子、女性找到一位拥有专业知识的丈夫的重要条件”。

城市里有许多不富裕的家庭也把子女送到用英语教学的私立学校读书。在研究过程中，几乎所有与我们交谈过的父母都希望他们的孩子能超过自己。例如，在海得拉巴的一次小组讨论中，女士们说：

> 教育对于生活、就业和独立是非常重要的。我们这一代受过的痛苦，不想让孩子们再经受。他们要比我们过得更好才行。[2005 年 9 月 25 日，海得拉巴马克塔（B. S. Makhta）某次小组讨论。]

我们采访过的许多贫困家庭的父母都愿意为子女教育做出巨大经济牺牲。有一个家庭，父亲是画家，母亲没有工作，他们生活在海得拉巴一个下层社区，但在孩子的教育上却花了很多钱（根据他们的计算，每年为两个女儿花费 3 250 卢比）。当我们与该家庭的成员进行交流时，父亲回应说："如果有必要，我们可以减少食物的开销。"这种观念并不鲜见。前面提过，辅导班对中上层阶级很重要，但贫穷家庭的孩子也同样需要上辅导班。德里和加尔各答给我们的印象是，几乎所有能请得起私人教师（即使是勉强为之）的家庭都请了。在老加尔各答某地，我们曾和住在铁路旁边非法聚居区的几位母亲有过一次交谈。这个聚居区的男人们都在无组织部门工作，大多数女人在盐湖城做佣工，盐湖城是附近的一个中上层阶级居住地。与我们交谈的五人中，只有一个受过教育，其余都是文盲。她们都是在子女上学后才从子女处学会了写自己的名字。这些妇女还说，做佣工每月的收入在 500 卢比到 1 000 卢比之间，而每个孩子每月的学费则从 100 卢比到 200 卢比不等。母亲从盐湖城挣来的钱大部分以学费形式花到一个十几岁的孩子的身上，而这孩子往往又在盐湖城学习，真是太讽刺了！因此，《第 84 次宪法修正案》规定的免费初级教育差不多等同于误导，甚至是一个相互矛盾的提法。教育普及需要巨大的成本，最贫困的人才能最透彻地感受到这一点。

毫无疑问，很多穷人都希望他们的投资最终能有回报。不过在我们的采访中，很多人不愿意确切地说出他们对孩子的期望。例如，在加尔各答（2006 年 5 月 12 日，第 122 号选区）的一次小组讨论中，有的母亲说希望子女尽可能地完成学业，至少应该完成中学水平的学习，然后孩子们就有希望找到好工作，至少比她们现在做的工作要好。但是母亲们并不确定最终能获得怎样的回报。

教育投资对下层阶级来说是有风险的，但许多人还是投资了，也许可以毫不夸张地说，阶级之间的教育差距正在经受数百万人强有力的挑战。

穷人们集体表达了他们希望接受教育并从中受益的愿望。可是，这一要求不是通过对教育体系的政治批判表达出来的，而是零零散散地通过个体，其本质上要表达的是进入中产阶级的愿望。但不幸的是，这个大多数人想方设法要挤入的教育系统，其功能发挥得并不充分。在研究中，我们也听说了一些让人悲伤的事：有父母为了送孩子去读英语授课学校和补习班付出了很多，10 年后却发现，学校的英语教学水平太糟糕，结果孩子不仅英语没学好，连其他科目的考试也通不过。

教育体系中的两极分化并非巧合。事实上，许多面向下层阶级的学校教学质量差，这与细分市场的存在有关——面向精英和中产阶级家庭子女的学校教学质量更好。赫希曼提出的框架可以有效解释这种关系：富裕的父母往往有教学质量意识。当学校教学水平不佳时，他们会选择退出，然后选择另一所看起来教学质量好的学校，通常学费也会更高。可以说，这种退出未必是坏事。如果他们从公立学校退出，学校就能为更多不那么富裕的人提供免费资源；如果他们从私立学校退出，就会激励学校整顿改善。然而实际情况似乎并非如此。赫希曼（1970：46）这样评论道，选择退出学校的家长，正是那些假如不能为子女更换私立学校，就会最有动力和决心与恶化的教育质量进行斗争的家长。因此，更有可能出现的结果是，家长的退出可能会导致学校教育质量进一步恶化，印度公立教育体系普遍缺乏问责制就充分证明了这一点。

在私立学校，家长可能会发声来提高教育质量。根据赫希曼的观点，家长们所关注的不是原本质量就不佳的服务，而是反对原本教育服务质量较高而后来却下降了的情况。

赫希曼认为，如果高质量教育服务的密度（选择程度）低于低质量服务的密度，前述情况就表现得尤其明显。印度确实如此：教育服务质量低的学校（既有私立也有公立的）数量众多，而理应提供高质量教育的学校却少之又少。但另一个值得考虑的因素是进入私立学校所需的投资——高昂的学费、各种捐款以及确保孩子能通过入学考试而进行额外补课的费用。所有这些因素不仅筑起准入壁垒，将不那么富裕的人群排除在外，还构成了退出壁垒，因此当家长们不满意时更愿意通过拔高“声音”予以反对。于是，两种不同的机制加剧了教育体系的两极分化。这两种机制并非只存在于“城市”中，但鉴于城市的选择度更高，它们在印度城市中的影响力可能比在农村更大。

总的来看，我们对教育的研究凸显了印度城市中与阶级相关的几个重要事实。第一，教育体系的分化反映了更普遍的阶级区分与隔离。沃尔德罗普（Waldrop，2004：110）发现，在城市住房这一点上，“穷人要求待遇平等的同时，中产阶级却要求更大程度的阶级区分”。这同样适用于教育。一旦教育真正得以普及，富裕阶层就会退出公立教育体系。第二，下层阶级普遍都在与阻碍他们进入教育体系的制度进行抗争，但他们并不是用政治运动来改变现有制度，而是希望提高自身的社会阶层，通过进入中产阶级来改变。第三，退出策略和发声策略的运用，使得面向不同社会阶层的各类学校在教学质量上的差异或将加剧。

第二节　中产阶级化和地方民主

对印度城市中产阶级化的形式和影响进行研究，我们的第二个切入点是地方民主，它在过去 10 年里至少发生了两次较大的变化。首先，印度议会于 1992 年通过并于 1994 年在各邦推行的《第 74 次宪法修正案》始终致力于推动民主分权进程。[①] 其次，民间社会对城市治理的参与度有所提高，同时城市治理本身也有所加强。乍一看，这两次变化中起作用的阶级动力似乎截然不同。前一次变化主要是下层阶级获得了话语权，此间受到双重影响，一是《第 74 次宪法修正案》规定了选举配额制度，二是选举中精英与中产阶级自愿放弃选民资格。而后一次变化主要使精英与中产阶级能够参与并影响城市治理。我们认为，这样的观点有一定道理，但把情况过于简单化了。实际上，这两个过程有着重要的内在关联，且均受中产阶级主导，只不过方式不同。

要开始实行民主分权，《第 74 次宪法修正案》提出了两种加强民主参

① 《第 73 次宪法修正案》定义了该政策的农村部分，这部分内容通常被称为“潘查亚特制度”（Panchayati Raj）。

与的不同途径：① 选举出的市政当局应更具包容性；② 建立系统的治理参与体系。但这两种途径的法律地位及其在当地的效力相去甚远。通过选举配额，为女性（占全部席位的三分之一）、表列种姓和表列部落（按其占当地人口比例）保留席位的制度，实现更大的包容性。由于这些规定是强制性的，因而需要被列入各邦从 1993 年到 1994 年通过的整合立法中，有些邦甚至还为“其他落后阶级”（OBCs）制定了选举配额。《第 74 次宪法修正案》建议所有人口超过 30 万的城市设立选区委员会，这推动了新型治理参与架构的建立。这一规定旨在拉近民选代表和选民之间的距离，由各邦自主施行。但绝大多数邦在解释此规定时，都有意忽视了它旨在促进治理参与的内涵：事实的确如此，我们所研究的四个大都市都没有设立选区级别的选区委员会。加尔各答的“自治市委员会”，就像德里、孟买和海得拉巴的“选区委员会”一样，实际上是选区的集群，代表的人口从孟买的 24 万到德里的 100 万不等，它们的地方议员和市政官员在“不太地方化”的问题上争论不休。只是在孟买，有三个由当地议员选出的非政府组织作为民间社会团体参与治理（见第三章）。

因此，包容和参与的原则在不同城邦和城市中的落实情况有所不同。本章要探讨的问题是，这样的差异对不同社会阶层尤其是对中产阶级的代表性和权力产生了什么影响。

为女性、较低种姓和部落（及其他落后阶级）提供选举配额，显然起到了改变当选议员性别和种姓或社区特征的作用。最近我们进行了一项关于金奈、德里、加尔各答和孟买市政府中为女性保留席位的研究，结果表明，在《第 74 次宪法修正案》实施之前，这些市政府中女性议员占比从未超过 9%，而在 2002 年，这个比例在加尔各答地方选举中达到了 42.5%（Ghosh and Tawa Lama-Rewal，2005：103）。不过，就阶级情况而言，基于对四个城市的所有女性议员和 50%的男性议员的调查的同一项研究表明，大多数议员实际上属于中产阶级。在德里和加尔各答，多数议员是大学毕业生；在孟买，大多数议员的受教育程度达到十二年级；在德里、加尔各答和孟买这三个城市中，大多数议员都会讲英语；大部分男性议员还经营着各自的事业，而大部分女性议员则是“家庭主妇或社会工作者”，也就是说，她们在经济上不独立，需要依靠家庭。除了金奈，其他城市的大多数议员家庭月收入均超过 1 万卢比（Ghosh and Tawa Lama-Rewal，2005：76－78）。按照斯里达兰（2004：411）的阶级划分标准①，他们属于“扩展的”中产阶级。对于较低种姓和部落的议员研究，以及对于配额制实施前议员特征的研究，显然还需要更多数据，以便更加准确地呈现地方民选代表社会经济状况的变化过程，尤其是此过程中配额制和预留制所发挥的作用。但前述数据可以表明，女性、较低种姓和部落以及其他落后阶级在市政府中的代表性增加未必就意味着中产阶级的代表性降低。

然而，在地方自治上，无论是福利事业还是制度体系，似乎都少了中产阶级的参与。一方面，中产阶级已完全抛开了城市当地机构所提供的集体商品和服务，尤其是基础医疗和初级教育服务（见第六章和第七章）。另一方面，中产阶级在选举时存在大批弃权者，并且弃权人数与日俱增。至于具体数据，我们依旧难以得到②，这也说明印度政治学家对地方政治普遍缺乏兴趣。但是，现有证据表明，定居城市和较高收入与选举弃权之间呈现越来越明显的正相关关系，这足以证明中产阶级正在逐渐退出城市地方民主化进程。③ 事实上，自 1991 年普选以来，城市选民参与水平始终低于农村选民——2004 年普选中两类选民的参与度分别为 53.1% 和 58.9%（Jaffrelot，2008）。印度现在选举投票的特点是：越贫困、受教育程度越低的选民投票越积极（Yadav，2000：133）。2007 年，在孟买和德里举行的地方选举中，最富有的居民区的弃权情况最为严重（Tawa Lama-Rewal，2007b；Zérah，2007）。

然而，如本节开头所述，政治参与可以采取除《第 74 次宪法修正案》

---

① 在印度金奈、德里、加尔各答和孟买，这个比例分别为 13%、77%、61% 和 66%。

② 在《第 73 次宪法修正案》和《第 74 次宪法修正案》框架中设立的十个邦选举委员会，负责监督地方选举并公布选举结果。在《第 74 次宪法修正案》实施之前，市政选举由相应市政府组织举行，它们在选票记录上一直表现糟糕。因此，我们很难找到 1995 年以前的市政选举数据。

③ 市政选举中投票率很低（2000 年加尔各答为 65%，2002 年孟买和德里各为 45% 和 43%），始终比议会和国会选举投票率低，这与印度农村地区在地方选举中的积极参与形成鲜明对比（Yadav，2000：123）。

具体规定之外的其他形式，与穷人相比，中产阶级更多地参与“结社活动”（Harriss 2007：2719），这可能会抵消他们相对较低的选举参与度。在过去短短几年中，许多大城市已设立了新的参与模式：1995 年，由班加罗尔当时的首席部长发起了斯瓦比马那（Swabhimana）论坛；1997 年，布里汉孟买市政法人制定了高级地方管理方案；2000 年，德里首席部长迪克希特发起了人民参与计划。各级政府的确都展开了关于善治的讨论，而此类参与在善治中处于头等重要的地位。早在 20 世纪 80 年代，印度就推出了一系列计划，将“社区参与是处理地方事务更有效的手段”这一概念付诸实践，但这些计划当时主要针对贫民区居民；他们属于“贫民区发展”的一部分（见第九章）。而此时再提，不同之处就在于现在的计划明确针对中产阶级人士，他们受邀积极参与更有效的地方事务管理。

这些新的参与计划通常都基于社区协会，名称各式各样，如道路协会、高级地方管理团队或居民福利协会等，这些协会是主要的行动机构。尽管这些社区协会仅出现在中产阶级聚居区，又常常是自行设立或联合成立的（Tawa Lama-Rewal，2007a），但它们在过去 10 年中却获得了城市治理参与者的合法身份。[①] 这些可以归因于几个因素：一是参与者的新地位是善治的关键性优势；二是地方和国家机构提供了支持；三是积极参与者的社会政治背景意味着充沛的资源，他们可以顺利地向新闻界和司法机关提出请求。如今，社区协会的行动范围似乎已经超出最初促使它们成立的那些计划里所确定的具体目标，还使中产阶级在地方事务中有了发言权。所有大城市所办的英文报纸的“城市”版会定期报道这些协会的需求和成就，尤其在土地使用的严重冲突方面，比如 2006 年撼动德里上下的那次冲突，它们是治理的重要参与者。

在处理这些冲突时，社区协会的作用就显露出来了。这也表明，它们已经发展成一条类似于选举投票的政治参与途径，而且影响力毫不逊色。

现在我们来看看市政决策的本质，可以清楚地发现，中产阶级的利益似乎得到了很好的照顾。（在采访和媒体声明中）最常听到的为中产阶级

① 甚至在海得拉巴，这里没有实行类似“人民参与”或“高级地方管理”的参与方案，但社区福利协会也在城市治理中扮演着重要角色。

大规模选举弃权进行辩护的论点是，贫民区人口数量比中产阶级多得多，他们是政客的票仓。于是这些由贫民区选民主导选出的政客，往往会忽视其他阶层选民的利益。因此，社区协会对政党政治的评价极其负面，尤其是对地方政党政治的评价：觉得被民选代表忽视，认为这些代表腐败无能。

也有研究显示，那些对贫民区居民给予一定程度保护（Jha，Rao，and Woolcock，2005；Edelman and Mitra，2006）的（尤其是本地的）代表们，常常面临失去代表资格的可能。市政支出中设有一定的比例专用于为穷人提供服务，如基本医疗服务和初级教育服务等，从这个比例就能看出，穷人根本不是地方当局的首要考虑对象。[①] 事实是，城市地方机构最近推行的各种治理改革都直接或间接地对中产阶级有利。因此，1999 年在海得拉巴还有后来在德里采用的电子政务，显然都是服务于那些使用电脑方便的人群。这两个城市进行的财产税改革也有助于促进中产阶级参与地方治理，尽管方式不那么直接。

财产税是大多数市政府的主要收入来源[②]，海得拉巴在 1999 年、德里在 2004 年、加尔各答在 2006 年分别对财产税的计算方式进行了改革。德里的这项改革引发了居民福利协会的强烈抗议，而最终施行的财产税计算方式确实考虑了居民福利协会的反对意见，这让居民福利协会强烈感受到作为集体参与者所发挥的作用。

这项改革开始在德里实施时，德里的居民福利协会和海得拉巴的一样，有的是自发地，有的是在和地方当局达成协议后，开始在财产税征收上扮演起新角色。例如，在德里，居民福利协会设立摊位，向当地居民解释新的财产税计算方法。他们分发表格，帮助老年人填表，有时甚至帮忙收集填好的表格，送到市政府在当地的公民服务机构。在海得拉巴，“居民福利协会被动员起来，去普及新的税收方案，有时候居民福利协会成员至少会集体给出评估结果”（Kennedy，2007）。因此，财产税改革对居民

① 例如，2004—2005 年，德里市政府将总支出的 2.51%用于“医疗和公共卫生”、1.24%用于“午餐补贴”、0.05%用于“教育”，这些数字不包括工资（Srivastava，2007：26）。

② 在孟买，入市税（另外三个城市海得拉巴、德里、加尔各答已废除的税种）也是其收入的主要来源之一（Pethe，2006）。

福利协会是一种双重强烈动力，促使协会进一步加强自身在地方公共事务中的话语权：他们已经意识到自身抗议活动的影响力，开始在利用地方当局主要资源方面发挥作用。

还有些居民福利协会的做法更为超前：海得拉巴一些居民福利协会在给地方当局的信件开头就提到协会成员所缴纳的税收总额，以此证明他们的重要性（Kennedy，2007）；在德里，一些居民福利协会要求政府委托协会成员来管理部分从他们那里征收的税款，用于当地公园、边界墙的维护等工作。这样看来，居民福利协会一直在坚持代表权和税收之间应有的关联，这正是印度政治常常缺失的一部分（Mehta，2003：139）；这些协会在中产阶级居民和地方当局之间的"财政关系"（Mehta，2003：142）上扮演着积极角色，因此协会真正密切关注着（严格意义上的）问责制。

这些实际情况，再加上社区协会对政党政治的普遍负面评价，说明社区行动主义可能会超越"社会空间分隔"（Fernandes，2007：13），导致一种政治隔离。[①] 事实上，这些协会的确有实力与地方选举代表相抗衡：协会是当地居民的发言人，是他们利益的维护者，为税收做出了重大贡献，并在当地治理问题上发挥着专业作用。

然而2007年出现了社区协会参与地方政治的新情况：孟买和德里分别在2月和4月举行市政选举，社区协会都积极参加了。[②] 对这两处试验性参与的研究表明，中产阶级在被社区行动积极分子说服并成为其选票支持者之后，与选举政治之间的关系变得比批评言论所形容的情况更加复杂。

在孟买，2005年夏天的那场暴雨似乎让人们一下子意识到，即便是富人区的居民，也同样依赖诸如城市规划之类的公共政策，尽管他们有时不得不承受政策带来的灾难性后果。因此，即使是豪华居民区的社区协会也积极参与市政选举。在该市最负盛名的选区中，珠湖更是脱颖而出，因为它从高级地方管理团队的积极分子中选出了一位独立候选人，支持他直至最终当选地方市政府首脑（Zérah，2007）。

---

① 关于这一点，参见杜邦（2004）和达斯·古普塔（2007）的有关论述。

② 海得拉巴将于2008年举行市政选举，专门研究治理问题的非政府组织洛克·萨塔在互联网上发起了一场类似"孟买投票运动"的"海得拉巴投票运动"。

在德里，有两个社区协会联合会选出并支持了 32 位“人民候选人”，其中几人还经常接受英文日报记者采访并被报道。虽然这两个联合会的成员特征不同，但针对在地方选举进程中出现的无论是政党候选人选举时的金钱交易，还是以钱物贿赂获得选票，或者是中产阶级选民的消极参与，他们都提出了火药味很浓但富于建设性的批评意见。这些“人民候选人”承诺：定期听取地方协会建议；告知选民“议员基金”的使用情况；每年汇报工作成绩，尤其是竞选期间自身承诺的工作进展情况；如果所在选区大多数选民认为其不称职，该候选人会在任期内的任何时候辞职。换句话说，这些协会提倡的是更透明、更负责和民众参与度更高的地方选举（Tawa ama-rewal，2007b）。

值得注意的是，中产阶级参与地方选举的方式与较低阶级完全不同。按照阿胡贾（Ahuja）和契伯尔的区分，社区协会与其他诸如贫民协会的组织不同，前者参与地方政治的身份不是“服务对象”（他们几乎不会四处游说各参选方及其候选人），而是改革者，在两位作者称之为精英分子参与政治的典型——“公民义务”模式——中，这种身份更超前（Ahuja and Chhibber，n.d.）。

社区协会的这些试验性举措影响了选举结果（在德里，没有一个“人民候选人”当选；而在孟买，得到高级地方管理团队支持的候选人获选），此外还在选举进程的如下方面发挥着重要作用：第一，新闻界对这些协会持友好态度，且它们自身善于利用媒体。这表明，由它们推出的方案和相应话语支撑虽然只是来自少数几个协会，但影响力增大，可以引起更多人关注，让中产阶级对地方政治重燃兴趣指日可待（Zérah，2007）。① 第二，这些举措表明，社区协会在尝试让自己所关注的问题获得更大范围的关注，不仅仅限于社区本身。这些举措也显示出，社区协会没有脱离地方民主的倾向。恰恰相反，它们将地方民主作为界定公众利益的平台。事实上确实如此。如果仔细研究社区协会的话语内容（通过其新闻声明、与各机构的通信以及它们的公共利益诉讼），就会发现它们试图“从民众中崛起”（Boltanski，1990），即摆脱“邻避主义”而尝试以共同利益重新定义

① 这些选举中出现的低投票参与率似乎与此矛盾，但至少在德里，这可能与中产阶级参与无关，而是由于其他因素发挥了作用，如不允许使用配给卡作为身份证明。

自身利益。[①] 第三，这些协会参与地方选举也表明，即使在中产阶级中，民主也是一种合法性来源，参与选举正是其目前进行的“内部”民主化进程的一部分。因此，社区协会越发遵守民主规范和程序，如定期组织无记名投票选举，保留会议记录并向“选民”开放查阅权限等（Tawa Lama-Rewal，2007b）。第四，最近的这些试验性举措还表明，“新政治”，根据哈里斯的定义，是“基于民间社会的志愿组织，而非政党，基于新型社会运动……而非劳动组织，并且……扎根于社区而非工作场所的新型政治”（2007：2717），但它未必与“旧政治”毫无关联。该定义指出，尽管地方民主发展仍不平衡，但仍有望成为孕育政治创新的平台。

回到赫希曼的研究框架，可以说，在城市政治中，中产阶级借助社区协会发声的情况与日俱增。一个关键原因是，他们不可能真的完全退出城市治理：2005 年孟买的洪灾，还有 2006 年德里土地分区制支持者和混合使用支持者之间的剧烈冲突，都说明退出城市政治不可行。中产阶级话语中频频出现的“普通人”“平民百姓”“德里人”“孟买人”等字眼，无论是字面意思还是本质内涵，都无法掩盖社区协会仅代表少部分人的事实，但如果将当前形势概括为“精英占领”民主空间，就太过简单化了。这里的情形和前面一样，实践和愿望是有差别的。虽然针对政治参与**实践**的研究表明，不同阶层采用不同的政治参与模式——简言之，穷人投票、罢工和游行示威，富人游说、请愿和提起诉讼，但仔细观察常常受到观察家们“密切关注”的政治微地方层面（Fernandes，2007），就会发现**愿望**有一定程度的趋同。一方面，社区协会近来参与地方选举且频频自称“诚实的纳税人”，表明它们感到（无论这种感觉多么荒谬）没有民选决策者代表它们一方，因而觉得相当沮丧。另一方面，选举政治的质量如何（特别是对腐败的谴责和处理），是穷人最关心的问题，因为他们受此影响最大。最近一项关于印度民主愿望的调查显示，几乎在每个阶层都有约 43% 的受访者认为“‘腐败的滋长’是最恶劣的（民主特征），位居负面评价

① 例如，抗议德里地铁线路规划时往往把噪声污染作为理由，说“它不仅影响附近居民，还会影响所有路人”，而实际上该线路规划给抗议行动的组织者带来的是视觉影响而不是听觉影响。

榜首”（Desouza，2007：39）。实际上，近期一些举措，主要是通过运用新的知情权，让居民福利协会和贫民区居民合力争取公共决策更加透明。例如，2005 年，德里非政府组织帕里瓦坦（Parivartan）让居民福利协会参与水权运动，该运动主要帮助解决穷人忧虑的问题，反对供水私有化项目。

毫无疑问，这些举措都是最近才出台的，而且数量非常有限，因此很难从中看出明确的变化迹象；但同时也表明：①尽管批判性地分析“新政治……新社会运动、公民行动主义和非政府组织的政治”的议程很重要，但同样重要的是，不要把“劳工运动和体制化政党的旧政治”理想化（Harriss，Stokke and Törnquist，2004：8）；②“新政治”与“旧政治”之间界限模糊不清。换句话说，借用现在流行的帕塔·查特吉（Partha Chatterjee）对两者的区分，我们现在可以看到“民间社会”融入“政治社会”的意愿（2004），尽管前者对后者的评判很严厉。或者乐观一点，考虑到中产阶级的霸权特征（Deshpande，1997，2006），我们也许可以怀揣希望，相信社区协会在扮演地方民主监督者的角色上能有所作为：城市的中产阶级化可以越发强化地方政治中问责制、透明度和参与度的必要性，这会为各阶层人群带来福祉。

第三节　结论

在本章中，我们设法研究了中产阶级在城市中的显著崛起，研究没有局限于精英阶层独占教育机会和民主空间这种论题，而是对当前的阶级动态进行了更细致的分析。如前所述，中产阶级和中产阶级化的概念在本质上都是模棱两可的。两个案例研究也表明，虽然不同阶级的具体实践显然出现分化，但它们的愿望却有一定程度的趋同。

赫希曼的理论框架为我们提供了研究中重点使用的发声策略和退出策略。在教育领域中，（中产阶级从劣质学校教育中）退出和（中产阶级在私立且通常更昂贵的学校教育中）发声，使得一些学校的办学质量提高（基于家长和公众的判定），而另一些学校的办学质量继续下滑。因此，阶级分化不仅体现在学校教育体系中，还体现在这个体系的质量变化过程中，而地方民主空间的情况则有些不同。有人可能会说，中产阶级在一定程度上脱离了地方选举政治。但我们认为，他们不可能完全退出，这就意味着中产阶级继续为在选举中发声而努力。这或许会促进地方选举政治质量的提高，因为一些城市的中产阶级行动主义很重视问责制，不过我们提到的这些试验性举措目前还处在起步阶段。因此，在地方民主中，阶级分化并没有导致在教育领域内出现的那种制度性隔离。

本章的研究分析揭示了我们试图回避当前关于印度中产阶级的许多文章所特有的道德姿态。在我们看来，中产阶级行动主义毫无疑问是基于中产阶级需求和利益（或者说是中产阶级所认为的自身需求和利益）的。然而，它到底会带来何种结果，即这些结果是只对中产阶级有利，还是对其他阶层也同样有利，取决于行动的范围。在教育领域内，下层阶级人民（及其子女就读的学校）没有因为中产阶级集体抛弃公立或低教学质量学校而受益。而在地方民主问题上，从长远来看，中产阶级行动主义是有可能同时惠及其他阶级的。

参考文献

Ahuja, A. and P. Chhibber. n. d. Civic Duty, Empowerment and Patronage: Patterns of Political Participation in India. Unpublished paper.

Annual State of Education Report 2006. 2007. New Delhi: Pratham Resource Centre.

Baviskar, A. 2007. Cows, Cars and Rickshaws: Bourgeois Environmentalist and the Battle for Delhi's Streets. Paper presented at workshop on The Middle Classes in India: Identity, Citizenship and the Public Sphere. Delhi: Institute of Economic Growth.

Boltanski, L. 1990. *L'amour et la justice comme compétences. Trois essais de sociologie de l'action*. Paris: Editions Métailié.

Chatterjee, P. 2004. *The Politics of the Governed*. New York: Columbia University Press.

——. 2006. Are Indian Cities Becoming Bourgeois at Last?, in M. E. John, P. V. Jha and S. S. Jodhka (eds), *Contested Transformations: Changing Economies and Identities in Contemporary India*. Delhi: Tulika.

Das Gupta, K. 2007. A City Divided? Planning and Urban Sprawl in the Eastern Fringes of Kolkata, in A. Shaw (ed.), *Indian Cities in Transition*. Chennai: Orient Longman.

Davis, Mike. 2006. *Planet of Slums*. New York: Verso Publishers.

Deshpande, S. 1997. From Development to Adjustment: Economic Ideologies, the Middle

Class and 50 Years of Independence. *Review of Development and Change* 2 (2): 294 – 318.

——. 2006. Mapping the 'Middle'. Issues in Analysis of the 'Non-Poor' Classes in India, in M. E. John, P. V. Jha and S. S. Jodhka (eds), *Contested Transformations: Changing Economies and Identities in Contemporary India*. Delhi: Tulika.

Desouza. P. R. 2007. The Indian Commonsense of Democracy, http: //www. rfgindia. org/publications/democracy. pdf (accessed 7 April 2009).

Dupont, V. 2004. Socio-Spatial Differentiation and Residential Segregation in Delhi: A Question of Scale? *Geoforum* 35: 157 – 175.

Dupont, V. and U. Ramanathan. 2009. The Courts and the Squatter Settlements in Delhi — Or the Intervention of the Judiciary in Urban 'Governance', in I. Baud and J. de Wit (eds), *New Forms of Urban Governance in India: Models, Networks, and Contestations*. New Delhi: Sage Publications.

Edelman, B. and A. Mitra. 2006. 'Slum Dwellers' Access to Basic Amenities: The Role of Political Contact, its Determinants and Adverse Affects, *Review of Urban & Regional Development Studies* 18 (1): 25 – 40.

Falzon, Mark-Anthony. 2004. Paragons of Lifestyle: Gated Communities and the Politics of Space in Bombay. *City & Society* 16 (2): 145 – 167.

Fernandes, L. 2007. *India's New Middle Class: Democratic Politics in an Era of Economic Reform*. New Delhi: Oxford University Press.

Fernandes, L. and P. Heller. 2006. Hegemonic Aspirations: New Middle Class Politics and India's Democracy in Comparative Perspective. *Critical Asian Studies* 38 (4): 495 – 522.

Ghosh, A. and S. Tawa Lama-Rewal. 2005. *Democratization in Progress: Women and Local Politics in Urban India*. Delhi: Tulika.

Govinda, R. and Madhumita Bandyopadhyay. 2007. *Access to Elementary Education in India: Country Analytical Review*. Consortium for Research on Educational Access, Transitions and Equity (CREATE), http://www.create-rpc.org/pdf_documents/India_CAR.pdf (accessed 7 April 2009).

Harriss, J. 2007. Antinomies of Empowerment: Observations on Civil Society, Politics and Urban Governance in India. *Economic and Political Weekly* 42 (26): 2716 – 2724.

Harriss, J., K. Stokke and O. Törnquist. 2004. *Politicising Democracy: The New Local Politics of Democratisation*. Basingstoke: Palgrave Macmillan.

Hirschman, A. O. 1970. *Exit, Voice and Loyalty: Responses to Decline in Firms, Organizations, and States*. Cambridge: Harvard University Press.

Jaffrelot, C. 2008. 'Why Should We Vote'? The Indian middle class and the functioning of the World's Largest Democracy, in C. Jaffrelot and P. Van der Veer (eds), *Patterns of Middle Class Consumption in India and China*. New Delhi: Sage Publications.

Jha, S., V. Rao and M. Woolcock. 2005. Governance in the Gullies: Democratic Responsiveness and Leadership in Delhi's Slums. World Bank Policy Research Working

Paper 3694.

Kennedy, L. 2007. Assessing Urban Governance in Hyderabad. Strong Reforms and Weak City Government. Paper presented at the seminar on 'Urban Actors, Policies and Governance in Four Indian Metropolitan Cities', the Centre de Sciences Humaines de New Delhi (CSH) and the India International Centre, Delhi, 23 – 24 January.

Kingdon, Geeta Gandhi. 2007. The Progress of School Education in India. Global Poverty Research Group Working Paper Series, No. 71, http://www.gprg.org/pubs/workingpapers/pdfs/gprg-wps-071.pdf (accessed 7 April 2009).

Lakha, S. 1999. The State, Globalisation and Indian Middle-Class Identity, in M. Pinches (ed.), *Culture and Privilege in Capitalist India*. London and New York: Routledge.

Mehta, P. B. 2003. *The Burden of Democracy*. Delhi: Penguin.

National Centre on Education and the Economy. 2007. *Tough Choices or Tough Times. Report of the New Commission on the Skills of the American Workforce*. Washington: Jossey-Bass. http://www.skillscommission.org/pdf/exec_sum/ToughChoices_EXECSUM.pdf (accessed January 2008).

Nijman, J. 2006. Mumbai's Mysterious Middle Class. *International Journal of Urban and Regional Research* 30 (4): 758 – 775.

Pandit, Savita. 2004. The Changing Role of India and Indians in the U. S. High Tech Sector. *Directions Magazine*, http://www.directionsmag.com/article.php?article_id=635&trv=1 (accessed January 2008).

Pethe, A. 2006. Analyse This: Deciphering the Code of Mumbai Budgets. Workshop on 'Urban Actors, Policies and Governance in Mumbai', Mumbai, 23 February.

Ramanathan, R. 1999. 'English is Here to Stay': A Critical Look at Institutional and Educational Practices in India. *TESOL Quarterly* 33 (2): 211 – 230.

Scrase, T. 2004. The Hegemony of English. Paper presented at the 15th Biennial Conference of the Asian Studies Association of Australia, Canberra.

Sridharan, E. 2004. The Growth and Sectoral Composition of India's Middle Class: Its Impact on the Politics of Economic Liberalization *India Review* 3 (4): 405 – 428.

Srivastava, A. 2007. A Brief Financial Appraisal of the Municipal Corporation of Delhi. Paper presented at the seminar on 'Urban Actors, Policies and Governance in Four Indian Metropolitan Cities', the Centre de Sciences Humaines de New Delhi (CSH) and the India International Centre, Delhi, 23 – 24 January.

Tawa Lama-Rewal, S. 2007a. La démocratie locale dans les métropoles indiennes. Les associations de résidents à New Delhi. *Transcontinentales. Sociétés, idéologies, système mondial* 4: 131 – 144.

——. 2007b. Neighborhood Associations and Local Democracy: Delhi Municipal Elections 2007. *Economic and Political Weekly* 42 (47): 51 – 60.

Voyce, M. 2007. Shopping Malls in India. New Social 'Dividing Practices'. *Economic and Political Weeely* 42 (2): 2055 – 2061.

Waldrop, A. 2004. Gating and Class Relations: The Case of a New Delhi 'Colony'. *City and Society* 16 (2): 93 – 116.

Weiner, M. 1991. *The Child and the State in India*. New Delhi: Oxford University Press.

Yadav, Y. 2000. Understanding the Second Democratic Upsurge: Trends of Bahujan Participation in Electoral Politics in the 1990s, in F. R. Frankel, Z. Hasan, R. Bhargava and B. Arora (eds), *Transforming India: Social and Political Dynamics of Democracy*. New Delhi: Oxford University Press.

Zérah, M.-H. 2007. Middle Class Neighbourhood Associations as Political Players in Mumbai. *Economic and Political Weekly* 42 (47): 61 – 68.

第五章　纵向治理：印度大都市中的经纪、庇护与腐败关系

吉里什·库马尔　弗雷德里克·兰迪
［及弗朗索瓦（T. François），鲁比（D. Ruby）和
塞克萨里亚（P. Sekhsaria）］

透明度和问责制是善治的两大公认的主要特点。[①] 但是，私人行动者和公众参与在城市治理中更为重要，这一事实并不是自然而然意味着实现了更大的透明度和更深层次的问责制；恰恰相反，处于自由化进程中的城市治理“大博弈”里，新参与者的加入也为暗地交易和贪污腐败创造了新契机，只不过捐赠者和专家有时对此视而不见而已。萨维奇和达斯古普塔（Savage and Dasgupta，2006）列举“动摇改革举措的阻碍因素”时，指出了与公众联系薄弱、缺乏激励措施、角色碎片化和重叠化等问题，但他们还忽略了一个关键问题，即贪污腐败和裙带关系。本书的一个主要研究兴趣点是，大多数研究者都采用了实证主义方法，在研究某一部门时，会**罗列出所有参与者**。这就凸显了某些行为，它们并不会真正阻碍自由化和权力下放，却可能在那个新领域快速发展，最终破坏城市治理的公平性和可持续性。贪污腐败和裙带关系是城市空间的关键因素，因为它们与区域问题息息相关：身份关联、职权势力和个人关系往往都和地区紧密相连，不论是选区、行政区，还是非正式的邻里或社区网络。

发展中国家的腐败现象不仅涉及高层官员和重要商业合同，还以细微多样的方式影响着普通人的日常生活。人们往往拿经济因素来加以解释：

① 事例参见 www. unescap. org/pdd/prs/ProjectActivities/Ongoing/gg/governance. asp（2008年1月12日访问）。

因为公务员的工资很低（或者工资不稳定，在破产的邦他们甚至拿不到工资），他们自然就需要贿赂或佣金形式的额外收入。然而这种解释难以令人信服，它无法解释发达国家的“高层腐败”现象，这些国家高级公务员的收入很可观。它甚至也无法解释在印度等国家出现的腐败，因为这些国家公务员的平均工资达到了人均国内生产总值的7倍（Vaugier-Chatterjee，2001；Das，2001）。因此，我们需要一种更具社会学视角的研究方法来弄清这种与特定道德经济存在与否有莫大关联的现象。

本章提出，要挖掘出腐败现象，就必须研究诸如赞助和经纪之类的社会政治行为，这些是印度日常生活的特点。具体地说，就是在大都市里，人与人之间、团体和团体之间存在数不清的关系网络，形成的裙带关系错综复杂、盘根错节。第一节以印度为例，探讨庇护、腐败和经纪之间的相互关系。两个案例研究没有局限于行业视角，而是以公共分配系统为例提出更具普遍意义的城市问题，以此阐明大都市中存在的裙带关系网。第二节和第三节描述了孟买和海得拉巴的贫困居民所面临的障碍，他们寻求通过不顾限制配给卡使用权的经纪人获得补贴商品。第四节的案例研究表明，德里的国会/立法议会地方区域发展计划成员发展了赞助关系，从而让地方选举代表获益。最后，我们提出，孔隙性模糊了国家与民间社会之间或国家与市场之间的界限，加剧了社会在“关联社会资本”[①]、庇护和社区方向上的垂直分化，构成我们所说的“纵向治理”。纵向治理是指城市管理中各类参与者的行为和相互关系的总和，是一种主导性的纵向模式。该模式因为庇护、社区身份和关联社会资本的重要性而跨越了整个社会阶层和群体范围（Woolcock，2001）。乍一看，关联社会资本的概念很好地体现了这些纵向关系，将不同社会等级的人们联系起来，也让我们得以摆脱帕特南（Putnam，1993）的社会资本平等主义观点。然而它似乎又是自相矛盾的，因为“社会资本”这个表述，用帕特南的话说，包含着伙伴间的凝聚力和可信度等方面内容。而纵向关系却与之相反，它包含的是

---

① 根据世界银行发布的《2000—2001年世界发展报告》，关联社会资本是指“穷人与正式组织（银行、农业推广办公室、警察）中有影响力的人之间的纵向联系”。http://web.worldbank.org /WBSITE/EXTERNAL/TOPICS/EXTPOVERTY/0,content MDK：20195989~pagePK：148956~piPK：216618~theSitePK：336992,00. html（2006年4月3日访问）。

不同级别的权力，布迪厄（Bourdieu，1980）率先（并且很快地）将其描述为“关系”，即（有影响力的）关联。本章重点研究这一纵向视角，它与社会资本的水平视角相交叉，有助于城市空间的构建。

第一节 庇护、腐败和经纪：三个相互关联的概念

“庇护”的定义是“一种掌握不平等资源的主体在法律框架之外进行人际与非市场商品和服务交换的系统”（Briquet and Sawiki，1998：2）。庇护关系的三大要素是“个体性、互惠性和依赖性”（Briquet and Sawiki，1998：7）。根本性的不平等让庇护变成一种处于支配地位与被支配地位的个体或群体之间的根本性纵向社会关系。印度社会似乎为庇护关系提供了相当有利的发展空间，因为它根据种姓、宗教和来源地分割出多个社区。这一切都不利于形成强有力的阶级团结。面对新的活动和社会流动，种姓制度的各种相互关系（Deliege，2004）逐渐错位，阶级和种姓之间的联系日益脆弱。社区和社区联盟内出现的阶级变动让穷人和富人之间、穷人和当权者之间的联系成为可能。同样地，来自同一地区而团结起来的人们很可能分属于截然不同的阶级，于是就形成了一种垂直关系——这种关系早在关于乡村的研究（Srinivas，1962）中已得到强调，在目前以城市为背景的研究中也应予以重视。

“腐败”这个词通常和“庇护”联系在一起，因为它们在社会中往往同时发生。继帕蒂奥罗（J. G. Padioleau）之后，梅达（Medard，1998）提出，与其把这两个概念分开，不如把它们都归在“腐败”的范畴中。因此，他将“经济腐败”（通常意义上的腐败）从“社会腐败”的具体形式中剥离出来，后者包括裙带关系、阶级制度或庇护关系等。虽然在社会腐败中也有经济层面的问题，但我们却不能把它简化为经济层面的问题。社会腐败还涉及个体社会身份的“个人变量”（如亲属关系、来源地等），尽管经济腐败完全能无声无息地进行着。

我们认为，对经济腐败与社会腐败的双重定义，在理论上具有一定启

发意义，但在实际操作中却令人困惑。说它有价值，是因为我们能通过分析手段将这两个概念联系起来，然后加以认识和理解——庇护常常以经济腐败形式进行，而无论是经济腐败还是社会腐败，都与马克斯·韦伯（Max Weber）提出的那种官僚理想类型和现代城邦模式背道而驰。而说它令人困惑，是因为在实际的日常生活中，我们可能以两种相反的方式来看这两种现象。庇护通常能让人们因少了裙带关系就难以获得商品或服务。经济腐败虽然也能如此，但它同时也会成为这种获取途径的障碍，尤其那种从官方来看是公共且免费的商品和服务，实际上它们只能通过行贿才能获得。从这个角度来看，庇护是推力，而经济腐败往往是阻力。不过，我们认为，当庇护关系对裙带网络之外的人构成障碍时，它往往会否定公共行动原则的"普遍性"，而腐败能让人获得某些原本受到严格限制的服务。

在许多发展中国家（及其他地方），都存在"经纪人"（或称中间人、代理人、达拉尔等）这一含义模糊的身份。经纪人会有两重相互矛盾的职能：一方面，他可以是"开门人"，常以庇护方式提供从其他渠道难以获得的服务；另一方面，他也可以是"守门人"，拒绝为那些不能支付（足够）贿赂的人提供服务。简单地说，开门人多与庇护有关，而守门人多与经济腐败有关，但两者之间界限十分模糊，因为守门人也会拒绝裙带关系网络之外的人。本章重点关注经纪人这个常被忽略的城市参与者所扮演的重要角色，以此来阐释这种模糊性。

第二节　公共分配系统：公开度不足

初看上去，公共分配系统似乎并不是研究城市治理的一个理想切入点，因为这种提供补贴食品的服务由邦下设的部门进行管理，不受任何城市参与者（市政、公司等）的正式干预。然而下面的论述将会说明，"把公共分配系统作为研究主线"能很好地显示都市架构的全貌，揭示城市治理的重要特征。我们在孟买和海得拉巴（2004—2006）进行过关于公共分配系统的实地研究。在海得拉巴只以一处老城区苏丹沙希

（Sultan Shahi）的 60 个家庭为样本，而在孟买则选择了两处贫民区：K区西部的吉尔伯特山区（Gilbert Hill）的安泰里西（Andheri West）和F区北部的昂托山区（Antop Hill）的马腾伽东（Matunga East）。在后者这一富裕地区的帕西居住区（Parsi Colony），我们只进行了粗略的研究。除帕西居住区外，研究中的其他所有区域居住的都是低收入群体，但大多数居住点是合法或指定的。这些居民还具有一个人口特征，即他们大多是穆斯林。

从国家层面来看，公共分配系统就是由印度食品公司管理的一个巨型机器。该公司以政府采购方式来维持富余产区的农产品价格，并在全国范围内通过补贴大米、小麦、糖和煤油等物资来支持食品消费（Landy，2008）。从地方层面来看，城市地区的公共分配系统设有“配给商店”网点，两类家庭对应使用两种不同颜色的配给卡获得补贴：安得拉邦和马哈拉施特拉邦贫困线以下家庭分别使用白色和黄色配给卡；贫困线以上家庭使用粉色和藏红花色配给卡。配给卡类型决定了持卡人可获得的不同月配额和购买价格。然而众所周知，印度设置的通过公共分配系统来获得补贴食品和煤油的渠道并不合理（Mooij，1999；Asthana and Medrano，2001；Mahendra Dev et al.，2004；Patnaik，2004）。从两种意义上说，公共分配系统不够“公开”。首先，并非每个人都能从这一机制中受益；其次，暗中挪用资源的现象让该体系“私有化”，给配给店家、商人、腐败官员和政界人士带来了利益。

而对家庭来说，要从配给商店获得所需物品则面临以下障碍：

第一，购买配给卡本身就很困难。在海得拉巴，占 15%的抽样家庭没有配给卡。而孟买的情况更糟糕，吉尔伯特山区的抽样家庭中的三分之一没有配给卡。同时，海得拉巴的持卡家庭中处于贫困线以下的只占 18%。在吉尔伯特山区研究的所有家庭中，无人拥有贫困线以下配给卡，安托山区（孟买）有此卡的家庭只有 1%。①

① 低于贫困线的标准并不统一。在海得拉巴，年收入低于 1.1 万卢比的家庭为贫困线以下，而孟买是年收入低于 1.5 万卢比的家庭为贫困线以下。鉴于大城市相对较高的工资水平，这一门槛显然设置得太低了。同时，某些极度贫困家庭肯定在贫困线以下，但却没有贫困线以下配给卡。

此外，在银行开户、选民登记等方面，人们也需要配给卡作为身份证明，但在配给卡上须明确指出，该卡仅用于配给。即使是富人，也要用配给卡来更换护照或取得驾照。配给卡还是居住在贫民区或非法或非正式地区穷人的基本生存工具，因为它可作为居住证明：对于不是特别穷的家庭来说，配给卡不仅能保证食物来源，还有利于获取城市公共服务；对于极度贫困家庭来说，配给卡是进城的通行证，有了配给卡，就意味着不那么容易被驱逐或被赶出贫民区；而对穆斯林来说，配给卡更加重要，因为它能"证明"持卡人的印度国籍。与上述这些方面的用途相比，配给卡本身补贴消费的功能倒显得不值一提了（Jenkins，2004）。

配给卡是穷人的必需品，这促使许多人在利用配给卡方面显得无助。在海得拉巴（和孟买的帕西豪华居民区），人们很少会为一张配给卡而行贿，这与孟买贫民区的情况不同。在孟买，获得一张配给卡意味着要向非法经纪人支付 5 000~8 000 卢比甚至更多，具体主要取决于一个家庭是有资格开卡还是需要伪造证件。这些因素都与迁入和迁出、实际和未来的移民情况相关。为了控制移民（尤其是印度穆斯林和孟加拉国人）进入孟买，马哈拉施特拉邦当时的湿婆神军党和人民党政府在 1995—1996 年打着"土地之子"的名号，限制发放新的配给卡。

第二，越来越多的印度人移民到海湾国家，因此为了获得护照，更需要先拿到配给卡，这导致了配给卡的"价格"飙升。而在海得拉巴，这些情况并不适用。2007 年爆炸案发生之前，穆斯林政党穆斯林兄弟会在市政级别占据主导地位，而在孟买，穆斯林兄弟会却由湿婆神军党和人民党把控着，本研究进行期间，社区间的紧张关系还没那么明显。此外，印度本土穆斯林在海得拉巴的占比要高于汇集印度各地移民的孟买。同时，海得拉巴也不会有像孟买这个全球化港口城市那么多迁往海湾的移民。在孟买，人民党的一个成员说："花 3 000 卢比得到一张配给卡，你就能成为印度公民。"在食物获取方面，为得到配给卡而行贿是官方无偿提供服务的一大障碍。但对于上述党派成员和其他想移民到印度却又不放心的人来说，贿赂却是一种推力，能让人轻松获得受官方限制的国籍身份。

公开平价的商店大多由私人经营，而售价和利润率由政府官方确定。在我们进行研究的海得拉巴的一些地区，店主们似乎不会在价格上欺骗顾客，而是在交货数量上动手脚。而在孟买，这两种欺骗形式并存。店主们对此会抱怨说，他们的正式收入太少，与大都市飞涨的房地产价格相比更显微薄。当政府开仓供应粮食时，店主们还面临另一个重要问题：官方包装袋中通常会有2%～4%的商品缺斤少两。这样看来，配给商店也只是所谓腐败链的环节之一。官员们要从中拿回他们为获得高薪职位而向上级行贿的钱，由此会欺骗官仓的负责人，而后者又去欺骗所配给商店的经销商来弥补自身损失，这些经销商则又会欺骗消费者来挽回他们的损失。最终，消费者成了整个交易过程中最大的输家。要废除这种基于贿赂的体系是不太可能的，因为供应链中每个经销商都拿到了既得利益。

第三节 "庇护分配系统"中的正式与非正式参与者

选举（或部分选举）产生的参与者

在孟买，公共分配系统处于两个政治轴心的交汇点上。自2004年选举以来，它主要是作为一个部门计划，沿着由国大党主导的纵轴从中央到邦一级纵向发展。不过它也有一个横向维度，因为由湿婆神军党和人民党控制的市政府并不只是沉默的旁观者。市政团体是食品警戒委员会的成员，该委员会主席由孟买—塔纳五个配给区中的一名立法议会议员担任。这两个维度的共存是管理不善和结构性分歧的根源（因为只在城市级别维持如此复杂的部门制度是不易管理的），此外也有政治方面的原因。这大概能解释为何这些"区域性"警戒委员会自2002年以来从未举行过会议。

在孟买，警戒委员会的有关规定没有细化到商店（也没有到邦一级）。而在海得拉巴，这些委员会在邦、地区和社区级别都存在，但在配给商店这一层并没有真正发挥什么作用。值得注意的是，区市政官员成员没有被邀请加入这些委员会中，正如某位首席配给官员所言，单个政党不会得到过多重视（而是所有政党都受到邀请，共同在食品委员会中发挥主要作用）。因此，地方代议民主的“代表性”似乎并不让人放心。而民用供给管理局似乎是根据市政府过去作为非选举实体时遗留的机制来运作的，因此偏爱地方配给商店体系的官僚结构，不允许民选代表进行任何官方控制。

目前，这两个作为研究对象的城市可能没有一个地方委员会发挥了作用。这对正式渠道的集体申诉形成了障碍。显然，妨碍所有食品委员会正常运作的主要因素正是公共分配系统的不当操作。为什么这样一个腐败的体系会对确保透明度产生兴趣？监督委员会的缺失既是腐败的成因，也是腐败的结果。[①] 配给商店里的意见箱和意见簿也是人们表达不满的正式途径，但很多时候，意见箱和意见簿中是空的，这并非只是因为许多人不识字或不懂当地语言。因此，借用康沃尔（2004）的术语，“特邀空间”（由政府设立的机构），或者“由邦创立的”民间社会机构（Jenkins and Goetz，2003），都不是公众参与的有效场所。需求、建议和抱怨必须在“特设空间”（与政府当局对抗的内源性场所）中表达（Miraftab，2004），要么由集体发声（由社区组织或非政府组织牵头的游行示威），要么由个体发声（联系知名人士或当权熟人进行调解），具体见表 5. 1。

表 5. 1　公共分配系统中的特邀空间和特设空间活动形式

	特邀空间（受限）	特设空间（主导）
个体发声	意见箱、意见簿	通过知名人士或当权熟人、通过裙带关系进行调节
集体发声	警戒委员会	游行示威、拦路示威

在这种背景下，地方代表（区官员或议员）有三种可能身份：当选代表、“大人”或警戒委员会委员。无论他属于哪种身份，都能发挥重要作用。[②] 通

① 然而，一名社会党法人抱怨道，政府和官员并不忌惮警戒委员会，他们相信己方势力已经很好地渗透进这些委员会了，因此委员会处在他们的控制中。

② 第一重身份与尼赫鲁的理念大致相符，第二重身份显示了发展的邦实际上是如何运作的，第三重身份则是善治议程的目标（乔尔·吕埃，私人交谈）。

过前面的阐述，我们已经知道，第三种身份的重要性很小。至于第一种身份，议员在市政府中的地位几乎没有官方作用，因为市政府与公共分配系统几乎没有联系。如果作为名人，那么他的权力会如何？海得拉巴市政当局有 100 个官员，孟买有 227 个，他们的大部分权力并不是 1992 年《宪法修正案》规定的，而是来自社会地位，他们能当选往往是自身社会资本积累的结果。

市政官员也可以作为代表进行调解，把民众在各种问题上的发声包括公共分配系统问题向上传达。但是，人们认为，官员的代表性较弱，原因有两点。第一，这个机制太新，人们尚未习惯使用它。第二，选区太大，成员涉及了太多社区：在安托山区，甚至很少有人知道官员的名字，因为他们经常提到的是立法议会议员的名字；在苏丹沙希（海得拉巴），许多穆斯林根本不会与他们的代表接触，因为该代表属于印度人民党，还是印度教徒。然而，如果官员**顺从人意**，不插手政务，那么并不意味着该官员在公共分配系统中毫无用处。举个例子，他可以在配给商店甚至配给机关中安插有裙带关系的人，或者如我们所见，保护某个贪污受贿的经纪人。

总而言之，议员们更乐意以地方名人而非市政府成员的身份来插手公共分配系统事务。尽管市政官员的官方职责往往没有实权（见第三章），但他们在城市治理中所起到的非正式作用是显而易见的。因此，为了综合评价他们在城市治理中的行动，就需要研究他们参与的所有“非正式”经纪、调解和庇护行动。

公共分配系统的使用者：含糊且有限的动员

并非所有使用者都会受到该系统的消极影响。① 许多人隐瞒祖父去世或女儿结婚的消息，以保证每月配额的“完整”，或者为了购买补贴煤油而在天然气供给上撒谎。这就是公共分配系统难获改进的原因之一：即使人们感到受骗了或处于弱势，还是有许多人愿意绕过规章制度，不愿明确提出诉求。他们要么因为良心不安，要么是（更可能是）知道本人会失去

① 在印度，“即使是穷人、地位低者还有弱者，有时也能从自身对政治和行政体系的熟练操控中获益”（Harriss，2006：209）。

什么，而且也不知道集体发声后又能得到什么。我们应该记得，与其他形式的补贴相比，公共分配系统的再分配效力要大得多，比如对用电或化肥的补贴，而其中受益最多的是富人。此外，与德里的人民参与计划（中产阶级是对话者）要解决的问题不同，大多数穷人对公共分配系统的关注并没有让政府将此重要问题提上日程。

从性别来看，无论男女，都关注着公共分配系统问题。购买配给物资的主要是女性，男性有时也会前往配给商店，因此双方对这个问题都有话语权。但要想把他们动员起来，还取决于各家庭对公共分配系统是否感兴趣。对于富裕家庭来说，拥有贫困线上配给卡，或在自由市场上能买到廉价粮食时，就不会再为优化系统而努力了。这就是提高贫困线尤为重要的原因之一（Patnaik，2004）：贫困线实在太低了，在孟买尤其如此，它让许多穷人难以获得贫困线下配给卡，也大大限制了对民众的动员。现在，许多地区因为缺乏非政府组织支持，如果再没有中产阶级的支持，穷人就处于孤立无援的地位，而中产阶级是唯一拥有物质手段去进行斗争的群体，他们会进行罢工（包括绝食抗议）并提出正式投诉（见第四章）。

筛选中介（代理人）

有这样一些人——有男也有女，在配给办公室前踱着步子，向别人介绍自己是“社会工作者”，声称他们会为贫穷的移民提供急需的帮助。这些移民要么是文盲，要么身在孟买但不懂马拉地语，所以无法填写表格。不过，代理人在以下两个方面也起到了屏障的作用：其一，他们的存在转移了人们的注意力，避免公共分配系统的使用者（或检查人员）发现收受贿赂的腐败官员是谁；其二，官员们将这些代理人作为他们与系统使用对象之间的屏障，他们由此可以最大限度地收受贿赂，甚至用不着给那些与自己或多或少有私下关系的人“折扣”。总之，代理人并不像马诺（Manor，2000）对卡纳塔克邦农村地区的分析那样——是“解决问题的人”，而更像是阻碍人们获得公共服务的因素。此处的腐败只是基于简单的“收费逻辑”，即揽财（Sardan，2001：65）。

孟买一笔 8 500 卢比贿赂的再分配过程： 打字员：500 卢比（+50 卢比邮票费）做卡； 代理人：2 000 卢比。 配给官员分到 6 000 卢比，然后由他进行再分配： 配给官员本人：4 000 卢比； 助理配给官员：1 000 卢比； 审查员：1 000 卢比。

数据来源：笔者实际调查。

代理人的作用必须放在**系统**中加以分析："腐败链"包括必须为保住其职位花钱的各类官员（如上所示）、使用者、配给商店店主和政党（因为"自下而上"的系统催生了政党融资）。[①] 与西非的情况相同，这一系统以配给官员行动为基础，算不上异常（与规范相反），而是属于不可言传的潜规则（de Sardan，2001）。人们普遍认为，正式经济与非正式经济（有组织或无组织部门）的区分很是模糊，因为两者存在太多共生关系，且在许多活动中的界限变得模糊了。而配给办公室出现的情况则证明，正式部门不仅常常出现非正式甚至非法的行为，且非法行为还常出现在"正式"应占主导的地方，即邦领域内。公共分配系统不过是印度和其他地区"非正式邦经济"的众多例子之一（Bayard，2006：108）。

因此，在地方上，我们找不出邦和市场之间任何明确的界限（由于商品私下泄漏），也找不出邦和民间社会之间的明确界限（由于邦内腐败驱动的"私有化"，以及下文即将进行分析的地方协会的模糊角色）。构成"实际存在的邦"（Harriss-White，2003：74）的一切就像影子一样依附着它，也叫"影子邦"（Harriss-White，2003：89），即它并非没有实体的幽灵邦，而是实体邦的一部分。我们认为，虽然公共分配系统与市政无关，但它是我们用来研究城市治理的一个很好的视角。它在由城市居民管理、为城市居民设立的城市中发挥作用，绝非某种中央集权的单一系统。公共分配系统无论好坏，都有许多供民间社会渗透进去的"漏洞"。公共分配系统解释了"可渗透官僚机构"这一概念（Benjamin and Bhuvaneswari，

① 但是并没有针对后一个问题进行调查研究。

2001)，模糊了“正式”和“非正式”参与者之间、“集体”和“个体”利益之间、“合法”“获准”和“正当”等之间的区别。这可以从孟买配给办公室对时间和空间的操控上看出来：获得配给卡的许多必要手续是在配给办公室前院里完成的，而不是在办公大楼里，而且是在非正式上班时间里完成的——也就是说，这显然超越了邦的界限。

第四节　政治社会

政党：角色明显不清

在马腾伽配给办公室的院子里，一位女代理人告诉我们，“这个办公室里共有八名女代理，其中三人每天都到岗。我们中有三人来自印度国大党或者民族主义国大党，三人来自湿婆神军党，另外两人分别来自印度共和党和社会党”（私人交谈）。此办公室里，还有一位自称记者的男性代理，为印度军队党（湿婆神军党和人民党的敌对党）工作。据说，还有另外三位男代理来自国大党。简言之，所有代理人都有政治背景。

马诺根据印度各邦盛行的各种社会政治制度，分析了“解决问题的人”（阅读代理人）的多重职能及其重要性，这个分析很有意义。为什么代理人在孟买地位如此突出、数量如此众多，而在受贿情况较少的海得拉巴就少得多？马诺（2000：15）强调了安得拉邦两极化的政治结构，该邦经历过前首席部长奈杜的长期统治，他是个“党派‘控制狂’”。马诺还认为，这种环境对“解决问题的人”不利，相反，政治多元化的孟买则为代理人提供了发展的沃土（不过，完全令人信服的解释还需要更多地通过社会学和民族学的方法获得）。[①]

在孟买，两个国大党（国会党—英迪拉派及其分支民族主义国大党）采取了与海得拉巴的印度穆斯林联盟理事会类似的战略，即争取穆斯林的

① 因此，马诺尝试建立两种联系，一种是普遍性社会经济环境与执政党和领导政治管理风格之间的联系，另一种是解决问题的人的重要性和数量之间的联系。这两种联系都有不少例外。科潘斯（Copans，2001）以非洲为例批判性地讨论了“宏观”与“微观”、政治科学视角与社会—民族视角以及“小腐败和大腐败”之间可能存在的关联。

选票。该地区的票仓基本上是按社区划分的。但这样的分析不仅太过粗略，而且也没有指出政党在人民日常生活中实际扮演的角色。有关西孟加拉邦印度共产党（马克思主义）的部分可能是事实，但其存在方式实际上更微妙，因为该地不存在任何政党一家独大的情况。罗伊和班纳吉（Roy and Banerjee，2006：4255）描述了"中间政治"向两个方向发展：向上可称为"跳板党"，若没有其支持，则很难获得公共物资；向下可称为"保护伞党"，它保护中介人，比如代理人和其他"寄生虫"。

因此，政党通过保护某个店主或代理人能获得多少利益还有待研究。在较低级别，即使代理人只把一部分收入交给保护他的政党，公共分配系统也不太可能是他主要的金钱来源。这个系统更可能是用来控制选票仓的。再深入一些，印度政界人士与选民、政府与公民之间是割裂的。这一断层由政治经纪人网络来填补，政治经纪人和公共分配系统经纪人有关联，如吕埃进行的私人交谈（Corbridge and Harriss，2000）。这难道不是印度治理中一个反复出现而且很关键的因素吗？最后，如果依照哈里斯-怀特（Harriss-White，2003：78）对于"国家政治的世袭主义、民粹主义和庇护主义形式"进行的区分，公共分配系统更显庇护主义（有关选票），而非民粹主义（因为少数人受益于该系统），甚至是世袭主义的（因为大笔资金重新分配可"灌溉"一大批人）。但是，要理解为什么强制和欺骗没有阻止人们投票（无记名方式）给政党候选人，反而能让他们愿意投票，还需要进一步研究。

第五节　社区组织：何为"社区"？

在孟买，我们发现很多妇女协会的成员长期居住在贫民区。在安托山区，妇女协会的主席是来自民族主义国大党的女性工人。有趣的是，她也是马哈拉施特拉邦建筑维修和发展委员会（马哈拉施特拉邦住房和地区发展局）的成员。同样，在马腾伽，一位受民族主义国大党保护的"代理人"恰好是本地妇女协会的主席。这表明，在地方协会中，担任领导的妇女往往与政党有联系。

妇女在这些代理人中数量不少，表明大多关于发展的文献提到的所谓女性美德并不属实（Goetz，2007），善治中性别并不起决定作用。另一个关于政治的错误看法与社区组织职能有关。这是一个悖论，印度（与其他地方一样）往往将社区组织大肆吹捧为分权和治理参与发展中潜在的关键因素，而“社区”往往被用来委婉地指代“宗教”或“种姓”。一方面，社区组织代表着民主和公平；另一方面，它也可能意味着社群主义和分离。[①]

根据代理人的行动方式和社区组织战略的重要性，我们可以得出以下结论：政党在人们的日常生活中发挥着关键作用，但并非直接通过机构调解的方式。[②] 政党的这种作用可能因最近某些强调纵向治理、阻碍分权的政治策略而加强。在以下的案例研究中，主要的参与者既不像公共分配系统中那样的经纪人，也不是所谓民间社会的中介者，而是政治人士，他们是庇护体系的核心。这是同一现实的两个方面，是纵向治理中的两类参与者。

第六节　延续庇护还是深化分权？对国会/立法议会议员发展计划和城市治理的不断关注

我们的第二个案例研究对象是 1993 年 12 月为国会议员和地方议会议员提出的地区发展计划，称“国会议员地方区域发展计划”（后来到邦一级为立法议会议员发展计划）。之前通过的《第 73 次宪法修正案》和《第 74 次宪法修正案》试图赋予农村和城市地方机构合法地位，而这个新计划则是为了促进地方议员更好地参与公共物资管理决策。

本节旨在阐释印度邦同步推进城市治理和国会议员地方区域发展计划

---

① 此处不再讨论，说得积极一点，如果“最贫穷社区”（在城市环境中）经过挣扎，变得比早期的“统治阶级”更自治，这是否算得上一种阶级组织形式？因此，社群主义是否渗透进这种挣扎，就成了一个相关但截然不同的问题。

② 正如布里克特（Briquet，1998：20）对意大利南部的描述，“在这种情况下，裙带关系将团体而非个人聚在一起；更确切地说，调解人通过裙带关系控制并将一些团体聚在一起。在这方面，政党发挥着关键作用：通过政党及其关联组织，个人能获得公共资源，与城邦机构取得联系，并在这一框架内界定自身政治承诺的主要特征”。

的矛盾观念。[①] 第一，该计划给了国家或城邦议员自由裁量权，他们可决定所在选区实施任何基础设施项目。需要强调的是，自由裁量权不仅推翻了机构决策过程，还加剧了个体对权力的竞争，这种竞争反过来又维持着人民与其所选领导之间主顾关系的长存。第二，这一计划把争论焦点从国家核心事务转移到地方关切上，破坏了印度最高代表机构的尊严。第三，该计划导致议员之间的角色颠倒，因为议员成了项目实施者，失去了控制行政部门的道德权威。第四，根据这一计划，国会议员不用向任何城邦机关负责。第五，单看该计划的架构，它似乎只是简单绕开了分化的城市治理机构，而实际上，它把分权规划这一理念完全抛到了脑后。

那么，应该如何理解这些关于城市治理和国会议员地方区域发展计划的无常变化的观念？参考里格斯（Riggs，1961）提出的棱柱型社会（在后殖民社会中，根深蒂固的传统心态或实践仍对现代官僚机构行为和决策起决定作用）的理论，可以说，这样的重叠反映了传统社会中行政改革的局限性，“实际的官方行动……并不合法……他们常坚持要绝对服从某些技术性法律和规则，但又忽略了其他规范，即那些一般性规定和目标……”（Arora，1988：111）。从这个角度看，印度的政治阶层似乎也不确定官僚机构是否会考虑到公众的感受需求，这才选择了国会议员地方区域发展计划。再进一步，人们认为该计划是一项拓展高级代表与其基层选民之间联系的战略。政治家们根据自身经验，认为像印度这样的传统社会需要中介者的参与（Reddy and Hargopal，1985；Manor，2000；Kumar，2006），以便将普通民众与国家机关联系起来。总之，要做好群众工作。事实上，选举出的代表和他们所在的网络，通过国会议员地方区域发展计划/立法议会议员发展计划（及其在市级的相应机构）已经正式发挥了作用。此外，还有人认为，随着《第73次宪法修正案》和《第74次宪法修

---

① 国会议员地方区域发展计划授权国会议员（两院）每年在其选区内可进行价值2 000万卢比（最初是1 000万卢比）的项目。这一举措作为《联合议会委员会关于议会议员的配备设施和薪酬报告》的续篇，旨在促进国会议员参与地方决策，管理在国会议员地方区域发展计划支持下创造或改善的公共物资。该计划作为指引，列出了要进行的项目或工作内容。［参见《议会辩论》，人民院和联院，1993年12月23日，引自Sezhiyan（2005：3）。］

正案》的推行，印度已经成为一个多层次联邦政体。国会议员地方区域发展计划已将金融中介者的代表力提升到了更高层次。

加快基础设施建设，还是规避分权进程？

粗略地看国会议员地方区域发展计划列出的内容，我们会发现，该计划是一次致力于完善本国地方基础设施的尝试。虽然其重点放在建筑（学校、医院、社区图书馆等）、涵洞桥、道路和凿井等方面，但一部分资金也用在了文化活动上，最初多达 23 个项目，还有一些可能是联邦政府随意添加的。有趣的是，该计划下的大多数项目还出现在了《第 73 次宪法修正案》和《第 74 次宪法修正案》有关本地机构职能的修订附表第 11 项、第 12 项中。矛盾之处在于，即使根据立法议员自由裁量权，在国会议员地方区域发展计划下分配的资金尚未得到完全利用，但地方治理机构仍受财政约束[①]的困扰，最终形成了这样的局面：大量资金未使用、项目不完整、项目执行作假和公款挪用。印度宪法规定的最高审计机构和会计机构的报告中都强调了这一点。其他官方报告也证实确有其事。因此，与其他诸多官方计划一样，国会议员地方区域发展计划也滋生了新型腐败。

规划委员会将国会议员地方区域发展计划预算提交给有关国库，再由国库拨款至地方财政，由地区负责人保管。根据计划，国会议员[②]可通过有关区级部门将提案送交负责资金部署的前述地区负责人。[③] 在这方面，国会议员不用向城邦任何机关负责。观察这方面的明显交叠，国会议员地方区域发展计划似乎是在阻碍放权进程的深化，从而阻止《第 73 次宪法修正案》和《第 74 次宪法修正案》的修改目标。一方面，它缩小了放权计划的范围；另一方面，它增加了对高层政治参与者（如国会议员）的依

① 作为首都的德里是个例外，因为它有获得额外的资助项目的特权，而且与其他印度城市或邦相比，拨给立法议会议员和市政议员的基金数量也相当可观。因此，乍一看，资源短缺问题似乎不会出现在德里市政府。但这并不否认德里市政府的职能范围可能确实被几个特定机构所侵占。

② 唯一明显的区别是，下议院成员可在选举出身地支出议员基金，而上议院成员只能在城邦内非直接选举出身地支出议员基金。多年来，所有城邦都为其立法议会议员（存在两院制议会的还有立法委员会委员）引入类似方案。

③ 单个提案费用不得超过 100 万卢比。

赖。即使将国会议员地方区域发展计划视为地方高级代表为开拓行动空间做出的努力，并由此去补充放权目标的执行，但它的这种补充缩小了放权计划的范围。放权计划理应在财政年（如 2007 年 4 月 1 日—2008 年 3 月 31 日）开始时进行，而有关部门应在本财政年持续推进国会议员地方区域发展计划下落实各项目的需求清单。

德里：对政治阶层的纵容

德里有几点特殊之处。在三级代表的地区发展基金上，德里议会选区当属全国最充足的。在国会议员地方区域发展计划下，每位国会议员可获得 2 000 万卢比。在德里，每位立法议会议员的地区发展基金相同，平均下来，每个议会选区会选出十名立法议会议员。此外，德里市政府的每个成员还能获得 500 万卢比（自 2007 年以来，每个议会选区设两位法人）。因此，国会议员地方区域发展计划、立法议会议员发展计划和选区发展基金叠加起来高达 3.2 亿卢比。因此，在一个 5 年任期内，单个议会选区可分到 16 亿卢比基金，这怎么看都是一笔巨款。

在我们所研究的四个选区[①]中，我们发现，国会议员和立法议会议员都通过多个渠道与选民保持联系、获得反馈，尤其是利用现存选区发展基金可满足的公众需求。这些渠道包括：通过政党工作者、有偿或在编志愿者、政治管理人员、办公室工作人员和密友；每日或不定期让选民来自己的办公室或居所；或者依靠居民福利协会干事。代表们有时在前往选区不同区域时，也能获得关于当地问题的一手信息。通过这些渠道获知的公众需求会在代表办公室被优先处理。那么，他们是如何优先处理选民关心的问题呢？实际上，所有受访者（包括为政治领导处理事务的和我们遇到的一位立法议会议员）给出的回答都十分含糊。当我们要求具体说明时，他们拒绝透露衡量过程中所采用的方法。但是如果不公布项目选择标准，而由国会议员或立法议会议员自行决定，那么我们可以断定，他们的决定会在很大程度上受到某一地区项目在推进过程中政治红利的影响。毕竟，国

① 在德里的七个议会选区中，我们选择了四个具有代表性的选区，然后从这四个国会议员选区中选出了四个分区，再从这四个分区中选出四个市政选区进行研究。

会议员地方区域发展计划是为了帮助民选代表，为选民谋福利。简言之，投资的预期政治回报（通过批准项目来深化庇护关系）很可能是议员行使自由裁量权的决定性因素。

的确，贫穷社区能获得的代表关注度很难与富有而强势的社区相比，但是说贫穷社区完全没有机会也有些言过其实。他们人数众多，而在选举政治中，数量优势着实重要。他们所选出的代表不敢疏远他们。但是，当需要在公共物资（如学校、道路或饮水供应等方面）和个人需求之间做出选择时，往往是后者获得优先考虑（对于贫民区居民而言是如此）。许多贫民窟的居民承认，他们曾获得过国会议员或立法议会议员的个人帮助（如为亲戚安排工作、重病时提供经济援助、遇到麻烦时利用执法机构影响力加以协调等），并对此深表感激。因此，他们不对代表提什么要求，或至少不会站在那些想直接向代表施压或通过政治管理者或麻烦解决者间接向代表施压的人一边，以解决与道路或饮水等问题相关的集体不满。这就导致了贫困地区的积水、车道泥泞和排水系统堵塞问题无人解决。这些问题在戈温德普里的贫民区随处可见，与卡尔卡基的道路状况对比鲜明，后者是中产阶级聚居区，居民福利协会在该地活动频繁。与贫民区居民不同，中产阶级选民通常追求的不是个人利益，而是代表能起作用，改善本地路况、增设街灯。毫无疑问，中产阶级仍会因为个人对候选人的偏好而分化，但他们在选举政治中很重要，在德里这样的大都市尤其如此。因此，在这些地方的服务供给与在贫民区的不同（后者只需很少资金奖励就能收买大量穷人的选票）。

不过，通过社区福利协会表达的关切并非总是要依赖立法议会议员或国会议员才能实现。事实上，所谓市政或官方机构与社区福利协会之间的伙伴关系已经在恶化。某些中产阶级地区的社区福利协会就表达了对政党的不信任，他们在最近的市政选举中强力反对政党候选人（*Times of India*，30 January 2007；Tawa Lama-Rewal，2007）。

表 5.2 显示了国会议员地方区域发展计划资助的项目类别。该表没有具体指出每个项目花费的金额（或尚未花费的金额）。当项目性质与位置并列时，它确实表明与人们尤其是中产阶级的感受需求接近。这并不是

说，像公园一类的设施没有贫民区妇女、儿童和老人使用，虽然他们经常因为去公园而被远房的（中产阶级）邻人所嘲笑。同样，只有在外德里地区才需要在墓地铺地板或建造平台。有一点不同的是，在一个巨大的旧池塘周围建造围墙（防止牛掉进去）的要求从未被纳入考虑——这是我们在野外研究期间，在（外德里）纳杰夫格尔村（Najafgarh）发现的主要需求。这也证明，娇生惯养的中产阶级的关切得到了满足，而贫困社区的需求则在很大程度上被忽视了。

表 5.2　国会议员或地区议员发展计划基金使用情况　　单位：项

国会议员选民	已完成工作性质和数量（降序排列）
南德里	高杆街灯（44）、操场（9）、公园翻新（3）、雨棚搭建（1）、海啸赈灾基金捐款（1）
东德里	修建：公路（19）、排水系统（16）、中高路灯（14）、街灯（11）、山路（1）、公园围墙（1）、体育馆（1）、地窖（1）
中德里	修建：公路（45）、人行道（10）、公园翻新（2）、遮阳棚（2）、购买电脑（1）、用水问题（1）、海啸赈灾基金捐款（1）
外德里	修建：公园围墙（5）、钻管井（1）、操场（1）、墓地铺路（1）、墓地月台（1）

推动职能转换

国会议员作为最高代表机构的成员，应该通过官僚机构审议国家事务、监督职能部门履行职责。但由于国会议员地方区域发展计划的存在，他们不但没起到监督作用，还要作为下级向所监督的部门汇报工作。他们还参与地方事务，这本该属于地方政府的工作内容。最不寻常的是，从该计划的本质来看，它“否定了议会对行政的控制，歪曲了议员的角色”（Sezhiyan，2003）。因此，除了（国家和城邦）立法者角色的逆转（这违背了宪法的精髓）之外，还有所谓地区（选区）发展计划，在很大程度上，他们没能实现最初宣称的目标。未动用基金经多年滞存，数额惊人（见表 5.3），即使市政议员与选民同住一片区域也是如此，这也可作为前述观点的佐证。

表 5.3　未动用的市政议员发展基金　　单位：百万卢比

年度	单个议员基金数额	总额	未动用数额
2002—2003	6.5	871.0	310.9
2003—2004	7.5	1 005.0	129.4
2004—2005	7.5	1 005.0	328.5
2005—2006	8.7	1 165.8	301.3

数据来源：《印度时报》，2007 年 2 月 20 日。

有趣的是，与立法者和德里市政公司官员的讨论告诉我们，在他们看来，该计划存在缺陷，但本身没有错。从这一点可以明显看出，较高级别的（国家和城邦）立法人员宁愿行使“行政职能”，而不愿行使其“核心立法职能”。因为城邦无法确保官僚机构的问责制和透明度，以及公共物资的创造和维持情况普遍不佳，所以他们的这种心理也许不可避免。一位前国会议员说道：“为什么要指责我们？选民一有麻烦就会找我们来解决。公众，甚至那些受过更好教育的人，不会为我们在议会中讨论什么而烦恼；如果没能在我们所代表的选区创造就业机会的话，他们唯一关心和期望的就是获得更好的基础设施”（私下交流，2006 年 11 月）。这在某种程度上说明，城邦不同机构之间的责权划分有必要重新审视。

要说与两级联邦制相关的许多棘手问题，再具体一点，即中央与各邦之间的财政资源的控制和共享尚未得到解决，那么财政调解问题也就站不住脚。[①] 因此，出现的更大图景是一个未能实现其既定目标的计划。[②] 它

① 也有人认为，随着《第 73 次宪法修正案》和《第 74 次宪法修正案》的出台，印度已经成为一个多层次的联邦政体，而凭借国会议员或地区议员发展计划，更高级别的立法者拥有了金融中介者身份。

② 从我们的小样本来看，其中一位立法议会议员［来自德里达雅加尼（Daryaganj）分区］表现得更好。

甚至背叛了其理论基础，即在发展中社会，政治领导人需要更多的权威来控制官僚机构，即使他们的角色有逆转的风险。但经验证据证明，有权势的政客无论如何都能完成自身工作，而普通领导者则无法控制官僚机构，这都是由于该计划及其运作机制存在着漏洞。具有讽刺意味的是，城邦似乎正是通过这种手段与那些想要破坏印度议会民主制度的人串通一气。毕竟，投票支持该计划的、希望扩大权力以便向官僚机构下达“行政指令”的都是议会。这充分证明，城邦组织和政治领导人都对权力下放持谨慎态度（Ruet，2005）。

此外，这还可以解释推行发展方案时长期存在的自上而下的方法，发展方案包括基础设施项目，与地方政府机构自治关系不大。“知名度”是最终起决定作用的因素，经纪人是政客和公众之间的桥梁。然而，在这种情况下，中产阶级地区获益更多：这可能是因为德里的特殊性——由于之前对贫民窟选票库的重视，德里“精英阶层反抗”比其他城市更激烈。换句话说，主顾关系的延续以另一种形式得到了实现。政治强制力迫使政治阶层为实现更广泛的代表性创造了一个民主空间，以特别关照弱势群体，但是，鉴于各政治阶层政治精英的传统思维模式，他们没能推进社会政治的转型。这虽然反映了宪法干预的局限性，但也证明了一个事实：城市地方治理之战必须在政治舞台上进行，且必将旷日持久。

第七节　结论

公共分配系统中的配给商店老板、经纪人、地方上的政党领导人，国会议员地方区域发展计划下的民选代表及其中间人，是印度大都市纵向治理的两个明显例子。这两个案例研究都强调，需要对某些由社会政治理论定义的两极加以限制，它们虽有启发意义，却难以解释所有细微差别、可变性和复杂性。例如，我们很难用“民间社会”的概念来研究城邦的疏离度，这使人们对两者之间的区别有所淡忘。我们更喜欢强调统一性和互联性，而非对比或两极。因此，下层与中上阶层之间、其他阶层之间必须有牢固的联系：这样的统一性通过经纪人关系创建了纵向治理。

以公共分配系统为例，谁是输家？显然，是穷人。那谁是赢家？公共分配系统的高官、高层政客、配给商店老板、小官员、卡车司机和车主（“代理人”也能从泄露和贿赂中分一杯羹）。寻租者绝大多数属于“中间阶层”（Harriss-White，2003），即中等和大农场主、小规模制造商和商人、地方政府官员等，在印度的自由化浪潮下，谁是真正的“农村主人”，谁仍是非常重要的参与者？[①] “在印度大都市之外，经济由中间阶级主导。”（Harriss-White，2003：241）但在大城市内部，不也是这样吗？我们研究了公众日常生活之后发现，尽管最终“赢家”来自上层阶级，但剥削者可能属于中间阶级，这类似于在农村和小城镇中出现的场景：中间阶级进行“调解”，把下层阶级给高级官员、政客或贸易者的非法资金的一部分进行再分配。[②]

继贝亚德（Bayard，1989）关于非洲的研究之后，我们认为发展中国家的社会并非通常认为的以社区为基础的集体。任何社会都是个体的总和，那么寻租城邦就是寻租者的集合。虽然从“社会分层系统”的角度来进行研究（Bayard，1989：324）仍有必要，但分析必须以个体为基础。我们认为，正是这种个体主义与整体主义的结合，成了腐败的一个关键因素。这就是为什么要把新古典经济学工具用于对城邦的分析：“寻租城邦”由一个个官员和政客组成，他们是“理性的优化者”（Mooij，1999：48），致力于“最大化收入和最小化抱怨”（Wade，1985：470）。但这些工具必须与更偏结构主义的分析相结合，将这些人置于社交网络中，让他们既能实现收入最大化，又能根据某些规则和框架部署自己的策略。特别是，必须通过“再分配”概念来研究个体和群体之间的相互关系。“再分配”可从不同维度进行。向上，客户向服务提供者付费（代理人须为自己在配给

① 这里或许要提一下，哈里斯-怀特是巴尔坦理论（1984）的批评者，该理论与印度“占主导地位的私有阶级”，即地主、工业资产阶级以及专业人士和高管有关。

② 用吕埃这本书的结语一章来评判这个观点：在过去几十年的农村中，权力分配已经从传统的地主主导，转变为“商业化”富农主导，而他们也正好是政治中介者。但问题是，他们是否搭建了有利于自身的城邦或地方进程，或者反过来，城邦的发展形式是否“青睐于”那些愿意接受现代化进程的群体？在城市中，只有那些能够跟上社会发展步伐的群体（低种姓群体、贫民区组织和社区组织的自治，中产阶级的社区化发展），才是“非正式城邦经济”背景下的最大赢家。

办公室的工作付费)；水平层面，再分配目标是同类人、（乃至）家庭成员等；向下，“再分配”可以维系与顾客的关联，由此强化治理的垂直性。

参考文献

Arora, R. K. 1988. *Comparative Public Administration*, New Delhi: Associated Publishing House.

Asthana, M. D. and P. Medrano, eds. 2001. *Towards Hunger Free India*. New Delhi: Manohar.

Bardhan, Pranab. 1984. *The Political Economy of Development in India*. Oxford: Basil Blackwell.

Bayard, Jean-François. 2006. *L'Etat en Afrique. La politique du ventre*. Second edition. Paris: Fayard.

Benjamin, S. and R. Bhuvaneswari. 2001. Democracy, Inclusive Governance and Poverty in Bangalore. Working Paper 26, University of Birmingham.

Blundo, Giorgio. 2001. Négocier l'Etat au quotidien: agents d'affaires, courtiers et rabatteurs dans les interstices de l'administration sénégalaise. *Autrepart* 20: 75 – 90.

Bordieu, Pierre. 1980. Le capital social, notes provisoires. *Actes de la recherche en sciences sociales* 31: 2 – 3.

Briquet, Jean-Louis. 1998. La politique clientélaire. Clientélisme et processus politiques, in J-L. Briquet and Frédéric Sawiki (eds), *Le clientélisme politique dans les sociétés contemporaines*. Paris: PUF.

Briquet, Jean-Louis and Frédéric Sawiki, eds. 1998. *Le clientélisme politique dans les sociétés contemporaines*. Paris: PUF.

Copans, Jean. 2001. Afrique noire: un Etat sans fonctionnaires? *Autrepart* 20: 11 – 26.

Corbridge, Stuart and John Harriss. 2000. *Reinventing India: Liberalization, Hindu Nationalism and Popular Democracy*. Cambridge: Polity Press.

Cornwall, Andrea. 2004. Introduction: New Democratic Spaces? The Politics and Dynamics of Institutionalised Participation. *IDS Bulletin* 35 (2): 1 – 10.

Das, S. K. 2001. *Public Office, Private Interest: Bureaucracy and Corruption in India*. New Delhi: Oxford University Press.

Deliège, Robert. 2004. *Les castes en Inde aujourd'hui*. Paris: Presses universitaires de France.

de Sardan, J. -P. O. 2001. La sage — femme et le dovanier. Cultures professionnelles locales et culture bureaucratique privatisée en Afrique de l'Ouest. *Autrepart* 20: 61 – 73.

Goetz, Anne-Marie. 2007. Political Cleaners: Women as the New Anti-Corruption Force? *Development and Change* 38 (1): 87 – 105.

Harriss, John. 2005. Political Participation, Representation and the Urban Poor. Findings from Research in Delhi. *Economic and Political Weekly* 40 (11): 1041 – 1054.

——. 2006. *Power Matters: Essays on Institutions, Politics and Society in India*. New Delhi: Oxford University Press.

Harriss-White, Barbara. 2003. *India Working: Essays on Society and Economy*. Port Melbourne: Cambridge University Press.

Jenkins, Rob. 2004. *Regional Reflections: Comparing Politics across India's States*. New York and New York: Oxford University Press.

Jenkins, Rob and Anne-Marie Goetz. 2003. Bias and Capture: Corruption, Poverty and the Limitations of Civil Society in India, in Marc Blecher and Robert Benewick (eds), *Asian Politics in Development*. London: Frank Cass.

Kumar, Girish. 2006. *Local Democracy in India: Interpreting Decentralisation*. New Delhi: Sage Publications.

Landy, Frédéric. 2008. *Feeding India: The Spatial Parameters of Foodgrain Policy*. New Delhi: Manohar.

Mahendra, S. Dev, *et al*. 2004. Economic Liberalisation, Targeted Programmes and Household Food Security: A Case Study of India. MTID Paper 68. Washington: International Food Policy Research Institute (IFPRI).

Manor, James. 2000. Small-time Political Fixers in India's States: Towel Over Armpit. *Asian Survey* 40 (5): 816 – 835.

Medard, Jean-François. 1998. Postface, in Jean-Louis Briquet and Frédéric Sawiki, *Le clientélisme politique dans les sociétés contemporaines*. Paris: PUF.

Miraftab, F. 2004. Invented and Invited Spaces of Participation: Neo-liberal Citizenship and Feminists' Expanded Notion of Politics. *Journal of Trans-national Women's and Gender's Studies* 1, http://web.cortland.edu/wagadu (accessed 2 June 2007).

Mooij, Jos. 1999. *Food Policy and the Indian State. The Public Distribution System in South India*. New Delhi: Oxford University Press.

Olivier De Sardan, Jean-Pierre. 2001. La sage — femme et le douanier. Cultures professionnelles locales et culture bureaucratique privatisée en Afrique de l'Ouest. *Autrepart* 20: 61 – 73.

Patnaik, U. 2004. The Republic of Hunger, http://www.macroscan.org/fet/apr04/fet210404Republic_Hunger.htm (accessed 13 May 2005).

Putnam, Robert. 1993. *Making Democracy Work: Civic Traditions in Modern Italy*. Princeton, NJ: Princeton University Press.

Reddy, Ram G. and G. Hargopal. 1985. Pyraweekar, 'The Fixer' in Rural India. *Asian Survey* 25 (11): 1148 – 1161.

Riggs, Fred W. 1961. *The Ecology of Public Administration*. New York: Asia Publishing House.

Riggs, Fred W. 1962. Trends in the Comparative Study of Public Administration. *International Review of Administrative Sciences* 28: 9 – 15.

Roy, Dayabati and Partha Sarathi Banerjee. 2006. Left Front's Electoral Victory in West

Bengal. An Ethnographer's Account. *Economic and Political Weekly* 41 (40): 4251–4256.

Roy, Indrajit. 2006. Representation and Development in Urban Peripheries. Reflections on Governance in Ahmedabad Suburbs. *Economic and Political Weekly* 41 (41): 4363–4368.

Ruet, Joël. 2005. *Privatising Power Cuts? Ownership and Reform of State Electricity Boards in India*. New Delhi: Academic Foundation and Centre de Sciences Humaines (CSH).

Savage, David and Subhagato Dasgupta. 2006. Governance Framework for Delivery of Urban Services, in Anupam Rastogi (ed.), *India Infrastructure Report 2006: Urban Infrastructure*. New Delhi: Oxford University Press.

Sezhiyan, Era. 2003. Working of the MPLADS. *The Hindu*, 24 April 2003.

——. 2005. *Members of Parliament Local Area Development Scheme (MPLADS): Concept, Confusion, Contradictions*. New Delhi: Institute of Social Sciences.

Srinivas, M. N. 1962. *Caste in Modern India and Other Essays*. Bombay: Media Promoters.

Tawa Lama-Rewal, Stéphanie. 2007. Neighbourhood Associations and Local Democracy: Delhi Municipal Elections 2007. *Economic and Political Weekly* 42 (47): 51–60.

The Times of India, 20 February 2007.

Vaugier-Chatterjee, Anne. 2001. Du cadre d'acier au cadre de bamboo: grandeur et décadence de la bureaucratie indienne. *Autrepart* 20: 161–176.

Wade, Robert. 1985. The Market for Public Office: Why the Indian State is not Better at Development. *World Development* 13 (4): 467–497.

Woolcock, M. 2001. The Place of Social Capital in Understanding Social and Economic Outcomes. *Canadian Journal of Policy Research* 2 (1): 1–17.

第二部分　城市治理中的部门、项目、使用权与公共性

第六章　德里、海得拉巴和加尔各答的初级教育：无奈的治理，默认私有化

乔斯·莫伊　詹尼弗·贾拉[1]

第一节　引言

如前几章所述，我们研究城市治理的切入点之一是服务的供给和需求。我们对四个城市进行了研究，在其中三个城市（德里、海得拉巴和加尔各答）中，教育都是一项重要的服务。我们的重点是初等教育。

在过去的 15～20 年里，教育领域发生了许多变化。第一，普及初等教育越来越被视为极其重要的政策目标，这可以提高个人能力，也是刺激经济增长的一种方式。这在 2002 年通过的《第 86 次宪法修正案》中有所体现。该文件将义务教育定义为一项基本权利。计划委员会认为，教育是“赋予人们技能和知识，并使他们在未来获得生产性就业的最关键因素”（Government of India，2006：45）。第二，对教育的需求显著增加。1999 年的《印度基础教育公共报告》指出，许多父母，包括那些至今未曾受过教育的人们，都希望送自己的孩子上学。识字率大幅上升，这也是 20 世

---

① 本章所依据的实地调查工作是在 2003—2006 年进行的。莫伊在海得拉巴和加尔各答工作，贾拉在德里工作。两位作者在此感谢海得拉巴的文卡塔斯·罗达沃（Venkatesh Roddawar）先生和普拉维恩·达尔沙（Praveen Darsha）先生，在他们的帮助下，我们与一些学生家长们进行了面谈。在加尔各答，帕塔萨拉蒂·班纳吉（Parthasarathi Banerjee）先生给予了关键性的协助。我们要感谢德里的温卡特·那拉亚那恩（Venkat Narayanan）先生、希普拉·芭提雅（Shipra Bhatia）女士、阿尼尔·罗伊（Anil Roy）博士、苏妮塔·巴达乌利亚（Sunita Bhadauria）女士和布帕提（N. Bhoopathy）先生，他们协助进行实地调查工作；还要特别感谢我们在上述城市中遇到的各位教育专家，尤其是贾拉鲁丁（A. K. Jalaluddin）博士、高文达教授和纳姆比桑教授（贾瓦哈拉尔·尼赫鲁大学）的意见，以及参与者、政策与城市治理研讨会的与会者对本章早期版本的意见。

纪90年代被称为“扫盲10年”的原因。第三，私人教育提供者的数量迅速增加。尤其是在印度城市中，许多孩子上私立学校，通常是英语学校，印度农村的孩子也有上此类学校的。第四，公民社会参与者在教育领域中的作用变得更加突出。一些超大型且有影响力的非政府组织以及许多小型非政府组织与政府合作，或以批评的方式监督政府的教育进展。第五，为了提高教育质量并贯彻《第73次宪法修正案》和《第74次宪法修正案》，学校在努力下放管理权。

本章基于在三个城市中心进行的实地调查，旨在描述教育治理领域发生的重大变化。我们将分析教育领域新出现的参与者、现有参与者角色的变化和政府的应对方式。我们将会讨论到，新参与者的出现和旧参与者角色的变化要求对教育治理进行一些调整、转变以及推进教育治理的民主化。虽然对整个印度来说这无疑是事实，但在城市地区变化更快，因此重新调整教育治理显得更加紧迫。印度城市地区的政府如何应对这些挑战？该政府与其他参与者的关系以及对他们的态度是否发生了变化？本章将会提出，上述变化只是在一定程度上发生了，治理体系的调整尚不充分，不足以纳入新的参与者并应对新的挑战。

因此，本章要讨论的更大问题是，当今国际上流行的治理概念（相对于政府而言）会以何种方式与印度的教育相关，是否与之相关，以及如果相关的话其程度又如何？如第一章所述，“治理”可以被理解为一个概念，指的是一种不断变化的经验现实（从指挥并控制转向筹划引导、帮助以及扶持其他参与者），或者是一项由国际金融和捐赠机构推动的政治课题。这两种思路提出了不同的问题。第一种与经验变化有关，从政府控制转向治理，其转变程度如何？治理过程中有新的参与者出现吗？抑或是原有参与者承担了新角色和新责任？他们是谁，扮演了什么样的角色，与包括政府在内的其他参与者都有什么关系？在印度这一背景下，有人认为从政府控制到治理的转变意味着国家的多元化、去中心化和分散化（Chandhoke，2003）。[①] 那么教育领域也如此吗？治理作为一项政治课题则引发了另一组问题：我们应该如何评估这一变化？其优势、劣势是什么，以及长期政治影响会怎样？

① 另见加雅尔（1997）将治理作为政治课题进行批判性解释。

尽管这两组问题确实庞大又复杂，而且远远超出了教育治理的主题，但本章中的思考允许对这些更广泛的问题进行一些讨论。

在下一节中，我们将提供一些关于教育、主要教育计划和教育部门组织方式的背景信息。第三节重点讲述主要参与者及其不断变化的角色。第四节讨论政府的应对方式和治理新模式的发展程度。本章最后的简短总结将重新回到印度城市治理这一大问题上来。

第二节　德里、海得拉巴和加尔各答的教育

印度的教育治理是通过中央政府、邦政府和地方机构的协作进行的。印度宪法对联邦（中央）和各邦之间的政府权力包括立法、行政和财政权力的分配都做出了周密安排。由于教育部门也是治理部门之一，中央政府和邦政府有望为教育发展建立有意义的伙伴关系。

过去20年里出现了一些重大干预措施，大部分是由中央政府发起的。《第十个五年计划（2002—2007）》确认教育是人力资源开发和国家经济增长的关键投入。这反映在明确的政策目标的制定上。[①] 2002年12月通过的《第86次宪法修正案》，使6~14岁的所有儿童接受义务教育成为一项可由法院裁决的基本权利。《地区初级教育计划》最初只在有限的几个地区实施，但随着时间的推移，其实施范围有所扩大，并得到《初级教育普及项目》的补充。《地区初级教育计划》在印度各地都得到实施，它也重视较高年级（六年级和七年级）的初级教育。[②] 午餐计划已经在初级教育阶段普及。自2004年以来，政府对所得税、消费税、关税和服务税加收了2%的教育税，以此为基础性优质教育提供经费。

毫无疑问，这些努力已经产生了影响。事实上，教育是可以看到明显进展的领域之一，如20世纪90年代大幅攀升的识字率（见表6.1）。

---

① 这些目标有：到2003年，所有儿童都入学；到2007年，在所有儿童中实现5年学校教育；到2007年，识字方面的性别差距至少缩小50%；在《第十个五年计划（2002—2007）》期间，识字率提高到75%。

② 关于《地区初级教育计划》和《初级教育普及项目》，印度政府从捐赠组织那里获得外部支持，对这些组织来说，这些方案也是促进千年发展目标的一种方式。

表 6.1 教育领域的进展：识字率

单位：%

年份	德里	安得拉邦		西孟加拉邦		印度
		邦	海得拉巴	邦	加尔各答	
1981	62	36	56	49	66	44
1991	76	44	71	58	77	52
2001	76	60	79	69	83	65

数据来源：印度人口普查（1981、1991 和 2001）。

印度全国主要有三大类学校：公立学校（由政府管理和资助）、政府资助学校（由私人管理，政府会进行不同程度的参与，接受政府的运营补助）、私立学校（由私人管理，通常以收费或企业赞助为基础来获得资金）。私立学校可进一步分为获认可学校（由学校教育委员会认可）和未获认可学校。此外，在一些城市中有一类为数不多的学校，由非营利机构经营，如非政府组织机构或慈善（宗教传教士）信托基金。

在大部分邦，多数孩子都去公立学校上学（包括由地方机构管理的学校）。在初等教育层面，1995—1996 年，在公立学校读书的儿童占在校儿童总数的 77.4%。政府资助学校在全国不同地区的重要性也不同：在喀拉拉邦这一比例最高；在西孟加拉邦的比例也较高，1995—1996 年，18.8%的小学生和 40.2%的初级教育高年级学生就读于政府资助学校。在安得拉邦，这两项数据分别为 4.5%和 7.5%；而在德里，8.8%的小学生和 11.1%的初级教育高年级学生就读于政府资助学校。① 西孟加拉邦与大多数邦不同，在这里，政府资助学校实际上被视为公立学校，完全受地区初级学校理事会的控制和监管。而在其他许多邦，政府资助学校则被视为私立学校，政府没有参与太多的管理。

在过去的几十年里，私立学校的数量和重要性都大大增加。如前所

① 这两段中提到的所有数字都来自国家抽样调查组织（NSSO）的报告（1995—1996：A81－82，Table 9C）。

述，私立学校有获认可学校和未获认可学校两类。由于后者并未进入许多统计中，因此大多数数据都低估了私立学校的作用。事实上，只有家庭调查是唯一包括所有类型学校入学人数的统计途径，获认可和未获认可的私立学校都包含在其中。在本章定稿时，《1995—1996 年全国抽样调查组织报告》（第 52 轮）提供了最新一组以家庭为基础的综合入学率数据。然而现在，这组数据已经有十几年的历史了。为了说明私立学校日益明显的重要性，我们更倾向于参考金登（Kingdon）关于（获认可）私立学校在总入学率增长中所占份额的计算（在获认可学校里）。就印度城市而言，1986—1993 年这一比例为 60.5%，1993—2002 年为 95.7%。而在印度农村，该比例 1986—1993 年为 18.5%，1993—2002 年为 24.4%。这一变化说明私有化的步伐已经大大加快，在城市地区，增加的入学率几乎完全来自私立学校（Kingdon，2007：21）。

在我们所研究的三个城市中，公立学校的行政管理也各不相同。在德里，学前和初级教育由地方机构即德里市政府、新德里市政委员会、德里政府和军营委员会负责。然而，德里教育局和德里政府在一些现有的中学里引入了小学班级，将其转变为综合学校。安得拉邦的公立初级学校属于地方机构（曼德尔委员会）的管辖范围，但海得拉巴的情况不一样，所有学校都由地区教育官员管理，海得拉巴市政府根本不参与。加尔各答约有 200 所学校由加尔各答市政府管理，约有 1 200 所政府资助学校由地区初级学校理事会——印度其他任何邦都没有这一机构——负责，该理事会充分代表了执政党和教师工会的利益。因此，教师工会的影响在加尔各答比其他两个大都市更加正式。除了这些正式的公立学校，我们所研究的三个城市都有若干种非正式学校，它们通常由其他政府部门在非政府组织的帮助下开办。于是，在所研究的三个城市尤其是德里和加尔各答，各种各样的邦级教育提供者出现了。虽然这似乎提供了更广泛的选择机会，但也可以说，它导致邦教育体系中存在一种自带非官方等级的“种姓制度”①。

尽管有了明显的进步迹象，但教育质量仍然是一个令人关注的主要问

① 笔者对高文达教授的访谈（2005 年 6 月 16 日，新德里国立教育规划与管理大学）。

题，无论是在公立学校还是在私立学校。最近的两项研究都证明了这一点。第一项研究由非政府组织布拉罕协会负责。这项研究基于德里各地学生的随机抽样，评估了学生基本识字和数字技能情况。结果表明，在公立学校里，7~10岁的孩子中有37%不会读单词，只有46%的人能读4行及以上的句子；在私立学校里，69%的孩子都是这样。就读于公立学校的学生中，能够识别数字的占52%，但除此之外别的都不会；在私立学校里，这一比例为30%（Pratham，2006）。第二项研究由教育科技初创公司和威普罗公司共同进行，重点研究了五个主要城市的142所顶尖学校。[①] 这些精英学校的测试也呈现出不容乐观的结果。学生们似乎是机械学习，而不是以真正理解概念为目标。只有当试题与课本中的题目相似时，他们的测试结果才能达到良好。学生将所学知识应用于现实生活的能力非常差（Educational Initiatives，2006）。

在德里，我们试图自己评估学校教育质量。根据对20所学校（公立、私立和非政府组织开办的学校）的调查，我们从教师资格和经验、创新教学实践、附加教学辅助、教师培训和学校基础设施等方面评估了教育质量。结果不出意外，公立学校在教师资格、额外培训和进修课程方面得分高于私立学校，但在教学辅助和基础设施方面得分较低。非政府组织开办的学校（样本中只有3所）在上述所有类别中得分很高，并且在教育身体有残疾或有特殊学习需求的儿童的能力方面也取得了不错的成绩。[②] 此外，在其他城市中，我们发现许多公立学校的资源严重不足。在海得拉巴旧城区，校舍破旧问题突出，许多学校没有教学楼，学校教学活动在清真寺、寺庙或其他学校的建筑中进行。这有时会导致轮班教学：同一座教学楼，上午由一所学校使用，下午则由另一所学校使用。加尔各答的情况也不容乐观，大约有一半的学校没有自己的教学楼。在需要租赁校舍的学校里，初等教育普及项目中的基础设施改善是不可能实现的，许多学校甚至没有水电供应。

---

① 基于这些学校在当地的声誉。

② 见贾拉（2007）的有关论述。

第三节 教育的主要参与者：不断变化的情境

教育体系新用户：第一代学习者

毫无疑问，现在许多自己没有受过教育的父母都乐于送自己的孩子去上学。我们所研究的三个城市里，几乎所有和我们交谈过的父母都表达了送孩子上学的愿望。他们中许多人很穷，但愿意做出相当大的经济牺牲，以保证子女的教育。

送孩子上学的家庭会有两类支出。第一类支出是杂费、校服和书费。尽管公立学校正式免除了这些费用，但许多不富裕的家长还是决定送孩子去私立学校，要么是因为附近没有公立学校，要么是因为家长意识到这些公立学校的声誉较低，要么是因为他们希望以英语为授课语言的教育（而不是公立学校的方言教学）能给孩子带来更美好的未来。第二类支出是各种学习费用。虽然这在所有城市中都很普遍，但加尔各答和德里比海得拉巴更明显。开设这类付费课程的通常是长期从事“培训”业务的研究生“专业人士”，受过教育（但未受过教学培训）的家庭主妇，或视此为赚钱途径来支付自己学习费用的研究生。这些“额外”支付的学费意在帮助孩子们备考，也帮助他们完成每天的作业。这种并行支持教学系统的现象目前是教育市场的一部分。

由于父母的意愿以及政府为入学所作的努力，几乎所有的孩子都在小时候入学前或入学时接受过一段时期的教育。如今，许多城市贫困父母面临的主要问题不再是要不要送孩子上学，而是如何激励孩子学习，以及让孩子接受多长时间教育合适的问题。在实地调查中，我们听到过几位第一代学生的家长抱怨教师的不友好和学校环境的不佳。一般来说，学校管理层都把家长视作一种麻烦而不是一笔财富，孩子成绩不佳或言行不良会自然而然地归咎于他们贫穷、文盲的父母亲。教师的观点通常是：“如果**这些**孩子来自一些不理解教育价值的家庭，那么我们如何教得会他们？”① 结果

① 见莫伊（2008）。她分析了公立学校教师对其职业、社会地位和与其他人关系的看法。当然这一分析也有例外。在德里，我们走访了几所非政府组织开办的学校，这些学校与家长建立了良好的关系。家长定期被邀请到学校讨论他们孩子的学习进展或特殊的敏感问题，提到的例子是关于儿童管教和性教育电影放映的。

就是许多孩子感到不受欢迎、不舒服，从而辍学。对于中产阶级的孩子来说，从一所学校退出后会进入另一所学校继续上学，但对于贫困家庭的孩子来说，这通常意味着他们的学校生涯彻底结束。

新学员和学校之间的不协调远比教师的态度更复杂。在贫民区开办私立学校的教育活动人士和我们讨论时清楚地表明，常规学校教育对于第一代学生中的有些孩子是远远不够的。例如，流浪儿童或贫民区的孩子上学时通常年龄较大，也就意味着与同班同学相比，他们有更多的生活经验，尽管其在学业上较为落后。他们知道，可以通过打零工来挣些零花钱，也了解城市生活的刺激。他们已经学会独立，有时甚至是情感上的独立。他们往往亲身经历过家庭暴力或遇到过其他困难，有的自己也有暴力行为。他们专注于脑力学习任务的能力有限。常规的学校教育体系无法教育好具有这种心态的孩子。对于这些孩子，不能用学校通常管教孩子的方法去“训练”，因此教师认为这些孩子不可教也就不足为奇了。事实上，在常规的学校教育体系中，他们可能确实不可教。正是为了这类儿童的教育，一些非正式学校建立起来了。这些学校至少在某种程度上似乎是奏效的。例如，在加尔各答，人们可以看到教室里正在进行着一些非正式学校教育活动，里面挤满了学生，很可能在其附近，就是加尔各答市政府治下的某所学校，里面几乎没有学生。

私立学校

如上所述，私立学校的重要性已经大大提升。这种情况在印度各地都曾发生过，但在城市比在农村更加普遍。我们在第四章中提到过，私立学校有不同的形式和规模，适合不同的人群。未获认可的学校数量不断增加，并且已经成为教育领域的重要组成部分，但却没有被纳入官方数据中。拿德里来说，据一个名为社会法学家的律师团体估计，会有 10 000 所未获认可学校为大约 600 000 名儿童提供教育服务，这一团体致力于争取受教育权。虽然这一估计可能过高，但人们普遍都认同，在过去一二十年里，未获认可学校的数量迅速增加。这些学校大多提供学前和/或初级教育，有时也通过与其他获认可学校建立附属关系来提供考试和认证服务。

没有人会对它们进行检查，而且根据社会法学家的调查，许多未获认可学校不符合基本的安全规范和其他标准要求。①

一名高级政府官员估计，海得拉巴有大约800所未获认可学校。② 在苏丹沙希和索玛吉古达（Somajiguda）这两个选区进行的街头调查中，我们发现大多数私立学校没有获得认可（见表6.2）。在较为贫穷的苏丹沙希，这一比例远远高于人口更混杂的索玛吉古达。这项小型调查证实，未获认可学校在海得拉巴很常见。这些学校通常依据社会组织注册法案进行注册。和德里情况一样，它们通常与获认可学校有附属关系，这样学生就可以在获认可学校内参加考试（虽然他们仍是私立学校学生的身份，且为此支付更高的考试费用）。迄今为止，海得拉巴的大多数私立学校都是（或声称是）以英语为授课语言的学校（尽管也有一些乌尔都语学校）。③

表6.2 海得拉巴两个选区的学校

单位：所

选区	公立学校	私立受资助学校	私立获认可未受资助学校	私立未认可未受资助学校	总数
苏丹沙希	6	0	4	12	22
索玛吉古达	2	0	6	6	14

数据来源：笔者的调查（2005）。

加尔各答的初等学校不必附属于某个特定的委员会（从而获得认可）。只有学生在私立学校升到八年级或更高年级的情况下，该校才需要获得认可。这就意味着加尔各答几乎所有的私立初等学校都没有被纳入官方统计。在对两个选区的逐街调查中（见表6.3），我们在第13选区没有发现私立学校，这是一个位于加尔各答旧城区的贫困且过度拥挤的商业区。但在第122选区，我们发现了许多私立学校，这些学校通常以英语为授课语

① 见拉加拉克什米（T. K. Rajalakshmi），“Hard Way to Learn,” *The Frontline* 21（17），www. flonnet. com/fl2117/stories/20040827002604600. htm（2008年1月28日访问）。

② 2005年7月在海得拉巴的采访。

③ 关于海得拉巴的私立学校，见托雷和迪克逊（Tooley and Dixon，2003，2005）。

言，有些也开设了以孟加拉语或印地语为授课语言的授课课程。我们走访的四所私立学校中，只有一所有300多名学生，另外三所的规模非常小，业主就是校长。学校有很大的幼儿园，但一年级到四年级各班学生数为3~20个人。学校开办者有时候确实有心扩大规模，然而这些开办者兼校长也说，许多家长在孩子上完幼儿园后就让他们退学进入政府资助学校，或者进入附近选区更资深的私立学校中。①

表6.3　加尔各答两个选区的学校　　单位：所

选　区	加尔各答市政府学校	政府资助学校	私立学校	非政府组织学校	总数
第13选区	1	17	—	2	20
第122选区	1	5	8	—	14

数据来源：笔者的调查（2005）。

总的来说，私立学校为了实现盈利而开办，尽管从教育中谋利在官方看来是非法的。② 托雷和迪克逊（2003，2005）调查了海得拉巴15所所谓面向低收入家庭的私立学校的盈利能力（收费相对较低，主要面向不富裕人群）。这些学校的平均年盈余超过20万卢比（近5 000欧元），占学校收入的23%。（上层）中产阶级学校的盈余/利润会高得多。当然，部分盈余可能被再投资到学校。即使是我们在第122选区走访过的极小规模的私立学校也给开办者带来了一些收入。③ 事实上，这些学校可以被称为"教育血汗工厂"：资源配置不足，教师薪资微薄，濒临倒闭边缘，但仍然为开办者和雇员带来了一些利润和收入，如果没有这些收入，开办者和雇员的境况会更糟。

私立学校和家长之间的关系通常是有限的，但可能比典型公立学校的情况要好一些。在德里，我们发现家校互动常常是通过家长教师协会组织

① 关于加尔各答的私立学校，见戈什（2006）。

② 根据乌尼·克里希南最高法院（Unni Krishnan Supreme Court）的命令。见托雷和迪克逊（2005）。

③ 许多私立学校教师的工资很低，甚至第122选区最知名私立学校的教师每月收入也不到1 000卢比。

的。一般情况下，这类互动是为了讨论更细致的问题，如学生行为问题或考试成绩。然而我们走访了一些学校（大多是德里的上层私立学校），这些学校有时利用学生父母甚至祖父母的创造能力为学校的活动作贡献。这些活动包括讲故事、演木偶戏、手工制作、社区教学（学校旁边或附近贫民区的弱势儿童在教育方面可以从中得到帮助）等。这些举措往往由“思想开明的”校长和积极主动、善于表达的父母促成。

非政府组织①

在过去几年里，非政府组织在德里、海德拉巴和加尔各答这三个大都市的教育中都起到了非常重要的作用。然而，这些城市的发展彼此并不相当。在德里，从事教育工作的公民社会组织在许多方面开展工作。一些非政府组织，如卡塔（Katha）、迪帕拉亚（Deepalaya）和能力发展与包容行动（Action for Ability Development and Inclusion，AADI）都开办了自己的学校；其他非政府组织，如普拉亚斯（Prayas）和布拉罕协会，通过衔接课程为从公立学校辍学的儿童提供非正式学校教育；还有其他一些机构，如教育管理和发展中心（Centre for Education Management and Development，CEMD）、全面发展协会（Society for All Round Development，SARD），与卡塔和布拉罕协会一起接纳了一些公立学校，并通过教师培训和识别有特殊需要儿童的项目、课程/活动规划和材料准备等来支持它们。还有一种组织是智囊团和施压集团，它们不时地向公共活动和运动提供基于问题的支持。

海得拉巴出现了一批与企业部门有联系的非政府组织，这是一个重要的现象。这些新兴的高知名度非政府组织，有的与某个商业机构有联系，有的受到印度侨民或印度地方实业家的资助。教育不是其唯一的活动领域，但一些信息技术产业家对初等教育领域特别感兴趣。威普罗的阿齐姆·普莱姆基基金会（Azim Premji Foundation）可能是体现这一趋势最著名的例子，但这个非政府组织在海得拉巴并没有太大的影响力。不过有影

① 当然，在本节提及的所有城市中都有非政府组织的其他举措。本节仅重点介绍这些城市的一些主要趋势，并不打算列出非政府组织的所有活动。

响力的其他非政府组织并不少。萨蒂扬有两个非政府组织：主要活跃在东西戈达瓦里（Godavari）的柏拉主基金会（Byrraju Foundation）和在海得拉巴办公的萨蒂扬基金会。① 雷迪博士实验室有限公司设立的雷迪博士基金会发起了儿童和警察项目（Child and Police，CAP），与大约 60 所公立学校合作。纳安迪基金会主要由前首席部长发起，意在使安得拉邦的印度侨民参与家乡的发展工作。这些非政府组织参加各种类型的活动。萨蒂扬基金会的活动是基于萨蒂扬雇员的自愿投入。② 该基金会“接纳”了一些学校，志愿者们（萨蒂扬雇员）定期去学校，不是去教书，而是与孩子们互动，发挥自己非正式教育的能力，让孩子们得到更美好、更精彩的上学体验。纳安迪基金会旨在通过技术和人力专长支持政府。2004—2005 年，它接管了海得拉巴地区的教师培训任务，并负责在该市实施午餐计划，还在老城区大约 25 所学校内开设了保健中心。③ 雷迪博士基金会启动了儿童和警察项目，最初致力于通过桥梁慈善学校让在海得拉巴工业区打工的失学儿童重新回到学校教育中，目前它正致力于与公立学校合作，提高教育质量。2005 年，儿童和警察项目开始完全独立于雷迪博士基金会而存在。④

这些非政府组织有几个共同特点。首先，它们都有意识地与政府合作，改善现有的公立学校体系，而不是搭建另一个并行的学校教育体系。其次，它们都关心教育质量，例如通过推广不同的教育方法来让教育更有趣、更适合孩子。最后，这些组织受益于其创始人和/或董事会成员的高知名度。除了与其他公司和基金会有联系之外，它们甚至与政府的接触都是一些传统非政府组织所无法比拟的。

位于加尔各答的企业非政府组织尚未参与服务提供或提高教育质量。“纳安迪模式”的午餐组织计划已经讨论过，但尚未实施。目前已经实现的是当地非政府组织参与非正式学校教育中心的建设。1999 年，非政府组织对加尔各答的贫困城市儿童进行了一项调查。这项调查得到了西孟加拉邦《地区初级教育计划》的资助，在洛雷托日间学校（Loreto Day

① 这篇文章写于萨蒂扬骗局被揭露之前。
② 见 http：//www. satyam. com/mediaroom/pr1dec04. html（2007 年 1 月 19 日访问）。
③ 见 http：//www. naandi. org/Education/。
④ 见 http：//www. capfoundation. in/。

School）的西里尔修女（Sister Cyril）的指导下由50个非政府组织负责实施。调查发现，5~9岁儿童中的25%和10~14岁儿童中的29%没有上学。此后，加尔各答依据《初级教育普及项目》建立起非正式学校教育中心。一个名为流浪儿童与童工行动市级项目（City Level Programme of Action for Street and Working Children，CLPOA）的总组织负责教育中心建设方案与政府和60多个非政府组织的协调工作，这些组织一共管理着440多个此类中心。非政府组织雇用当地失业但受过教育的人士来管理这些学校。这些“教师”从洛雷托（Loreto）那里获得培训和教学辅助用品（一大堆材料）。

在隶属于施克沙勒·普拉卡帕（Shikshalay Prakalpa）的非政府组织中工作的人士称，人们对这种非正式学校教育的需求相当迫切。这并不是因为附近没有正式学校——事实上在第13选区，我们观察到一些公立学校生源匮乏而非正式学校的教室里却人满为患，主要原因在于我们前面提到的不协调。在非正式学校中上学的孩子不少都是童工，他们可能从父母那里得不到足够的经济支持，可能在正式学校里没有轻松自在的感觉，或者可能连出生证明都没有。他们有的从未上过学，有的曾经从主流学校教育中辍学。非政府组织有时试图让他们（重新）被主流学校教育接纳，但往往并不成功。总之，很明显，加尔各答非常需要这种替代性的学校，也非常需要能够开办这种学校的非政府组织。然而，与此同时，这些学校也像西孟加拉邦农村的同类单位一样存在资源匮乏的问题。[①]

第四节　政府应对与治理变革

在上一节中，我们重点介绍了教育领域中一些新兴的或日益重要的参与者。政府对此有何应对？根据不同参与者的性质和作用，我们至少可以区分出政府面临的三种不同挑战。首先是第一代学习者父母的定位。这些家长应该在教育治理中扮演什么样的角色？他们可以在多大程度上被纳入协商和参与进程，又有多少能力可以被纳入这一进程？其次是对私立学校

① 见普拉提奇报告（Pratichi Report）中关于西孟加拉邦农村地区SSK的部分。

的监管。私立学校的扩张和质量方面存在的巨大差异提出了一个问题，即政府能够在多大程度上承担起增强其监管能力的责任，愿意在多大程度上承担这种责任又应该在多大程度上承担？最后是制定伙伴关系政策。如果非政府组织在教育中的作用愈加重要，那么要使用什么样的政策框架来适应和规范它们的参与度呢？

参与和协商

在整个印度，作为《地区初级教育计划》和《初级教育普及项目》的一部分，家长和“社区”参与教育已经被列入政治议程中。安得拉邦的一项政策规定，所有公立学校都必须设立一个学校教育委员会——由校长召集，当选的家长担任成员。[①] 这个教育委员会没有很多权力，但它确实能左右学校发展基金的流向（基金由校长和学校教育委员会主席签署）。令人惊讶的是，这项政策从未在海得拉巴实施过。海得拉巴的公立学校没有学校教育委员会，所有建筑工程的资金都直接从政府机构流向承包商。在加尔各答，我们发现所有政府资助学校都有一个学校管理委员会，就在我们实地调查期间，加尔各答市政府颁发了一项命令，要求所有市政府学校成立一个以学校为基础的委员会，由选区议员、校长、五名监护成员和一名候选人组成。这背后的直接原因是需要监督午餐计划，同时也是因为学校管理委员会应该更广泛地关注“学校的顺利运转”[②]。

然而在实地调查中，我们并没有发现很多家长积极咨询或参与我们访问的任何学校的例子。在这方面，教师的态度至关重要。如果与家长的协商必须进行，家长对学校管理的参与度必须提高，那么需要促成这些工作的正是教师。我们经常发现，教师和家长之间的互动仅限于报告学习进展或讨论学生纪律问题。几乎没有学校组织家长—学生—教师互动的面对面

① 学校教育委员会的任期于2005年9月结束，新的选举尚未举行。安得拉邦政府宣布，它希望改为实行乡村教育委员会，可以与村务委员会制度更直接相关。

② 有趣的是，加尔各答的学校管理委员会包括一名议员（民选政治家）。在安得拉邦，学校委员会的设计不涉及政党政治。然而，在安得拉邦，政党政治也发挥了作用，因为一些学校教育委员会成员选举是按照政党路线进行的（基于科努尔和东戈达瓦里的采访）。此外，正如波伊斯（Powis，2003）所述，地级利益相关者委员会（如学校教育委员会）帮助发起这些活动的执政党（泰卢固之乡党）开展干部建设活动。

论坛，鼓励家长参与学校活动的就更少了。家长们也担心对教师的不满可能会给自家孩子带来负面影响。但是，前面提到过，我们在德里的研究小组发现，非政府组织开办的学校在这方面就做得相当好。虽然它们的教学对象与公立学校相同，都有来自城市贫民区的第一代学生，但教师的态度却截然不同。公立学校的教师们公开说，试图与未接受过学校教育的学生家长沟通是“浪费时间”，但在非政府组织管理的学校里，教师们更理解这些家长的困境，因此更加努力地试图与他们建立融洽的关系。

如果试图增加教育领域的协商和参与，目前仍存在一种结构性困难，就是教育官僚机构的集权结构以及教师和校长缺少发言权，至少在公立学校里是这样的。在所研究的三个城市中，我们发现几乎没有哪个学校层面的决策是由教师单独或者集体做出的。差不多所有涉及的人员（招聘、晋升调动、纪律处分等）、教育内容（课程、教科书、教学大纲、教学方法、学生评估）、学校治理（学生课后留校、家长参与机制）和财政等方面的决策都是在远高于学校的层面做出的（Mooij，2008）。鉴于公立学校的教师都受过专业培训，但教师或学校校长的决策权却如此少，而且这一专业群体还一直面对着此种局面，这实在令人吃惊。这种集权化的存在，使得学校层面的委员会不可能真正参加协商，更不要说参与决策了。而家长想有效地表达意见，就要求学校层面能够做决策。

也许可以说，其他参与者解救了基本上没有发言权的家长。首先是司法部门。最高法院在审理一项关于教育的公益诉讼时裁定，受教育权是一项可强制执行的基本权利。[①] 这在全国公民社会团体中引发了强烈的反响。它们随后做出一致努力，向中央政府施加压力，要求其修订宪法，使接受基础教育成为一项基本权利。最近，德里高等法院参与制定了该市幼儿园入学规则，尽管私立学校所歧视的家长们欢迎这一做法，但它也引发了一场争议：大多数私立学校和希望自己的孩子进入这些私立学校的家长认为，这是过度的司法干预。除法院外，还有其他公民社会团体在学生、家长和教师很少有发言权的地方施加压力。这些组织包括基于问题的支持

① 这一解释很好地符合20世纪90年代最高法院司法激进主义的大趋势，即“帮助印度各邦修复和纠正法律实施中存在的问题”（Rudolph and Rudolph，2001：132）。

团体，如全国受教育权利倡导组织和全国家长论坛，它们在20世纪90年代后期联合起来，为人人享有平等和优质教育的事业而奋斗。出人意料的是，这些地方性民间社会的倡议对于家长获得发表意见权利的进程变得相当重要，而民选代表们（选区议员、立法议会议员）却明显没有发挥作用。总的来说，后者扮演的角色似乎仅限于为某个孩子入学“说好话”，或者影响公立学校招聘、调动或晋升教师的决定。

私立学校的监管

私立教育日益重要，而政府除了默认私立学校在教育中的作用正在迅速增强这一事实外，几乎没有其他反应。在安得拉邦，我们遇到了一些政府官员，他们将教育私有化视为一种挑战，当公立学校开始与私立学校竞争以将孩子拉回到公立学校时，他们感到高兴（例如，在低年级开设英语课并更认真地教授）。不过大多数的政府官员似乎已经接受了这样一个事实，即私立学校正在兴起，并且正在吸引越来越多的学生。

私立学校的增多并没有促成任何更系统的监管出现。换句话说，国家（作为服务提供者）直接作用的减少并没有伴随着另一种作用的增加：监管私营部门，并承担起保证其教育质量的责任。在西孟加拉邦，私立学校完全不在政府的管辖范围内，只有从八年级开始，这里的私立学校才需要获得认可，教育行政机构才需要介入。安得拉邦的情况更加复杂，因为未获认可学校的法律地位模糊不清。一方面，未经政府认可不允许办学；另一方面，印度没有义务教育，这就很难阻止私立学校给没有进入获认可学校的儿童教授一些基本技能和能力。德里也是如此，私立学校教育的扩张很显然并没有让教育系统做出努力，认真进行这方面的监管。

所研究的三个城市都没有改变这种教育现状的明显愿望。毕竟，正如几位政府官员所言，这些未获认可的私立学校迎合了明确的需求。一位高级教育官员接受采访时说：

> 迄今为止，政府已经给海得拉巴的这些学校（自称为学校的社团）发过两次通知，但都没有什么结果。我们又能做什么呢？我们不能否认

开办学校的权利。如果关闭这些学校，家长们就会抱怨没有其他学校可供选择。只要父母乐意把孩子送到这些学校，我们就不能强迫这些孩子去公立学校。①

这番话清楚地表明，允许未获认可学校的数量迅速增加，部分原因是政府没有能力开办替代性学校，并让就读于未获认可学校的孩子家长们接受。这种态度导致"共同学校制度"的承诺无法实现，而在这种制度下，所有类别的学校都应符合特定的最低标准，这就要求有一个监管制度，确保所有学校都能提供相当水平的优质教育。

毫无疑问，私立教育部门需要一个更有意义的监管体系，然而如何架构这个体系却是一个难题。我们发现，学校监管和学校认可都是教育部官员可以赚取非法收入的行为，托雷和迪克逊（2005）也有类似发现。在德里，我们的团队在采访一所公立小学的校长时发现，学校督学事实上可以通过贿赂或"好处"而被"收买"或"封口"。教师表现不佳、滥用学校资金、教师调动走后门、教师体罚学生或以其他形式虐待学生，可以说都能通过某种"校外协议"得到"解决"。德里的一所学校就有这种情况，印度其他地方也是如此。教育部门的腐败与任何其他部门一样猖獗——这就提出了用其他方法保证学校监管的问题，例如由一个更加独立的委员会进行监管，民间社会行动者要在该委员会中有强有力的代表。

新伙伴关系

在这三个城市中，我们都发现充满创新理念的伙伴关系正在以不同的排列组合方式建立起来。非政府组织在教育中一直发挥着重要作用，但现在它们越来越被视为合作伙伴，而不仅仅是监督者。

政府内部对与非政府组织建立伙伴关系的态度喜忧参半。政府机构最高层通常持积极态度，愿意重视非政府组织，让它们作为合作伙伴参与教育活动。他们欣赏非政府组织较小的活动规模，认为这有利于试验和开发

① 2005 年 7 月笔者在海得拉巴的采访。

创新型的教学实践，也许政府以后就可以扩大这种实践的规模。

有些较大的非政府组织可以把自身的经济实力和人脉用作杠杆手段，这就意味着它们可以影响国家的教育议程。这些组织不时接受咨询，被邀请参加工作组，还可以单独接触教育机构的最高层人员。尽管我们没有发现它们如何有助于调整邦级教育议程的明确例子，但教育机构中的所有受访者——以及那些赞同这些新参与者的人——都证实，较大的非政府组织颇具影响力。“我也许会把他们赶出我的办公室，但他们可能会找到另一种方法”，一位教育部高级官员这样说。① 总体来看，我们发觉海得拉巴和德里的高级官员对非政府组织所持的态度比加尔各答的更开放和热情。加尔各答的一位首席秘书告诉我们：“坦率地说，我们的合作更像是同居而不是婚姻。”② 他为什么使用这个特别的比喻还不清楚，但它也意味着：“我们并不是真的喜欢与非政府组织合作。”不过，在加尔各答教育领域非政府组织中工作的几名人士向我们提到，与过去相比，政府对他们已经更加认同了。③

在较低层面上，我们也在海得拉巴发现了明显的不满迹象，特别是当非政府组织开始参与被视为政府核心任务的活动时。海得拉巴的纳安迪基金会就是一个很好的例子。我们在进行实地调查时，它是政府分包商，参与政府的核心任务，也就是教师培训。这样做的理由是非政府组织将会更好、更有效地开展这项工作。毫不奇怪，纳安迪基金会的参与在政府内部引起了一些不满。④

尽管非政府组织在教育中的作用越来越大，但政府的应对一直是临时性的，并不系统。所研究的三个城市都没有与非政府组织建立伙伴关系的

---

① 2005 年 7 月笔者在海得拉巴的采访。

② 2005 年 12 月笔者在加尔各答的采访。

③ 例如，一名经营示范学校的非政府组织的执行董事提到，“15 年前，我们就被邀请参加会议，因为很难忽视我们。现在政府也需要我们的建议，要求我们加入委员会，比如关于教师培训的委员会。教师工会也在改变”。（2003 年 9 月笔者在加尔各答的采访。）

④ 一名高级教育官员强烈抱怨，“非政府组织只想要我们的钱，但表现又不好”（2005 年 7 月在海得拉巴的采访）。我们在场时他打了一个电话，询问给某个非政府组织的一大笔钱的情况。这位官员说：“我们不知道他们如何花这些钱，没有支出报表。我们也不知道他们是否会按照协议做出任何贡献。”我们在这里不是诋毁非政府组织，也并不知道这位官员所说的是对是错，只是想就政府内部存在的一些不满举个例子。

明确政策，而且对于不同的非政府组织所做出的安排也不同，有些非政府组织甚至是在没有谅解备忘录的情况下开展工作的。[①] 正如蓬勃发展的私营部门仍然处于监管不力的状态一样，非政府组织开展的活动以及与非政府组织的合作也都是没有明确政策目标的领域，在这个领域中，个人关系网比透明的政策安排更重要。

第五节　结论和讨论

我们在这一章开头时强调过一个事实，尽管越来越多的儿童能上学，但教育质量问题仍然困扰着整个印度。本章的重点是介绍德里、海得拉巴和加尔各答的教育治理。我们讲述了新参与者如何出现，以及其他参与者如何扮演新角色并开始发挥更加重要的作用。我们还分析了政府应对这些新挑战的措施，并得出结论，认为这些应对措施尚显不足。家长在教育体系中几乎没有发表自己意见的机会，教师和校长在学校管理与财务方面几乎没有进行决策的权力。因此，这里存在着民主的缺失。私立学校的作用比以前重要多了，但它们在很大程度上仍然不受监管。非政府组织参与各种教育活动并与政府合作，但这些尚未引起一致的政策回应。换句话说，我们看到的是，虽然新的教育参与者和提供者愈发重要，但政府的角色并没有做出相应的改变。教育责任正不知不觉地移交给私营部门，但却缺乏有力的监管。结果，在我们所研究的三个大都市中，教育部门的特征不是协调、监管或参与，而是无奈和对私有化的默许。

这项对于教育治理的研究在更普遍的意义上就城市治理问题告诉了我们什么呢？首先，尽管有《第 74 次宪法修正案》的规定，但这些特大城市的教育治理仍不能算是分权化的。公立学校仍然以相当集中的方式管理——在学校或选区一级几乎没有决策权。在所研究的三个城市中，我们发现当地政治家对教育（政策）问题的兴趣不大。私人或非政府组织的活

① 海得拉巴的一个非政府组织的某位领导告诉我们，她不相信谅解备忘录。该非政府组织得到政府的许可，可以在指定的学校里工作。她声称，学校教育主任办公室每年组织一次会议，会上讨论年度报告并提出新的年度计划。那次会议的记录起到了谅解备忘录的作用。（2005 年 7 月笔者在海得拉巴的采访。）

动与其说是权力下放的结果，不如说是不受约束和依赖于个人关系网的。其次，在某种程度上，这三个城市的一些更普遍的城市治理特征反映在教育部门的治理方式上。德里是一个邦、一个城市，同时也是国家首都，有着多重身份。它以矛盾的形式提出了最独特的挑战，例如：有支出过度却资源不足的学校；大量存在国际和国家民间社会组织，但只有少数参与地方问题；愿意为教育花钱（即使是穷人），但教育部门仍然资源不足。海得拉巴对企业非政府组织参与教育所秉持的相对积极的态度反映了邦政府的前瞻性志向以及使海得拉巴成为世界级城市的愿望。这也完全符合邦政府的一种倾向（无论如何，直到 2004 年 4 月泰卢固之乡党在选举中落败前都有这种倾向），即只要不是较低级别的民选政治机构，就可以将责任移交给它们。加尔各答的教师工会和政党在教育治理方面拥有的权力比其他城市显著得多。官僚主义和政党之间界限模糊的事实在地区教育委员会的存在上清楚地反映了出来，这些委员会对政府资助学校的掌控程度是其他城市所无法比拟的。

总之，这一章表明，实证研究发现确实存在着从“政府控制”到“治理”的转变。私营和非政府参与者的数量有所增加，重要性也有所提升。我们应该如何评估这一发展并不容易。一方面，很明显，政府作为教育提供者已经惨败，从这个意义上说，提升其他参与者的重要性不仅是合乎逻辑、可以理解的，而且也并非完全不可取；另一方面，这一发展导致对该部门管理标准、规范和规则的监管几乎完全缺失。虽然私营教育服务有时可能仅仅略好于国家提供的教育服务，但不富裕人群的权利仍然同样容易受到损害（即使没有受到更大损害），因为这些教育服务是有偿的，而且没有质量保证。国家监管机构容易滋生效率低下、腐败和其他弊端。在传统监管者似乎需要另一套监管者来监管他们的时候，最近司法机构似乎扮演了一个更强大（有时是干预性）的角色，因此从“政府控制”到“治理”的转变带来的更大挑战仍有待解决。

参考文献

Anveshi. 2002. *Curricular Transaction in Selected Government Schools of Andhra Pradesh.* Final

Report of the Study Undertaken by Anveshi Research Centre for Women's Studies, http://www.anveshi.org/images/curricular%20transactions%20in%20government%20schools.pdf (accessed 19 April 2009).

Boyle, S., A. Brock, J. Mace, and M. Sibbons. 2002. *Reaching the Poor — The 'Costs' of Sending Children to School: A Six Country Study*, Synthesis Report. London: DFID.

Chandhoke, N. 2003. Governance and the Pluralisation of the State. Impli-cations for Democratic Citizenship. *Economic and Political Weekly* 38 (28): 2957 – 2968.

Chengappa, R. and S. Maheshwari. 2006. What's Wrong with Our Teaching? *India Today*, 27 November: 38 – 52.

Educational Initiatives. 2006. *Student Learning in the Metros 2006. How Well are Our Students Learning?*, http://www.ei-india.com/full-report.pdf (accessed January 2008).

Ghosh, A. 2006. An Analysis of Primary Education in Kolkata. Centre for Civil Society (CCS) Working Paper No. 149.

Government of India. 2006. *Towards Faster and More Inclusive Growth: An Approach to the 11th Five Year Plan*. Planning Commission, Government of India, 14 June.

Government of NCT of Delhi. 2003. Report on Government of NCT, Delhi.

——. 2006. *Delhi Human Development Report*. New Delhi: Partnership for Progress and Oxford University Press.

Govinda, R. and R. Diwan, eds. 2003. *Community Participation and Empowerment in Primary Education*. New Delhi: Sage Publications.

Jalal, J. 2000. Citizens Voice — State's Response: Strategies for Strengthening Urban Local Governance, *Urban India* 20 (1), January-June: 25 – 56.

——. 2007. Exploring the Dynamics of 'Choice,' 'Voice' and 'Responsiveness' in Education Services in Delhi. Presented at a seminar on 'Urban Actors, Policies and Governance', Organised by Centre de Sciences Humaines and India International Centre, New Delhi, 23 – 24 January 2007.

Jayal, N. G. 1997. The Governance Agenda: Making Democratic Development Dispensable. *Economic and Political Weekly* 32 (8): 407 – 412.

Juneja, N. 2001. *Primary Education for All in the City of Mumbai, India: The Challenge Set by Local Actors*. Paris: UNESCO.

Kingdon, G. G. 2007. The Progress of School Education in India: Global Poverty Research. Group Working Paper Series, No. 71, http://www.gprg.org/pubs/workingpapers/pdfs/gprg-wps-071.pdf (accessed 19 April 2009).

Mooij, J. 2008. Primary Education, Teachers' Professionalism and Social Class: About Motivation and Demotivation of Government School Teachers in India. *International Journal of Educational Development* 28 (5): 508 – 523.

National Institute of Educational Planning and Administration and Ministry of Human Resource Development. 2000. *Education for All: 2000 Assessment. India. Country Report*. New Delhi.

National Sample Survey Organisation. 1998. *Attending an Educational Institution in India:*

Its Level, Nature and Cost (52nd Round, 1995 - 1996). National Sample Survey Organisation (NSSO), Government of India.

Powis, B. 2003. Grass Roots Politics and 'Second Wave of Decentralisation' in Andhra Pradesh. *Economic and Political Weekly* 38 (26): 2617 - 2622.

Pratham. 2006. *Report on School Survey*, http://www. pratham. org/aser2006. php (accessed 19 April 2009).

Pratichi Research Team. 2002. *The Delivery of Primary Education. A Study of West Bengal.* Pratichi (India) Trust.

Raina, V. 2003. Making Sense of Community Participation: Comparing School Education and Watershed Development, in R. Govinda and R. Diwan (eds), *Community Participation and Empowerment in Primary Education.* New Delhi: Sage Publications.

Rajalakshmi, T. K. 2004. The Hard way to Learn. *The Frontline* 21 (17), www. flonnet. com/fl 2117/stories/20040827002604600. htm (accessed 28 January 2008).

Rudolph, L. I. and S. H. Rudolph. 2001. Redoing the Constitutional Design: From an Interventionist to a Regulatory State, in Atul Kohli (ed.), *The Success of India's Democracy.* Cambridge: Cambridge University Press.

Tilak, B. G. J. 2000. Financing of Elementary Education in India, in National Institute of Educational Planning and Administration and Ministry of Human Resource Development, *Education for All: 2000 Assessment. India, Country Report.* New Delhi.

Tooley, J and P. Dixon. 2003. *Private Schools for the Poor: A Case Study from India.* Reading: Centre for British Teachers (CfBT).

——. 2005. An Inspector Calls: The Regulation of 'Budget' Private Schools in Hyderabad, Andhra Pradesh. *International Journal of Educational Development* 25: 269 - 285.

UNESCO. 2004. Education for All — the Quality Imperative, Global Monitoring Report 2005. Paris: UNESCO.

Wohlstetter, P., K. Briggs and A. Kirk. 2002. School Based Management — what it is and does it make a difference, in *Encyclopaedia of Education and Sociology.* New York: Routledge and Falmer.

第七章　从德里、海得拉巴和孟买的医疗卫生服务角度看城市治理

洛兰·肯尼迪　拉维·达格尔
斯蒂芬妮·塔瓦·拉玛-瑞瓦尔

这项实证研究的目的是通过考察德里、海得拉巴和孟买的医疗保健服务来反思印度大都市的城市治理，而不是对城市本身进行严格的比较。事实上，这三个城市的可用数据集并不完全相同。我们的想法是使用比较的观点，梳理特定服务相对于特定的治理情况，其供求有什么演变结果。这三个城市位于印度的不同地区，有不同的政治文化特征，在城市等级体系中也处于不同的位置。可以看出，上述不同之处在很大程度上解释了我们观察到的三个城市之间的治理差异。尽管如此，它们却受制于共同的总体政策框架，每个框架中也显然都有相似的力量发挥作用，重塑服务供应体系，并重新界定不同类别参与者的各自作用。如第一章所述，我们分析的重点是过去 10~15 年中由权力下放和经济改革引起的变化。

在介绍城市层面的研究结果之前，我们先简要概述一下过去几十年印度医疗保健服务的演变。这除了提供一个基准，也能起到一个有用的提醒作用：我们观察到的许多趋势都与印度的整体情况相关，而不是与地方情况相关。随后的各节比较各个市政法人在医疗保健服务方面的职能，接着分析重新设计医疗服务系统的方式，包括指导改革的方针和所涉及的参与者。对于每个城市，我们都要问到同一个问题，即选区委员会的设立是否能让当选的市政议员（或市政工作人员）更多地参与到与医疗卫生服务相关的事务中。最后，我们评估了在这一领域里观察到的变化对城市治理所

产生的影响。

第一节　印度健康状况图景

鉴于印度卫生部门的性质，我们有必要从宏观、中观和微观几个层次分析并把握当前的趋势。从宪法上讲，医疗卫生是国家层面的大问题，而联邦政府实际上在政策和具体方案方面也发挥着关键作用，它是资金的主要提供者。

如表 7.1 所示，印度独立 60 年来，在卫生领域取得了显著成就。

表 7.1　1951—2000 年印度在卫生领域所取得的成就

指　　标	1951 年	1981 年	2000 年
人口结构变化			
寿命/岁	36.7	54	64.6
毛出生率/%	408	339	261
毛死亡率/%	25	12.5	8.7
婴儿死亡率/‰	146	110	70
流行病变化			
疟疾/每百万人中病例数	75	2.7	2.2
麻风病/每百万人中病例数	38.1	57.3	3.74
天花/病例数	>44 887	根除	根除
麦地那龙线虫/病例数	未知	>39 792	265
小儿麻痹症/病例数	未知	29 709	
基础设施			
初级卫生保健设施/个	725	57 363	1 631

续　表

指　　标	1951 年	1981 年	2000 年
药房及医院（所有）/个	9 209	23 555	4 332
床位（私立+公共）/张	117 198	569 495	8 701
医生（对抗疗法）/人	61 800	268 700	5 039
护理人员/人	18 054	143 887	7 370

数据来源：改编自《国家卫生政策》（Government of India，2002）。请注意，第四列中的一些数据来自 2000 年以前。

虽然医疗卫生领域的各项指标总体上是正向发展的，但公共卫生系统在向大多数人口提供基本医疗保健方面成效有限。医疗保健支出严重依赖个人自掏腰包，给穷人带来了不相称的负担：总人口中最贫穷的 20% 人口，其死亡率、营养不良率和生育率是最富有的 20% 人口的两倍以上（Narayan，无出版日期：1）。除了收入群体之间的不平等，城乡之间也存在惊人的差距，这反映在城市地区的自付费用大约是国家在城市地区医疗保健支出的两倍，而农村地区的自付费用是国家医疗保健支出的十倍［National Sample Survey Organisation（NSSO），1998］。总的来说，城市地区使用医疗卫生资源的机会往往要多得多。根据最近的一份政府报告，每 100 000 名城市人口占有医院的数量是相同数量农村人口占有医院数量的六倍以上（cited by Paul et al.，2004：923）。孟买等大都市占据了邦政府近一半的公共卫生资源，也占据了约 40%的私立卫生资源。

医疗卫生部门仍然面临着巨大的挑战，政府无法独自应对。决策者日渐认识到私营部门可以发挥关键作用。如表 7.2 所示，20 世纪 80 年代中期，农村地区近 75%的门诊医疗服务和 40%的住院医疗服务由私营部门提供。10 年后，私营部门提供的医疗卫生服务比例大幅上升：门诊服务约占 80%，住院服务约占 55%。

表 7.2 印证了全国医疗服务私有化的总体趋势，并强调了这一趋势在农村和城市地区的趋同性。

表 7.2 印度城乡公共—私营部门提供的医疗保健 单位：%

项 目	农 村		城 市	
	1986—1987	1995—1996	1986—1987	1995—1996
门诊医疗服务				
公共部门	26	20*	27	19
私营部门	74	80	73	81
住院医疗服务				
公共部门	60	45	60	43
私营部门	40	55	40	57

数据来源：第 42 轮和第 52 轮全国抽样调查数据，摘自纳拉扬（Narayan，无出版日期：20）和森等（Sen et al.，2002）。

注：1. 所有数字以整数计。

2. *该数字原版作“19”，似有误，据表内关系改为“20”。——译者注

第二个趋势无疑与第一个趋势相关，即 20 世纪 90 年代，公共卫生投资占国内生产总值的百分比从 1990 年的 1.3%下降到 1999 年的 0.9%。卫生部门的总支出占国内生产总值的 5.2%。其中，公共卫生支出约占卫生部门总支出的 17%，其余为自付费用。在此期间，中央政府给卫生部门的预算拨款占中央预算总额的百分比一直停滞在 1.3%，而各邦的这一比例从 7.0%下降到 5.5%(Government of India，2002：5)。国际比较表明，如果印度要改善医疗保健的获得，就需要在卫生总支出中投入更大比例的财政支持。与中国、马来西亚、韩国和斯里兰卡相比，印度在获取医疗服务和卫生产出方面的公平性记录较差，这四个国家的公共财政支持占医疗保健总支出的 30%～60%（Duggal，2007b，数据引自 WHO，2004）。这种公共卫生投资极其有限的“严峻现实”，部分原因在于各邦政府财政状况困难，因此国家卫生政策建议联邦政府增加其财政支持。为了实现减少不平等的总体目标，该政策主张加强初级卫生部门的作用（占公共卫生总投资的 55%），包括增加基本药物的供给量，因为初级卫生部门为人民提供

了更多的使用医疗卫生资源的机会，并且促进了疾病预防保健服务（Government of India，2002：24）。

尽管医疗保健服务私有化的总体趋势在全国范围内是显而易见的，但也存在地区差异。在我们所研究的城市中，当地医疗保健服务的状况可能会受到区域范围的影响。

德里的治理特点是在某一区域范围内，几个政治行政实体的职权有重叠：德里市政法人（我们关注的重点）、德里国家首都区政府（德里政府）、新德里市政法人和联邦/中央政府。[①] 德里政府通过卫生部、社会福利部和卫生局开展工作，卫生局的任务是协调不同卫生服务提供者（包括私营部门）的行动，以避免发生重叠和控制服务质量。过去 10 年，协调这些不同机构的工作成为迫切需要，也一直是多次讨论和提出建议的对象。最近决定，德里政府将负责除初级保健之外的所有治疗类卫生服务——初级保健将与公共卫生（预防性保健）一起由卫生部负责。但是从 1999 年起，将治疗类卫生服务从德里市政法人转移到德里政府的提议，反复使得两级政府之间出现紧张关系。[②] 还有人提议根据药物类型进行分工，德里政府负责对抗疗法类的药物，而德里市政法人只提供印度系医疗方法［包括阿育吠陀（ayurveda）、尤纳尼（unani）］和顺势疗法。然而德里市政法人高级官员称，这一提议从未得到严格执行。2002 年敲定的最新协调方案更加全面，它计划将德里首都区的 9 个纳税区作为协调所有医疗设施的参考单位；首席地区医疗官负责协调，他将核实所有从业医生、疗养院等的注册情况[③]，并负责有关地区的总体医疗卫生规划[④]。在这种情况下，所有新药房将提供印度系医疗方法、顺势疗法和对抗疗法。

尽管各级政府共存是德里医疗卫生服务的一个主要特征，但安得拉邦

① 受中央政府控制的有全印度医学科学院等大型医院、印度医学研究理事会等机构，以及满足特定客户（政府雇员）需求的药房。

② 2000 年，德里政府接管的七家医院中有四家回到了市政法人治下。

③ 2003 年，卫生部进行的一项调查发现，有 1 603 家非法疗养院，只有 400 家注册疗养院（*Times of India*，14 March 2003）。

④ 2004 年 11 月，笔者与德里卫生局一名高级官员的交谈。

最显著的特点是私营部门提供的医疗卫生服务比例相当高，这一趋势比印度其他邦更早出现。早在20世纪80年代，私营部门就在农村地区提供了约70%的住院医疗服务，在城市地区提供了62%的住院医疗服务，这是全国最高的比例（Narayana，2003：342）。[①] 在门诊医疗服务方面，私营部门的优势更加显著，其所占比例在农村地区为77%、在城市地区为89%。尽管造成这种情况有多方面原因，但人们注意到，安得拉邦政府的政策有时会通过提供补贴和减税的方式来直接支持私立医疗机构的发展。20世纪80年代初，国家出台了一份政策文件，肯定了私营部门和非政府组织在实现国家医疗卫生目标方面的作用（Narayana，2003：355）。在10年前开始的改革的基础上，印度于20世纪90年代实施了旨在引入新的制度安排和治理实践的改革[②]，这些改革措施是，通过用户收费和外包支持服务来提高公立医院财务效率，以及成立医院咨询委员会，以改善公共机构的问责制和提高公共机构的透明度。20世纪90年代后半期，泰卢固之乡党领导的政府实施了重大政策变革，包括卫生领域的改革。例如，安得拉邦是1997年第一个制定人口政策的邦，在人口增长和计划生育方面制定了明确的目标。结果也相当惊人：目前，该邦女性绝育比例为全国最高（避孕普及率为59.3%）［Academy of Nursing Studies（ANS），2002：7］。[③]

在马哈拉施特拉邦，同样的趋势也逐渐形成，但没那么明显：印度卫生部的不成文政策是，医疗卫生服务尤其是医院应主要由私营部门来承担。

正是这个原因，在过去约10年的时间里，公共医疗卫生服务的主要提供者——布里汉孟买市政法人——没有在孟买进行新的医疗卫生投资。虽然没有书面证据可以证明这一点，但我们对不同利益相关者的访谈清楚

① 如表7.2所示，1986—1987年全印度的相应平均数约为40%。

② 1986年，在世界银行资助的一个方案框架内，成立了安得拉邦生活村，这是一个管理二级医院的自治委员会。关于这项改革及其影响的更多信息，见莫伊和普拉萨德（2006）。

③ 1997年，总生育率下降到每名妇女生育2.5个孩子，这反映了一个更加渐进的变化，接近更替水平。这些结果在研究领域和政策领域都引起了很大关注，因为尽管安得拉邦妇女结婚年龄很小（根据2001年人口普查，45%的女孩在19岁时结婚），而且女性识字率很低，但还是取得了这些结果。见国家统计局（2002）。

地表明，当选代表和官僚机构在这些问题上存在冲突。布里汉孟买市政法人常务委员会一直反对医疗卫生私有化，而官僚机构即使没有大力推动，也一直在暗中推动私有化改革。政客、企业主、建筑商和私营医疗行业中也有大量既得利益者参与这一政策转变，这是因为市政法人的医院位于黄金地段的大片土地上。市政法人私有化小组提供的协议是，任何人提出重建破旧的公立医院，都将获得 4 个建筑面积指数，即每 100 平方米，建筑商将获得 400 平方米的开发面积，其中 100 平方米将作为现有医院的等价物返还给市政法人，其余将由建筑商开发。

第二节　市级医疗保健服务分析

市政法人在医疗保健服务方面的职能是什么？即使在这一基本参数上，不同的市也有很大的不同。海得拉巴就是一个极端的例子，市政法人对医疗保健的参与非常有限，行政管理权主要掌握在邦政府机构手中。另一个极端的例子是孟买，其市政法人负责管理一个庞大的医院网络，包括四所培训医院。德里的状况则介于海得拉巴和孟买之间。下面我们对每个案例进行简要描述。

如前所述，德里存在职权重叠的现象：除了几个国家级机构，许多医院、综合诊所、药房和医学院都在德里政府领导下运作。如表 7.3 所示，所有这些级别的政府都参与提供初级医疗设施，而这通常属于地方政府的职权范围。德里市政法人也是德里最大的公民机构①，握有大量的职权，管理着一系列医院、综合诊所、药房、妇幼福利中心、救护车和初级保健中心。德里市政法人直接参与政策的制定和执行。在行政楼内，卫生部又分为公共卫生（预防性保健）、医院管理（治疗性保健）和兽医服务三个分部。审议部门有反映行政部门的专题委员会，这些市政委员会定期举行会议。有趣的是，在德里市政法人所有部门中，市卫生部门的预算是最多的。

① 另外两个民间机构——新德里市议会和德里军营委员会——也是各自选区的保健服务提供者。

表 7.3 德里初级卫生设施

中心类型	数量/个	床位/张
A. 药房		无
德里政府	166	无
德里市政法人	38	无
新德里市政法人	11	无
中央政府	68	无
铁路部门	12	无
法定机构	117	无
B. 初级卫生保健中心		
德里市政法人	5	47
卫生服务总局	2	32
初级卫生中心附属中心	48	无
C. 妇产科医院		
德里市政法人	23	301
新德里市政法人	1	50
D. 妇幼福利中心		
德里市政法人	109	无
印度人口项目*（八）（妇产医院）	6	90
新德里市政法人	14	无
E. 保健中心		
德里市政法人［印度人口项目（八）］	21	无
F. 城市家庭福利中心	69	无
卫生站	28	无

数据来源：2005 年德里卫生设施，德里国家首都区政府卫生服务局。

注：* 印度人口项目是一个由世界银行资助的项目。

在海得拉巴，医疗保健服务主要由邦政府卫生部管理。事实上，就行政组织而言，海得拉巴市被看作海得拉巴区，区医疗卫生官员被委派到海得拉巴市政法人，担任首席医疗官。但是这位官员继续向地区行政长官和邦政府的卫生部负责。海得拉巴市政法人的审议部门没有卫生委员会，它在该市卫生保健设施的整体供应中只是一个次要角色。它主要负责监督初级保健中心（或城市卫生站）和小型妇产科医院，如下框所示。20 世纪 90 年代末，该市重新界定了其关注的重点领域和目标群体，作为其参与印度人口项目的一部分。根据该项目的指导方针，主要目标是通过扩大城市卫生站网络，特别是针对妇女和儿童，包括产前和产后护理以及计划生育，为城市贫民提供服务。为此，该市建造了新的卫生站，翻新了现有的家庭福利中心。

> 海得拉巴市政法人职权范围内的设施：
> 5 个妇产科中心（30 张床）；
> 16 个家庭福利中心（10 张床）；
> 44 个城市保健站（提供门诊和住院服务）；
> 5 个药房。

相比之下，孟买在提供医疗基础设施和服务方面历史悠久，市政府相对于邦政府机构拥有更大的自主权。布里汉孟买市政法人是医疗保健服务的主要提供者，负责管理广泛的门诊和住院医疗设施网络，共有 2 871 张床位（Government of Maharashtra，2001a，2001b）。

> 布里汉孟买市政法人公共医疗保健网络包括：
> 4 个培训医院（包括 1 所牙科医院）；
> 16 个市级综合医院；
> 5 家特殊医院；
> 26 家妇产医院；
> 30 家附属于产院或医院的产后中心；
> 176 家市立药房；
> 168 家门诊护理和公共卫生活动卫生站。

鉴于布里汉孟买市政法人在卫生部门的高参与度，其在政策问题和财务管理方面有一定程度的自主权。尽管如此，我们的实地研究表明，决策权属于行政部门，而不属于民选代表。当选代表虽然严格说来负责决策和批准预算，实际上对市政法人内部的关键决策，特别是卫生领域的决策，几乎没有控制权。与各利益相关者的讨论表明，市政法人的卫生部门的权力非常集中，原因之一在于，医疗机构的指挥结构和军队相类似。事实上，在独立前，印度医疗服务部门是由武装部队掌控的。这段历史影响了孟买和全国其他地方的医疗服务组织。

第三节　服务供给体系设计和新的城市参与者

过去的15年里，在我们所研究的三个城市中，医疗卫生服务供给体系的设计发生了很大的变化——这种变化是渐进的，不一定会引起太多的关注。如上所述，需求和供应两个方面的因素使得医疗卫生私有化的趋势越来越明显。决策者和政府官员似乎并没有认清这一点，而只是将私营部门目前在医疗卫生供应中占据重要地位这一事实纳入他们的考虑之中。与此同时，自由化背景下的经济结构调整限制了国家政府的资助，进而限制了地方政府的资助，导致公共服务成本回收压力大。成本正以直接和间接的方式转移到公众身上。正如2002年国家卫生政策所承认的，许多公共医疗机构缺乏药品，原因在于药品成本上升和药品预算拨款不足，迫使病人只能从市面上购买药品。① 同样，越来越多的诊断测试是在公共医疗机构之外进行的，费用由病人自己承担。印度的一些地方已经开始实施对用户收费。孟买的公立医院对各种服务逐渐引入了用户付费的制度，有些情况下用户付费水准已经上升到实际的市场水平。20世纪90年代末，在泰卢固之乡党政府的领导下，安得拉邦引入了这种制度，但后来在2004年国大党政府上台时，这种制度又被废除了。

在这种不断变化的情况下，公共部门仍然是初级保健和预防性保健的

① 2004—2005年，只有6%的卫生支出收入用于药品和器械（BMC，2006）。

主要提供者，主要是免疫接种和计划生育服务。这些职能往往被分配给地方政府。事实上，在海得拉巴和德里，这些职能都被专门委托给市政当局，将医疗卫生留给更高一级的行政部门。孟买也有类似的趋势，虽然布里汉孟买市政法人在其管辖下有大量的医疗卫生基础设施和人员。根据最近的一项调查，除了免疫接种和计划生育服务外，孟买很大一部分人口的产前保健服务（40%）和分娩保健服务（48%）由公共卫生部门提供（Centre for Operation Research and Training，2000）。1998—1999 年全国家庭健康调查的数据表明，安得拉邦城市地区近 60%（农村地区近 80%）的疫苗接种由公共卫生部门提供，相比之下，马哈拉施特拉邦为 70%（孟买近 72%），德里为 64%。在这种情况下，我们有必要回顾一下，城市的公共卫生设施也为来自附近地区的农村人口服务。

除了经济改革带来的财政压力，外部资助的项目也促成了医疗卫生服务体系的变化，例如收取使用费和将特定类型的服务外包给志愿部门。如本书第一章所述，非国家行为体在提供服务方面越来越普遍，这一趋势也适用于卫生部门。

在研究德里的过程中，我们观察到两类参与者充当私营和公共卫生服务提供者之间的中介：当选代表，如市议员和立法会议员；民间社会组织，如居民福利协会和非政府组织。居民福利协会是当前最新出现的参与者，尽管它们已经存在了一段时间，但直到行政部部长迪克希特在 2000 年发起的巴吉达里计划才赋予它们新的地位。因此，它们的人数迅速增加，2007 年已超过 1 100 人。就医疗卫生而言，居民福利协会是当地居民和市政当局之间双向沟通的重要桥梁，在这方面的作用相当正式，既向行政当局通报当地居民的需求（如防蚊措施），又把政府的公共卫生建议传达给当地居民。在 12 个德里市政区划中（每个行政区包括 12 个选区），德里市政行政区卫生干事或副干事，每月与居民福利协会举行会议，交流有关公共卫生问题的信息。不太系统地说，居民福利协会也可以发起地方倡议，如组织非正式救护车服务，或在其所在地建立卫生站。在这方面，居民福利协会展示了动员当地资源（金钱、私家车、私人住宅或私人家具的使用、当地医生的配合）的能力，这与其确保当选代表配合的能力密切相关，并指出了最近“赋权”的问题。特别是巴吉达里计划，通过允许居民福利协会作为人民和政府之间的调解人（无论是在地方一级还是在区一级）与议员竞争，似乎是德里政府绕过（因此更合法）民选地方代表的一种方式（Tawa Lama-Rewal，2009）。

海得拉巴的志愿服务部门似乎在医疗卫生服务体系中发挥着重要作用，通常是在政府资助计划的框架内。与此同时，私营营利部门继续扩张，包括近年来市政医院的显著增加。① 最近，由世界银行资助的印度人口项目（八）在市政一级的医疗卫生服务上产生了非常深刻的影响，包括所提供服务的类型、目标人口、有形基础设施、人员配置模式，并为医务人员和非医务人员（安全、维护）引入了基于合同的劳工方式。作为该项目的一个关键组成部分，非政府组织在执行中发挥了核心作用：它们负责在目标人口（贫民区居民）中锁定妇女之中的“桥梁志愿者”，以确保社区参与度和“所有权”。② 尽管市政当局、世界银行（Gill，1999）以及参与该项目的一些地方组织和卫生专业人员认为这是成功的，但实地研究表明存在可持续性问题。自项目结束以来，桥梁志愿者体系的作用已经弱化，有些情况下已完全消失。③ 虽然参与的妇女基本上是志愿人员，但印度人口项目（八）通过金钱和非货币手段为她们提供了动力。该项目不可持续的最突出表现可能是新城市卫生站的人员问题——许多卫生站人手不足，新的职位也主要是合同制的。虽然这是卫生体系设计的一部分，旨在提高灵活度和降低成本，但由此产生的情况令合同制员工大为不满，尤其是他们的工资与公共部门的长期雇员相比显得非常低。此外，最近的一项研究表明，卫生站地理位置不方便、时间安排不合理也阻碍了它们的可及性（Lok Satta，2005）。

作为同一个印度人口项目的一部分，非政府组织被赋予管理一些城市卫生站的责任，这一实践产生了喜忧参半的结果。一个明显的区别是，尽

---

① 顺便提一下，安得拉邦是最积极参与促进健康旅游的邦之一。关于市政医院，见列菲弗尔（Lefebvre，2009）。

② 最终报告显示，共有 8 324 名桥梁志愿者。

③ 这一点得到了志愿者协会联盟的证实，该联盟通过其非政府组织和社区组织网络帮助确定了老城区的桥梁志愿者。

管它们遵循相同的人员配置模式，但非政府组织付给医生和护理人员（助产士）的工资比公共部门和私营非营利（或慈善）部门的低得多。据估计，跟政府管理的卫生站相比，非政府组织管理的卫生站的运营费用只有前者的一半，根据新的计划，费用由市政府和非政府组织分担。① 显然，将城市卫生站移交给志愿部门的决定部分出于财政原因。成本回收原则正在塑造医疗卫生服务的供给，部分解释了新参与者的出现。

值得指出的是，即使在经济改革之前，非政府组织在提供卫生服务和执行具体的政府方案方面也发挥着非常重要的作用。虽然可能考虑到了财政因素，但这次“委派”的主要原因是志愿服务部门（通常是基督教传教士）的承诺，对于某些疾病，如肺结核或麻风病，患者必须接受长期治疗和密切监测。②

孟买的医院由非营利慈善信托管理的传统由来已久。事实上，19 世纪末和 20 世纪初的一些公立医院最初是由商业资本家建立并移交给布里汉孟买市政法人的。除此之外，该市许多其他医院继续作为真正的慈善机构运营，不过这一传统正在悄然改变。20 世纪 70 年代后，慈善医院开始“公司化”，同时私立医院也在大规模扩张。并非巧合的是，从 20 世纪 70 年代起，孟买公立医院的增长放缓，甚至开始随着人口增长而下降。与海得拉巴一样，印度人口项目（五）也在孟买实施，同样侧重于通过加强服务、提供医疗卫生基础设施来提高医疗保健和家庭福利服务的质量与可用性。于是该市转向设立卫生站，以提供预防性保健服务和计划生育服务。如同在其他实施该项目的城市一样，该项目有助于使公共卫生服务具有选择性和针对性，而不是综合性和全面性。③ 20 世纪 90 年代，孟买的治疗护理服务越来越得不到重视，最明显的表现是公立医院对这种服务的供资

---

① 海得拉巴的一个非政府组织称，政府管理的城市健康站每月花费 100 000 卢比，相比之下，该组织管理的健康站每月花费大约 50 000 卢比。与市政府达成协议，该组织每月获得 19 600 卢比的资助，但该非政府组织抱怨资金没有按时发放。

② 采访海得拉巴希瓦南达康复之家的瑞希凯什（Hrishikesh）博士，2006 年 10 月 7 日。

③ 尽管采取了这种有针对性的方法，公共服务仍然不足以惠及孟买的穷人。最近的一项研究表明，近三分之一在案的疾病仍未得到治疗，生育年龄组的儿童和妇女营养不良率居高不下（IIPS and ORC Macro，2000；Hatekar，2003）。像海得拉巴（Lok Satta，2005）一样，孟买的研究表明，卫生站位置或时间安排不合理阻碍了它们的可使用性（CORT，2000；Nandraj et al.，2001）。

不足。1998年引入的增加用户费支出的制度为孟买的公共卫生服务敲响了丧钟，虽然它们早就存在了。如上所述，目前的布里汉孟买市政法人官僚机构显然倾向于实施私有化战略。

第四节　市议员的新角色？

这项研究的目标之一是评估当选代表的相对赋权，同时注意最近旨在实现政治权力下放的改革。由于三个城市的地方政府对医疗保健服务的参与程度各不相同，因此议员的角色也不同就不足为奇了。

发挥促进者作用和分配资助的机会可激励当选官员监督药房、综合诊所和妇产科医院的运作。在对德里的研究中，我们发现议员充当“监督者、调查员和跑腿人”：他们巡视各自选区的药房和综合诊所，检查其运作情况；向有关高级官员报告人们对医务人员不当行为的不满。他们还提供推荐信，以减少病人在公立医院的等候时间。孟买也是如此，市政当局管理着各种医院设施，公众通常会与其接洽，要求他们出面为自己说情。在海得拉巴，这显然主要限于立法会议员，也许是因为市议员很少是医院咨询委员会的成员。总的来说，海得拉巴的市议员似乎很少参与医疗卫生事务，这无疑反映了地方一级提供的医疗服务是有限的。

如上所述，德里和孟买有专门负责医疗卫生服务的市政委员会。原则上，它们为议员提供直接参与审议和解决问题的机会。在德里，市政法人的医疗救助和公共卫生委员会由10~20名议员组成，由各自政党选出，任期为1年。与其他市政委员会一样，大约每个月聚集一次，讨论一些问题。医疗救助和公共卫生委员会的职能包括审查行政部门提出的建议并提出新的建议。希望开设或维持某一保健中心的议员可单独或直接向卫生部官员提出请求，但是市卫生委员会是提出这些要求的得天独厚的机构。

孟买也有审议委员会，包括妇女儿童福利委员会和公共卫生委员会。后者在某些高级别任命中发挥作用，除此之外，它在其他任何重大决策过程中并不积极主动，特别是它不涉足决策和规划领域。会议主要讨论从不同选区收到的对于医疗设施、医务人员等的投诉，委员会的成员们只能建议专员采取适当的措施。然而在危机或紧急情况下，公共卫生委员会已经采取行动，并向行政部门施压并要求其执行。这一点很明显，比如在2005年洪水泛滥期间，当时议员们有效地向布里汉孟买市政法人施加压力，要求其迅速为卫生部一线工作人员提供支持，因为这些工作人员才是和病人或受灾人员直接接触的群体。但是这样的例子只是例外，研究表明孟买和德里一样，决策权主要掌握在政府官员手中。

至于孟买选区委员会的运作，根据与各利益相关者的讨论进行的初步评估表明，虽然它们一直积极参与道路、供水和排污系统的建设和维修工作，但诊所和卫生站等与卫生有关的机构通常被忽视。同样，对海得拉巴两个不同地区的选区委员会会议记录的分析表明，与公共卫生有关的问题，如垃圾收集、供水和排水以及总体清洁度，是议员们迄今为止最常提出的问题。相比之下，医疗卫生问题几乎不曾被提及。显然，在海得拉巴，议员并不是常规医疗卫生服务治理框架的重要参与者。如前所述，海得拉巴市政法人的主要官员、区医疗卫生官员，像医生一样都向邦政府负责，而不是向地方政府负责。然而，海得拉巴市政法人最近设立了海得拉巴城市社区发展和服务基金，旨在确保资源持续用于扶贫和贫民区改造。① 这是一项重大发展，表明了政府对减少城市贫困的承诺和将公共服务导向经济弱势群体，特别是贫民区居民的意向。②

在德里，对行政档案的详细研究被用来评估当选代表——包括立法会议员和市议员——对健康问题的感兴趣程度（Tawa Lama-Rewal，2007）。该研究显示，德里的立法会议员确实感兴趣，但他们的兴趣似乎与政治赞助密切相关，而不是参与决策。例如，他们组织卫生保健营，支持建立卫生基础设施。卫生秘书处的一名高级官员称，约60%的医疗基础设施供应是立法会议员促成的结果。市政议员也倾向于创建新的基础设施（产科病房、药房），因为这些设施涉及正式的就职典礼，使他们能够突出自己在改善服务供应方面的作用。对德里市政卫生部会议记录的分析主要比较了

① 其来源包括：每年征收财产税的20%，邦政府每年每笔资本赠款的30%，以及中央和州政府根据各种扶贫方案提供的资金（Sreedevi，2005）。

② 海得拉巴大约三分之一的人口生活在贫民区。

两个时期，每个时期为5年。1991—1996年，当时德里市政法人只是一个纯粹的行政公民机构；1997—2001年，由于实施了《第74次宪法修正案》，德里市政法人成为一个地方自治的政治行政机构。它表明：首先在1997年之后，即在选举第一届议员之后，更多的项目得到了讨论。其次，在这两个时期的讨论焦点中出现了明显的对比，“人事管理”作为讨论的主题在官员讨论中占57.8%，但在议员讨论中占15.9%。[①] 议员们的讨论侧重于各类保健中心的开设或维持（21.4%，而1997年之前的讨论比重为11.3%），接下来是对它们的维修（6%）。这些数字表明，议员们事实上非常渴望建立新的医疗卫生基础设施（如医疗服务机构）——虽然他们也监督现有医疗机构的运作。总的来说，在议员和德里市政法人的官员之间，无论是行政人员还是医生，都可以感受到持续的紧张关系。尽管这些档案毫无生气，但它们揭示了议员们努力维护自己的权威，以界定自己所扮演的角色——即使这个组织的运行并不需要其存在。

第五节　结论

与大多数其他基本城市服务相比，卫生和教育面临着私有化趋势。经济改革使得这一趋势得到了加强和加速。事实上，这一趋势早在20世纪90年代初期正式实行市场改革之前就已出现了。要解释这种转变，我们必须考虑到产生作用的各种推动和促进因素。人们被私人医疗机构所吸引，因为它们似乎能提供更高质量的医疗卫生服务，而且通常更方便。向私人医疗卫生机构的转变反映了公共医疗机构存在的可使用性不强、时间安排不合理和物质条件的客观恶化等问题。由于工作条件差，医疗卫生专业人员的士气下降，因而个人对医疗服务投入不够，表现为全国各地有经验的医生和护士大规模跳槽到私营部门。

部分原因在于外部资助的项目，主要涉及初级保健和预防性保健的公共卫生服务，这些越来越多地面向穷人。尽管这种转变有各种理由——事实上，研究表明穷人比其他收入群体更多地使用公共服务，但它也对这种

---

① 2004年，德里市政法人的工作人员总数达到150 000名。

为穷人“保留”公共服务的显性或隐性政策的后果提出了严重怀疑。可以预计，在医疗卫生领域，就像在教育领域一样，中产阶级的脱离将导致服务质量的恶化，因为缺乏公共“所有权”，且经济较弱的社会群体要求政府问责的能力较弱。和其他地方一样，印度的中产阶级是有权发声的阶级。此外，其他国家有案例表明，普及性原则是获得更好健康成果的一个关键组成部分；目前公共财政支持在卫生总支出中所占的比例仅为17%，这很大程度上是印度卫生保健可使用性存在不公平现象的原因。

关于权力下放的影响，《第74次宪法修正案》似乎并没有促使市政府更多地正式参与到卫生服务的供给中来。其他地方参与者，特别是非政府组织，变得越来越重要，部分原因在于它们有能力加强社区参与，而社区参与度已成为许多医疗卫生方案包括旨在预防的保健方案的既定目标。但将服务委托给志愿部门也是政府削减成本的一种方式。在过去10~15年中，国家一级的预算限制使政府引入成本回收原则和外包成为减少支出的手段。然而为了更加有效，这种新的关系或“伙伴关系”需要国家出台新的规则和实践方案，实地调查表明，国家目前还没做到位。例如，市政当局并不会总是及时向与其有协议的非政府组织付款。同样，地方政府会延迟向雇用合同制（比例越来越大，尤其是在海得拉巴）员工的私营公司付款，给已经脆弱的人口群体增添了新的麻烦。结论是，尽管新的模式和规范正在影响医疗卫生服务提供的设计，但国家不一定采取新的治理模式，通过更严格的监管来确保对公众的更大责任。

议员对卫生问题的关注程度因每个市政当局直接参与医疗保健管理及其对医疗保健基础设施的控制而异。就目前而言，没有证据表明，权力下放使议员得到了更大的权力。然而，在所有城市中，人们都注意到当选议员可以在诸如流行病、洪水、暴乱、医闹等情况下发挥有效作用——在官僚机构无力应对的紧急时刻控制局面。总的来说，德里和孟买的民选代表比海得拉巴的代表负有更大的责任，而且在这两个地方，民选代表都与官僚机构不断斗争以发出自己的声音。有两个因素妨碍了更加民主和参与性的决策过程：从军事传统继承而来的卫生部门内部强大的官僚体系；“目标疾病”，即给予卫生工作者强有力的激励以完成量化指标的政策，使他们成为卫生“部队”（免疫接种、绝育等）的步兵。这种官僚作风的卫生管理传统似乎与公众参与度不相兼容，这可能解释了为什么议员们没有成功地在制定卫生保健政策和服务供给体系方面发挥更重要的作用。①

参考文献

Academy of Nursing Studies (ANS). 2002. *Expanded and Informed Contraceptive Choice: Assessing Barriers to and Opportunities for Policy Implementation in Andhra Pradesh.* Report of the study conducted by ANS, Hyderabad, with support from the Population Council, New Delhi.

Centre for Operation Research and Training (CORT). 2000. *Rapid Household Survey RCH (Reproductive and Child Health) Phase-II 1999.* Greater Mumbai, Vadodra: CORT.

Dilip, T. R. and R. Duggal. 2002. *Demand for a Public Hospital in K-East Ward Greater Mumbai.* Mumbai: Centre for Enquiry into Health and Allied Themes (CEHAT).

Duggal, R. 2000. BMC Health Care Services: A Cost Analysis, Mumbai: Women and Health Project. BMC: Unpublished document.

——. 2005. Public Health Expenditures, Investment and Financing under the Shadow of a Growing Private Sector, in L. Gangolli *et al.* (eds), *Review of Healthcare in India.* Mumbai: CEHAT.

——. 2007a. The Political Economy of Mumbai's Health Governance. Paper presented at the seminar on 'Urban Actors, Policies and Governance in Four Indian Metropolitan Cities', the Centre de Sciences Humaines de New Delhi (CSH) and the India International Centre, Delhi, 23 - 24 January.

——. 2007b. Healthcare in India: Changing the Financing Strategy. *Social Policy and Administration* 41 (4): 386 - 394.

George, C. K. and G. S. Pattnaik. 2004. *Andhra Pradesh State Health Accounts 2001 - 2002.* Report submitted to the Department for International Development (UK), Institute of Health Systems, Hyderabad.

Gill, K. 1999. If We Walk Together. Communities, NGOs, and Government in Partnership for Health — The IPP VIII Hyderabad Experience. Washington, DC: The World Bank.

Government of Andhra Pradesh. 2006. A Draft Health Sector Reform Strategy Document (Based on Medium-term Strategy and Expenditure Analysis and Other Sector-wide Strategies). Draft for discussion, Department of Health, March 2006, http://www.aponline.gov.in/apportal/departments/departments.asp?dep = 16&org = 92 (accessed 17 January 2007).

Government of India. 2002. *National Health Policy — 2002, Ministry of Health and Family Welfare*, http://mohfw.nic.in/np2002. htm (accessed 21 January 2008).

① 我们要感谢佐伯特教授的贡献，他在最后一次研讨会上的发言帮助我们形成了这一想法。

——. 2007. *State of Urban Health in Delhi. Ministry of Health and Family Welfare*, http://www. uhrc. in/name-CmodsDownload-index-req-getitlid-63. html (accessed 12 December 2007).

Government of Maharashtra. 2001a. *Performance Budget 2001 – 2003 (Medical Education and Drugs Department)*. Aurangabad: Government of Maharashtra.

——. 2001b. *Performance Budget 2001 – 2003 (Medical Public Health and Employees Insurance Schemes)*. Aurangabad: Government of Maharashtra.

Hatekar, N. and S. Rode. 2003. Truth about Hunger and Disease in Mumbai — Malnourishment among Slum Children. *Economic and Political Weekly* 38 (43): 4604 – 4610.

International Institute for Population Sciences (IIPS) and ORC Macro. 2000. *National Family Health Survey (NFHS-2), 1998 – 1999 Maharashtra*. Mumbai: IIPS.

Kennedy, L. 2007. A Weak Link in the Chain. Situating the Municipal Administration's Contribution in the Overall Supply of Public Health Services in Hyderabad. Paper presented at the seminar on 'Urban Actors, Policies and Governance in Four Indian Metropolitan Cities', the Centre de Sciences Humaines de New Delhi (CSH) and the India International Centre, Delhi, 23 – 24 January.

Lefebvre, B. 2009. 'Bringing World-class Healthcare to India.' The Rise of Corporate Hospitals, in A. Vaguet (ed.), Indian Health Landscapes under Globalisation. Delhi: CSH and Manoher.

Lok Satta. 2005. *Report Card Method to Assess the Functioning of UHPs in Hyderabad, India*. Project Report, Center for Development of Corporate Citizenship, S. P. Jain Institute of Management & Research, Mumbai.

Mooij, J. and S. Prasad. 2006. Centralisation and Concentration of Control and Powers: The Case of Health Policy Implementation in Andhra Pradesh. Working paper, Centre for Regional Planning, Central University, Hyderabad.

Nandraj, S., N. Madhiwala, R. Sinha, and A. Jesani. 2001. *Women and Health Care in Mumbai*. Mumbai: Centre for Enquiry into Health and Allied Themes.

Narayan, J. n. d. *Ensuring a Healthy Future*. Report submitted for discussion to National Advisory Council. Hyderabad: Lok Satta.

Narayana, K. V. 2003. Size and Nature of Healthcare System, in C. H. Hanumantha Rao, S. Mahendra Dev (eds), *Andhra Pradesh Development: Economic Reforms and Challenges Ahead*. Hyderabad: Centre for Economic and Social Studies.

National Sample Survey Organisation (NSSO). 1998. *Morbidity and Treatment of Ailments*. Report No. 441. New Delhi: Department of Statistics.

Paul, S., S. Balakrishnan, K. Gopakumar, S. Sekhar, and M. Vivekananda. 2004. State of India's Public Services. *Economic and Political Weekly* 39 (9): 920 – 932.

Sen, G., A. Iyer and A. George. 2002. Structural Reforms and Health Equity: A Comparison of NSS Surveys, 1986 – 1987 and 1995 – 1996. *Economic and Political Weekly* 37 (14): 1342 – 1352.

Sreedevi, N. 2005. Finances of Municipal Corporation of Hyderabad. Paper presented at the Workshop on 'Urban Actors, Policies and Governance in Hyderabad', Administrative Staff College of India (ASCI), Hyderabad, 20 September.

Tawa Lama-Rewal, S. 2007. 'Urban Governance through the Prism of Primary Level Health Services Provision: A study of Delhi'. Paper presented at the seminar on 'Urban Actors, Policies and Governance in four Indian Metropolitan Cities', the Centre de Sciences Humaines de New Delhi (CSH) and the India International Centre, Delhi, 23 – 24 January.

——. 2009. Local democracy and access to health services in Delhi: preliminary remarks, in A. Vaguet (ed.), *Indian Health Landscapes under Globalization*. Delhi: CSH and Manohar.

The Times of India. 2003. 1, 603 Illegal Nursing Homes in the City. 14 March.

World Health Organisation (WHO). 2004. World Health Report — 2004. Geneva: WHO.

第八章　从两极分化到城市去一体化：德里、加尔各答和海得拉巴的供水和卫生设施

乔尔·吕埃　凯沙布·达斯（Keshab Das）
阿涅斯·于雄（Agnès Huchon）
纪尧姆·特里科特（Guillaume Tricot）

本章将讨论有关加尔各答、海得拉巴和德里获得饮用水和卫生设施等基本服务的问题，目的是阐明机构政治、通过基础设施服务实现城市凝聚力的问题，以及更广泛的部门之间改革政治经济的某些方面。对加尔各答和海得拉巴来说，这项比较研究的实证核心借鉴了从居民和用户、加尔各答市政法人和海得拉巴市政法人所服务地区的民选代表以及海得拉巴以水务为重点的非政府组织那里收集的定性和定量信息。德里的治理体系相当复杂，在这样的背景下，调查的重点是与德里日航董事会（DJB）互动的众多参与者，特别是半官方机构，但也包括私营部门和民间社会团体的参与者。

我们在第一节中首先展示被边缘化的群体在获得服务和服务质量方面面临歧视，无论这三个城市的政治文化、政党和城市治理方式如何：海得拉巴的非政府组织和社区组织发挥的作用更大，而这些组织在加尔各答的作用则非常有限，民间社会团体的作用主要局限于德里的富人区，因此成为当局关注的焦点。

在第二节中，我们将讨论居民福利协会采取的各种行为模式对城市治理产生的质的影响：在加尔各答产生的影响非常有限，因为当地制度体现了最高水平的“公共性”；在海得拉巴，那里的居民福利协会充当了监督

机构的角色；在德里，它们已成为重要力量，能够决定是否通过用水政策的改革以及批准体制来安排。此外，第二节还表明当局和居民福利协会的“中间人”角色如何反过来阻碍了“城市一体化”，而这种“城市一体化”需要建立在参与者与区域政府之间角色的明确定义和制度化分配的基础上。在这方面，海得拉巴显示了服务业的“差异化”过程，而官方旨在通过更大规模的“大都市化”来实现一体化，两者形成了鲜明对比。①

第三节将提供一个包含社会经济范式的框架，而社会经济范式反过来又指“传统公共体系”及其“自由化”。它主要对比国家主导体系中持续存在的不平等现象，以及在日益复杂的治理环境中不断加剧的差异化问题。传统上，供水和卫生设施体系被经济分析看作一种“公共物品”，也就是说，即使是穷人也不应该被排除在外，从而使普通公众完全可以使用。然而实践有所不同。更糟糕的是，最近的体制改革导致了不同参与者的共存，无论是由集体还是由私人参与者发展而来的皆可，在地理上根据“居民区”来划分。这加剧了由来已久的社会歧视问题，因为它为社会排斥提供了专门的依据，可以明确拒绝某些社会阶层的人进入。水已经成为经济学家所说的“可排除的”服务。它已经成为一种“专属物品”，而不是“公共物品”，在这种意义上，一个人必须经过指定才能获得服务，就像一个俱乐部的会员资格可以被授予或拒绝一样。于是社会分割现象产生了，这与社会经济共同体的理念是一致的。我们认为，这种视角的转变与用水问题无关。我们在第三节结束时将指明这一点，例如德里将水务改革纳入更大范围的城市治理变革中。在这样做的过程中，我们超越了单纯的部门层面的改革，而考虑这些改革如何为执政党“建立案例”。从加尔各答的“公共性”到海得拉巴的声音连续体，再到德里城市企业家的“有组织的部门”，这三个城市在这种范式转变中显示出越来越多的“进步”状态。

---

① 在加尔各答的城市地区，水由市政当局管理。也就是说，它和大都市区域一样支离破碎。在德里和海得拉巴，“董事会”（半国营机构）建造和运营供水网络。然而在德里，除了少数例外，该委员会的管辖范围包括整个大都市地区，包括城郊地区。而在海得拉巴，其覆盖范围包括市区，就供水而言，还扩大到另外四个城市，但不包括“大海得拉巴”整个管辖范围，尤其是城郊地区。

第一节　准入两极分化：社会经济、机构和公众反应

当人们审视权力下放的运作方式时，向当选的地方代表移交权力和活动的问题就凸显出来了。在这里，我们特别质疑行政界限对社会界限的作用以及政党的作用。我们以加尔各答和海得拉巴的贫困地区为例来说明这一问题。

加尔各答的城市地方治理与政治文化

在西孟加拉邦，左翼阵线不仅自 1997 年以来持续执政，而且还系统地遏制了任何右翼政党和/或国大党（国家层级的党派）的发展。对左翼阵线来说，最大的挑战来自一个相对较新的政党——崔纳木国大党。

印度共产党（马克思主义者）和崔纳木国大党热衷于证明谁治理得更有效率，结果往往是强化对抗战略，而不是改善城市服务。例如，虽然印度共产党更热衷于提高城市中、上层中产阶级的福祉，但崔纳木国大党试图仿效印度共产党的运作方式，以确保在社会边缘阶层赢得大量忠诚的追随者。然而，正如钱德拉（Chandra，2004：24）所说，左翼政党和非左翼政党固有的政党纪律和组织形式，有悖于权力下放的执行。它们对国家官僚文化的影响也被证明不利于提供“公众参与治理体系”的机会。我们针对服务供给和申诉补救的调查证实了这一点。

需要指出的是，其他邦或地区的民间社会组织大多由活跃的非政府组织或社区组织构成，与当地政府没有任何直接联系，而加尔各答几乎没有这种情况。相反，印度共产党（马克思主义者）和崔纳木国大党的群众组织所发挥的作用是，宣传和传达有关党派的信息和意识形态。这些组织如此强大、广泛和根深蒂固，以至于很难在城市治理领域里看到单个非政府组织或社区组织的行动。

加尔各答市供水和排水现状

加尔各答有独特的自然优势，地表水充足，城市就坐落在胡格利河的

河岸上。这条河满足了加尔各答市90%以上的水需求。平均而言，水的供应量每人为205升/天，和孟买一起，这两个城市的数据可能是全国所有城市中最高的。

在过去的15年中，存储容量几乎翻了一番。这有助于满足用水需求，从1990年的约75%增至2004年的95%。就家庭覆盖面而言，从2000年起，情况有了很大的改善；到2004年，这一比例已经达到90%。尽管仍存在不足，但加尔各答市政法人的有效做法反映了政府在基础设施层面的积极治理。

服务可获得性和服务质量

尽管加尔各答市政法人声称供水几乎完全覆盖所有家庭，但在大量贫民区和中产阶级下层人口聚居的两个区（第58区和第137区）内进行的专题小组讨论显示，四个地区有约15%~25%的家庭没有自来水供应。此外，家里有水龙头的家庭每天只能在两个时段用水，早上用3个小时，晚上用3个小时。

另外两个样本区域（第63区和第106区）主要由盖利亚哈特（Gariahat）、弗恩·路（Fern Road）和南迪·巴甘（Nandi Bagan）的中、上阶层家庭组成，那里的供水和用水情况相对较好。例如，除了盖利亚哈特（有一定的贫民区人口），大约有20%的家庭仍然没有供水，弗恩·路和南迪·巴甘几乎不存在还没有供水的家庭。这些地区的平均日供水约为8~10个小时，这样的供水量得到当地居民的认可。

公共水龙头或消防龙头的情况也揭示了贫民区占主导地位的区（第58区和第137区）、富人区（第63区和第106区）在硬件条件和供水时段方面的不同模式。可以预料，在第58区和第137区，不正常的水供应令人担忧。此外，一个被广泛提及的问题就是许多公共水龙头或消防龙头已经损坏或者漏水。两个富人区（第63区和第106区）的情况则完全不同。大多数居民观察到的公共水龙头或消防龙头都可使用而且状况良好，既没有损坏也没有漏水。这些水龙头的供水是有规律的。

然而在盖利亚哈特的第63区，较贫困的地区在卫生设施和其他相关设施方面也严重缺乏，据报告，家庭没有厕所的约有10%，露天排便和使用公共厕所是他们必然的选择。几乎所有的受访者都抱怨雨季时排水系统外溢，疟疾长期在这些地区肆虐。有趣的是，在同一个区内，弗恩·路呈现出明显不同的现象，那里的居民谈到了一个“现代化的”和“科学的”排水和污水处理系统，季风期间也没有出现排水问题。

如果基于平均收入，不同区域之间的服务存在差异，那么根据社会结构来说，这种差异实际上在区域间达到了顶峰。这种区别不是政治差异的表现，而是真正的社会经济差异。事实上，由于供水和卫生设施同时也是资本密集型基础设施，涉及一系列具体的社会法规，因此有多种因素可以解释这些服务的可获得性。在加尔各答，中、上阶层家庭聚居的区更易获得这些便利设施。除了社会经济问题，如设备的可负担性和服务成本等问题，还必须考虑其他因素。从早期遗留的设施网络（殖民时期和独立后不久做出的选择仍然重要，因为这种基础设施具有长期寿命）的意义来说，历史遗产，以及保有权地位和更广泛的地方政权等“统治”问题，都是长期的解释因素。同样，对于海得拉巴来说，历史遗产因素是解释地区间基础设施差异的主要因素，而社会经济参数只是一个附加参数，在更局部的范围内叠加。联系我们的研究，这里要保留的结论是，对于供水和卫生设施，在提供基础设施和获得服务方面，我们对地方治理的看法——政治代表性、参与——是一个“软”工具。它不能取代更大的投资方案，这样的方案通常是基于更大规模的市级的或大都市层级的政治和经济平衡（见下文）。因此，审查其运作的地方治理是有趣的：审查申诉补救层面的机构和回应。

机构及其回应

如果出现问题，居民就可以联系选区议员或加尔各答市政法人的官员。当被问及居民如何处理诸如家用水龙头或公共水龙头或消防龙头供水不正常或供水不足等问题时，提加拉（Tiljala，第58区）专题小组讨论的参与者只提到了区议员，而皮克尼克花园（Picnic Garden，第58区）的参与者则表示，他们去找了议员和市政法人官员。至于议员或市政法人官员的反应，最常见的就是漠不关心或不感兴趣。在某些情况下，他们只给了口头保证，大多数居民声称他们没有采取任何措施来解决供水问题。可以预料的是，盖利亚哈特第 63 区居民的感受几乎与第 58 区居民的感受相同。如前所述，所有这些地方都是贫民窟。

相比之下，弗恩·路（第 63 区）和南迪·巴甘（第 106 区）的受访者对他们与区主席和区议员打交道的经历持相当积极的态度。他们遇到任何问题时，都会得到及时的反馈。

治理问题：政党重要吗？

为了评估政党在城市治理领域中的受欢迎程度和效率，我们要求专题小组讨论的参与者去比较政党的表现，至少是两个主要竞争对手即印度共产党（马克思主义者）和崔纳木国大党的表现。有趣的是，在收入类别和基本服务水平不同的地区，大多数的回答是“都一样”或“无法区分或比较”。

事实上，如表 8.1 所示，关于城市服务供应中的几个基本方面的信息表明，就政党在提供或维持基本服务方面的作用而言，各选区之间没有重大差异。尽管有待解释，但调查结果无疑表明了各政党在当地的表现。

表 8.1　选区基本服务供应中持续存在的问题（按政党分列）　单位：次

政　党	问题有待解决的区		
	缺水/水供应不规律	排水系统引起的内涝	蚊子的威胁
左翼阵线［CPI，CPI（M），FB，RSP］（60）	30	37	49
崔纳木国大党（65）	17	51	43
国会（10）	5	9	7
印度人民党（4）	1	3	3
全国人民党（1）	—	1	—
无党派人士（1）	1	1	1

在这些领域没有任何正常运作的外部机构（非政府组织、社区组织或私营公司），这实际上表明，私营部门在这些服务领域尚未找到一席之地可以运作。① 这使得加尔各答的经验在其"公共性"及其所有相关矛盾方面独一无二。

海得拉巴城市发展、改革政策简介

海得拉巴的气候是半干旱的。这个城市地势起伏，有大量的水体。海得拉巴城市群在20世纪80年代以67%的速度迅速增长，20世纪90年代的增长速度为28%，因此面临着水体的迅速退化。安得拉邦政府控制下的一个组织——海得拉巴城市供水和卫生委员会——负责供水和卫生事务，而海得拉巴市政法人（MCH）负责雨水和公共厕所的排水。我们所研究的时期正是奈杜任首席部长执政期间（1995—2004），他的公开政策是通过在私营部门、公共机构的重组和组织重建的范围内参与国家支持的自由化组合，在这个国家的一个贫困邦内重建该邦的合法性地位。在这方面，求助于国际机构特别是世界银行贷款起了重要作用。就城市服务而言，它包括求助于当地参与者、非政府组织、社区组织（关于固体废物，见第十章）以及改革公共行政部门专业能力的总体努力（见第十一章）。

可用性、可获得性和服务质量

拉尼古恩吉（Ranigunj，第83区）和西塔法曼迪（Seethaphalmandi，第99区）属于塞康得拉巴驻扎区，查米那塔（Charminar，第73区）是最突出的老城区。这些区不能再说不够现代化和缺乏活力了。同样，红山（Red Hills，第39区）相对"豪华"的地方有多达六个贫民区。莱马特那加尔（Rehmatnagar，第29区）靠近工业区和机场，一直是一个快速发展的地区，尽管它也有至少八个贫民区。焦点小组座谈会是在任意特定样本区中最不发达的贫民区进行的。

自1986年以来，海得拉巴每隔一天供水约两个小时，这可能是印度唯

---

① 正如印度观察员所知，在一个非政府组织、社区组织和私人供水参与者蓬勃发展的国家，这是一个真正的例外。这是因为加尔各答有充足的水源，也因为该市的政治具有特殊性。

一遵循这种做法的城市。鉴于供水的人口覆盖率约为80%，家庭自来水覆盖率约为71%，被遗漏的人或家庭有可能大多数是贫民区居民（约占总人口的25%）和其他贫困家庭。[①] 每户人家通自来水的情况参差不齐：从5%~10%［拉尼古恩吉的卡斯特巴·那加尔（Kasturba Nagar）和红山的拉克西米·达斯·瓦达（Laxmi Das Wada）］到几乎100%［莱马特那加尔的桑托什·吉里居民区（Santhosh Giri Colony）］不等。每一个贫民区的人们都抱怨公共水龙头和手泵周围不干净，水龙头和管道漏水的情况非常普遍。

尽管有推行现代化的说法，但获得卫生设施仍然是城市治理中最容易被忽视的方面。焦点小组座谈会的调查显示了贫民区糟糕的卫生状况。在麦加·麦斯吉德生活营（Mecca Masjid Camp，第73区）、拉克西米·达斯·瓦达（第39区）和卡斯特巴·那加尔（第83区），住户几乎没有自己的厕所，居民们共用几个社区厕所；在拉克西米·达斯·瓦达，有两个这样的厕所，供近500户人家使用。西塔法曼迪地区的潘达乌拉居民区（Pandavula Colony）等贫民区90%以上的家庭没有个人厕所设施；许多人往往更喜欢在户外排便，而不去使用管理不善的社区厕所。在这种情况下，这些地区的妇女显得尤其可怜。然而，莱马特那加尔的贫民区居民很幸运，大多数家庭都获得政府支持而修建了个人厕所。

机构与回应

除了政府和城市地方政府机构的官员，海得拉巴民间社会团体在确保基本服务供应（包括供水、排水和环境卫生等）方面发挥的重要作用也得到了广泛关注。除了社区组织领导的大规模运动，居民福利协会和媒体（特别是印刷媒体）也以积极和负责任的方式为这些努力做出了贡献（详见Caseley，2003：3-10）。这是海得拉巴城市治理的一个显著方面，与加尔各答相同。

有趣的是，在所有五个受调查的选区，受访者对本地立法会议员、市议员特别是选区议员所发挥的作用持积极态度。无论党派差异如何，地方代表都努力解决供水问题，特别是为家庭提供自来水。但是，在第29区（国会）

---

① 该数据涉及海得拉巴市政法人。周边城市的数字有所下降（整个周边城市为43%）。

和第 83 区（泰卢固之乡党），受访者指出，不论议员属于哪个党派，立法会议员和市议员之间都缺乏协调。显而易见的是，除了第 99 区，其他贫民区都出现了严重的投诉现象，人们抱怨海得拉巴市政法人的工作人员缺乏兴趣，这些工作人员往往无视居民的请求而造成工作拖拉。在第 29 区，桑托什·吉里居民区几乎所有的家庭最终都有了自来水供应，居民福利协会和议员在海得拉巴市政法人多年无所作为的情况下一直在"挣扎"着。

治理问题

市议员和选区委员会成员与地方立法会议员合作，一直乐于助人、积极主动并关心选区一级的问题，这是不同贫民区表达的一个重要观点。有趣的是，以不同政党为代表的单个样本区对市议员和选区委员会成员的表现也表示了相似的满意。例如，第 73 区和第 39 区很高兴有印度穆斯林联盟理事会的代表参加，而第 99 区与印度人民党议员有良好的互动经验。此外，关于海得拉巴市政法人的工作人员，虽然有些人形容他们中的许多人"昏昏欲睡"，但没有人提到他们收受贿赂或为所提供的服务收取额外费用的现象。人们普遍认为，市政法人的工作人员没有"腐败"。答复者强调，一些非政府组织和居民福利协会发挥了出色的作用，包括监督基本服务的供应。[①]

从大众忽视到"大众治理"？

我们询问了居民对改善市政管理特别是服务的建议和意见。在加尔各答，人们提出了许多想法或意见。关于这些流行观点，有两点需要提一下。首先，来自贫困地区（或者是在服务方面相对弱势的地区）的居民坚持要更负责任或更细心（甚至是"应受惩罚的"！）的治理机构，那些来自富裕地区的人们期待一个"现代化"和"友好"的治理结构。其次，支持服务私有化的案例很少。

在海得拉巴，城市治理机构内的各个利益相关者运作良好，市政法人的工作人员可以更好地应对贫民区的问题。那么，问题是什么？几乎所有

① 当然，根据我们上面强调的发展水基础设施所需的时间框架，这种"监督"作用最多仍然局限于施加局部政治压力，以确保日常运行和维护的最后期限得到遵守。

抽样贫民区的受访者都认为，解决所有这些迫在眉睫的问题，关键在于帕塔斯（Pattas）和普卡（pucca）住房。要提供确保效率和公平的基本服务，其持久解决办法在于居民能够获得帕塔斯住房和普卡住房，就像城市任何地方和其他地方的富裕、正式的住宅区一样。

从实质意义上来说，这些实地观察，尽管并非无视国家的缺陷和社会偏见，但与大肆宣传的将基本服务私有化以确保城市善治的新自由主义背道而驰。事实上，关于住房的法律地位和改善城市贫困人口获得更好的生活机会方面，存在更深层次的结构性问题。这些都是长期存在的问题，需要采取不同类型的干预措施，最好是通过民主接受的程序和“国家”参与的治理体系进行调解。

这可以为“社区民主”提供基础，不管它有多难。下一节我们将参照海得拉巴来研究这种模型及其局限性。

第二节　从“公共性”到“社区民主”的道路困难重重

在这一节中，我们将现代化政策和大都市范围内供水服务的重组，与低层次治理领域的去事实化和差异化问题联系起来。在这个过程中，我们认为讨论的性质不仅涉及各邦内部的技术协调问题，还涉及“社区民主”水平极不均衡的社区之间的对比。

海得拉巴和德里一样，在居民福利协会发展方面为我们提供了一个例子。然而与德里形成对比的是，海得拉巴的发展与国家主导的水资源管理“大都市化”这一强有力的目标并驾齐驱（概念上相互冲突）。[①] 这一现象凸显了当今印度城市治理的矛盾和对立统一，不一定放弃“改革主义”目标的国家与发展更快的离心倾向之间的矛盾和对立统一。海得拉巴及其周边地区城市发展的稳定步伐要求从公共事业开始彻底重组社区服务。如今这个领域的总体政策发生了什么变化呢？目前还不清楚以国大党为首的现

① 在德里，制度上已是如此；然而我们在下一部分会提出，德里水委员会在实践中已经“放弃”了自己的角色，允许无数本地的私人运营商介入。

政府在多大程度上遵循了奈杜的泰卢固之乡党政府制定的自由议程。从表面上看，即使在2004年大选之后，将海得拉巴建成世界级城市的计划仍在继续着，将邻近城市纳入该委员会管辖范围的“大都市化”供水体系建设项目正在进行。同时，政府希望通过实施贫民区改造特别方案和关注公民需求来减少社会不平等。

然而，我们已经表明，这些地区的市政官员基本上（充其量）充当了地方一级的“缓冲区”或“中间人”，以执行向全体人口提供统一服务的市政政策。他们有助于掩盖实际服务供应中存在的漏洞。我们提出的问题是，在供水和卫生设施方面，不同角色之间的对话产生的差别待遇在多大程度上可以作为社会—城市一体化的基础？我们在这里假定后者的定义是由西尔维·贾格林（Sylvy Jaglin）提供的，她认为，包括空间平等（除了提供平等获得城市资源的机会，还有功能和地域多样性）、社会平等（再分配和人人享有有保障的最低生活工资）和参与政治生活（取消种族隔离、参与和民主化）。于雄和特里科特（2006）提供了对海得拉巴案例的完整分析。下一节将包括社会经济问题，但在这里我们关注后几个方面。

为了突出这些问题，我们比较了海得拉巴的索玛吉古达和苏丹沙希两个市级区。我们选择这两个区，基于它们是特征非常不同的城市化地区：城市结构大多起源于最近的索玛吉古达，其特点是充满活力的商业活动；而苏丹沙希是旧城区的一部分，主要由住宅区组成。

统一/现代化服务的政治意愿：将市政服务整合为整个城市的单一实体？

过去几年里，海得拉巴城市供水和卫生委员会一直是许多行政改革和计划的对象，目的是通过更有效的分工使其服务合理化，使消费者更满意，并最大限度地利用技术工具进行更好的管理，增加透明度。在老城区，克里希纳（Krishna）运河邦际水利工程的第一阶段使得增加供水量成为可能。同样，我们在这里发现，就像在加尔各答一样（在德里则不太成功），我们把重点放在城市一级的基础设施和数量供应上，而对当地需求的关注则相对较少。

在将主要决策权掌握在自己手中的同时，海得拉巴城市供水和卫生委员会已经开始外包一些业务（金奈将是印度另一个敢于尝试的城市）。特别是，作为收回未付账单的一部分，从2006年8月开始，消费者端的下游业务被外包给了私营机构。国际机构的强大影响体现在引入“基准”和接受私营部门的援助方面。私营部门参与计费业务也与海得拉巴市政法人外包垃圾收集有某些相似之处。

早在1999年，就有人提到有可能将所有城市地区合并成一个单一的实体。2005年4月，一个旨在整合不同城市管辖地区的新项目促成了“大海得拉巴”的诞生。① 该项目发起人提出的主要论点是需要对城市的规划和发展进行最佳协调，还有加强周围自治市服务能力的问题。事实上，应该指出，海得拉巴的政府机构比远离市中心的市政当局管理得更好。从这个意义上说，这场讨论是20世纪70年代和80年代关于政府大都市化的“典型”讨论。

然而，当地很多人反对这项提议。首先，民选机构和地方当局不准备放弃它们的职位、特权和决策权。其次，大多数民间社会团体，比如“为了更好的海得拉巴”论坛（Forum for a Better Hyderabad，FBH）②，都反对该提议，认为它违反了《第74次宪法修正案》和权力下放的精神。论坛还谴责“大海得拉巴”倡议，谴责其试图将海得拉巴变成“特大城市”的野心：其规模肯定会吸引更多资金，但也可能导致迄今未知的更大问题和危机。与20世纪70年代和80年代不同的是，民间社会对于“技术专家”大都市化愿景的合法性基本假设提出疑问。民间社会还把举证责任放在了国家身上。更广泛地说，这场争论表达了一种要求，即为有关参与者所谓“社区民主”开拓一些政治空间并构建一些政治空间。

社区民主

联合起来确保个人投诉得到处理有时会引发集体行动。居民通常认为，对影响整条街道甚至一个地方的问题提出个人投诉是无效的。此外，

① 邦政府于2005年7月20日为此发布了第704号政府令。

② 2005年8月1日，威达库马尔（Vedakumar）代表“为了更好的海得拉巴”论坛向大海得拉巴首席部长阁下陈述。

一些居民可能不习惯同官员打交道，可能更愿意寻求与他们关系更密切的中间人的帮助（如图 8.1 所示）。

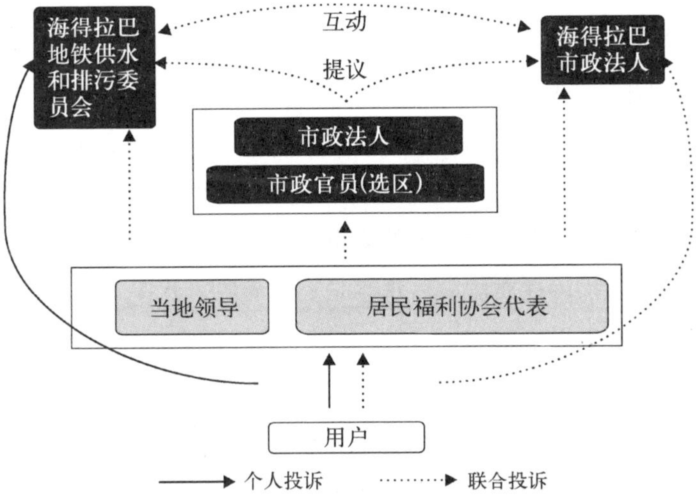

图 8.1 改善供水和卫生服务的投诉和建议所遵循的渠道（当海得拉巴城市供水和卫生委员会或海得拉巴市政法人没有处理时）

根据我们的调查结果，联合申诉占索玛吉古达申诉总数的 46%，占苏丹沙希申诉总数的 71%。以传统方式提出申诉在苏丹沙希不太常见，那里的做法是向距离最近的中间人提出申诉。在索玛吉古达，联合申诉可能是由当地或者公寓楼集体提出的，因为很大一部分人口居住在公寓和住房区。因此，整条街的任何共同问题都会引起居民之间的正式讨论，通常由男子组成的一个小组被委派去见有关官员或其他当地参与者。社区领袖所接触的事实本身就有助于他们成为公众人物。这些人以政治授权或作为协会代表的形式拥有一定程度的合法性，无疑是受个人动机驱使的，但通常被视为解决眼前问题的有效中间人。

这种中间人可以是协会的召集人或秘书、公认的官员，甚至是过去在实施城市社区发展（Urban Community Development，UCD）方案期间被任命的个人。[①] 他们经常出现在贫民区，特别是在他们定期组织会议讨论

① 2006 年 8 月 30 日，在负责城市社区发展项目的拉克西米（Laxmi）夫人在场的情况下，我们进行了集体访谈。

当地问题的地方。他们还可以接触城市社区发展官员，必要时这些官员会随时向他们咨询。索玛吉古达也有这样的社区领袖，但在这里他们的行事方式没那么正式，不直接干预解决与供水和卫生设施有关的问题。

另一种类型的领导人可以在当地协会的成员中找到。例如，苏丹沙希的甘加普特拉（Gangaputra）种姓成员组成了自己的协会。他们有几个办公室，并在节日和其他社区活动时组织庆祝活动。该协会还关注社区成员面临的水问题。这种基于地方、宗教和种姓关系或其他共性的小型地方协会数量众多。此外，有政治权力的人也可以充当中间人。

对这些集体投诉性质的最后观察是，随着收入水平的提高，这些投诉往往会减少。哈里斯（2005：4）在对德里进行研究时得出了同样的结论："很明显，人们——尤其是穷人——最常见的是和邻居一起解决问题。"除了我们在前面部分所讨论的，在发声的形式上还存在着不同等级的自治，从加尔各答的非常有限［或者甚至像帕塔·查特吉（2004）所说的在"政治团体"之外几乎不存在，在一个基层非政府组织相对不存在的社会中，只能通过政党来传达］，到海得拉巴的一系列机构，再到德里的居民福利协会，这些组织在人民参与计划下获得了政治自治（见下文和第三章）。

居民协会的安排：联合代表和共同配备

通过组建协会，居民携手并进，将他们可以利用的两种改善服务的方法——联合代表和共用设备——制度化。此外，协会的集体性质增加了对谈判伙伴的压力，并能创造规模效益。

这些地方的居民似乎直接抱怨小问题和个人问题。例如，乌玛·那加尔（Uma Nagar）协会主席在该地区的居民中分发海得拉巴城市供水和卫生委员会的电话号码。[1] 一名官员讲道，相比之下格林兰兹协会（Greenlands Association）并不充当中间人，与海得拉巴城市供水和卫生委员会的关系

---

① 这里我们指的是几个次级地点及其居民福利协会。从地理上讲，贝拉居民区（Bela Colony）的居民福利协会属于苏丹沙希；卫理公会居民区（Methodist Colony）和乌玛·那加尔居民区属于索玛吉古达。

也不太好，它主要集中在垃圾收集问题上。马可塔（Maqhta）的居民求助于其他不太制度化的渠道。在索玛吉古达，协会的代表作用往往体现在与民选工作人员的对立上，以争夺合法性和代表性。志愿工作者公开质疑“传统民主机制”的民主性质，称自己为“社会工作者”。与此同时，格林兰兹和乌玛·那加尔的居民福利协会对政客的作用不屑一顾。乌玛·那加尔的居民福利协会似乎与当局官员没有任何联系。据说后者只对能够赢得选票的地区感兴趣，而乌玛·那加尔地区没有足够的居民来组成票仓。相比之下，贝拉居民区的居民福利协会主席承诺，当地居民将在选举中投票支持当局官员。

居民福利协会也可以通过参与规划，更直接地参与改善地方服务，2002 年在卫理公会居民区和乌玛·那加尔建造新的卫生设施网络就是一个很好的例子。大约 600 000 卢比的费用中的三分之二由政府承担，其余部分由居民自己筹集，乌玛·那加尔居民区的每个家庭捐助了 1 600 卢比。通过支付一部分费用来建立当地卫生设施网络，这些聚居区将共同管理和共同组织服务的权利向前推了一步，即使由于土地的法律地位，基础设施不属于社区，而是属于市政法人。

1998 年，一个名为绿色海得拉巴（Green Hyderabad）的论坛作为协商平台建立起来，试图促进关于改善城市服务的意见交流。它传递给市政法人的信息很清楚：“我们必须纳税。我们想知道的是，你会怎么回报。那么，我们如何才能帮助你改善服务？”组织者希望明确界定他们的优先事项，在这个过程中，传统的政治渠道被绕过。论坛聚集了 120 个协会来讨论城市治理，不幸的是，这一倡议没有产生任何解决办法。

论空间社会平等与城市一体化

尽管海得拉巴城市供水和卫生委员会宣称的目标是改善供水和卫生部门的一体化状况，但其将有效管辖权扩展到整个大都市地区的计划尚未实现。至少从中期来看，其目标似乎不太可能实现，即不太可能成为一个能够通过提供普遍和同质的供应来满足公众需求的总体管理机构。

事实上，在所研究的这些区中，通过对仍在进行中的城市进程的观察，我们产生了这样一种假设，即城市化空间和供应多样化之间存在相互作用，并且这种多样化随着城市人口动态发展和服务网络的扩展而增加。就我们在海得拉巴进行的实地调查而言，这可以解释为，在像索玛吉古达这样快速发展的地区或更远的郊区，公共事业在质量和数量上"暂时"不能满足公众的需求。因此，供给差异化背后的基本原理似乎是一种适应城市社会多样化需求的工具，没有单一的公共事业可以满足这些需求（Jaglin，2005）。在目前的情况下，市政官员在选区的公共事务中发挥着务实的作用，但他们没有足够的自由来发挥真正的政治作用。在苏丹沙希和索玛吉古达这两个地方，市政当局通过支持它们对体面的基础设施的需求，努力确保服务网络中没有完全同化的地区达到所需的水平。在老城区，企业是代表公共服务供应长链中的一个决定性环节，特别是在日常运营方面，因为企业是个人和集体投诉的催化剂和渠道。相比之下，在索玛吉古达，居民福利协会作为一个满足居民"高于平均水平"需求的渠道更加明显地占据着主导地位。该地区的居民还更频繁地使用公共事业部门提供的服务，以保证其客户（运水车）的满意度。

基础设施管理将比以往任何时候都需要不同层次的参与者来传达人们的需求并提供外部激励，使对用户或消费者的响应更加灵活和高效。因此，不同地区的居民福利协会、市政官员和董事会部门完全有理由继续共存。公共事业部门如果不想取代参与城市治理的所有参与者，就必须找到新的谈判方法，承认和吸收体制结构中的利益相关者。

探索社会层面的后果大有裨益。格雷厄姆和马文认为，就社会方面而言，将基础设施网络扩展到城市的所有地方是"整合城市空间"的必要步骤（Graham and Marvin，2001）。在索玛吉古达，这在社区一级是显而易见的，因为对城市便利设施的关注是所有其他集体活动的基础，它通过形成居民福利协会来鼓励"社会联系"。但是，基于不同服务水平的城市技术空间组织是造成城市分裂的一个具体因素吗？（May et al.，1998）供水和卫生网络不太可能在苏丹沙希、索玛吉古达和海得拉巴外围地区等互不相连的地区之间带来任何社会—城市同化，因为这些地区的居民之间在管理这一基础设施方面没有任何社会互动。至于那些感到被当局忽视的人，调查显示，这种感觉并不局限于供水和卫生设施获得的程度不同，而是建立在先前存在的社会经济差距的基础上。尽管正在制定“现代化”政策，但宣传系统和模式的差异往往会强化这一点。对于这种（明显的）悖论，我们可以在下面一项关于供水的“经济”性质和改革的政治经济学的研究中找到很好的解释，该研究对“社区民主”进行了有删节的叙述。

第三节　论公共物品和俱乐部物品：从发展型国家的垄断到自由化的水

印度的“自由化”用词不当，尤其是所谓水务部门，不仅没有发展私有化，而且还有些放松监管。事实上，它的特点是经济或经济影响行动者的成倍增加，而不是对原有行动者的重新监管。关于城市治理，前几节曾指出，“水务部门自由化”包括一种特殊形式的非正式和正式治理空间的扩大。与加尔各答的“公共性”相比，甚至与海得拉巴相比，我们在德里见证了城市企业家的进入，他们根据新兴中产阶级的需求，以更高端的组织结构开发了自己的服务。① 因此，企业家和中产阶级协会同时出现，并在公共和分散的水系统治理中发挥了积极作用。像德里这样的城市有足够的动力来引发基础设施的系统性变化，进而引发再分配结构的变化。这一点尤其值得注意，因为在整个邦发展过程中，该市的政策制定者一直认为该邦政权受政治驱动，对工业不友好，并对城市和人口增长保持警惕。从目前情况来看，自由化似乎使政客们考虑了更多的公民阶层。

来自邦内的老生常谈：物质基础设施和城市管理……

在印度的城市中，在“发展型国家”政权时期，提供城市服务——包

① 我们所说的“城市企业家”是指发展城市基础设施的企业家，城市基础设施以前为国家所垄断（甚至在地方一级也是如此）。在德里，他们直接通过房地产或通过住房协会为分散式基础设施的间接需求找到了巨大的市场。

括供水和卫生设施——被国家机器视为“公共物品”①。这种经济特征在政治上得到了肯定，以确保官僚机构的垄断。由此，解决与供水和卫生服务有关问题的政治经济学在国家机器内形成。在经济自由化的背景下，讨论的焦点转向了国家将水作为公共物品提供以及私营部门提供公平和平等服务机会的可信度。

……用户退出的当前趋势走向：补贴和自治系统

德里郊区中产阶级驱动的住房协会发展迅速，加上公共系统的进一步退化，促使大部分用户采取半退出的方式。一种“系统性自由化”由此产生：新的分散技术允许节约用水，以更低的成本提供差异化服务，为混合技术模式铺平了道路，该模式把集中管道铺设和分散资源或再利用结合起来。然而，如果不将这些资金纳入一个允许跨用户进行金融再分配转移的单一公共组织内，就会产生社会倒退。事实上，这是在鼓励富人进行“社会退出”。工业和最富有的阶层被诱惑而退出公共体系，也有财力这样做。人们可以观察到两种具体做法来退出公共服务，要么通过大量供应（因此继续使用公共事业部门提供的水，但价格较低），要么通过使用地下水。其风险在于，一段时间后，最贫穷的人仍然是管道系统的唯一消费者，将会限制在大城市一级对用水平等进行管理的任何可用手段。过去基于“综合垄断”的系统如今正在技术上不断发展，并为可能的用户“细分”（如电信、卫生、学校教育等）让路。正如在印度城市中所经常看到的那样，德里的水是有补贴的，工业实际上是在交叉补贴着国内消费者。工业提供了50%以上的收入，而消费的不到20%。但是，如果工业退出的话，那么现在公共系统的租金可能会成为一个弱点。

因此，实际发展状况与国家领导的改革愿景步调不一致，后者落后于

① 根据定义，公共物品是指：① 不能被挪用的物品。它的使用据说是“不可排除的”（例如，清洁的空气或灯塔的灯光）。② 一个人的使用不会影响到另一个人的使用，因此被称为“非竞争”物品。非排他性和非竞争性这两个条件至关重要。如果存在竞争（比如面临过度开发的集体自然资源），就意味着存在一种“共同利益”，即国家和私人生产都不一定是最佳选择。例如，在某一点之外，水资源（一种物质资源）是一种公共物品。供水服务（资源的运营）可以是公共的、私人的或共同的，这是由历史上不同时期的社会、政治和经济组织决定的。

前者。作为重组德里水委员会的一种方式（私有化的可能性显然是一个政治禁忌），德里政府计划由两家私营公司在这两个地区供水，采用“管理合同制”模式，为期5年。这对于印度来说是一种全新的制度解决方案，尤其是这可能涉及一个美国式的独立监管机构，由它负责修改关税。然而，可以肯定的是，政府的主要目标是财政上的成功，最初考虑的贫困地区和不稳定的发展中地区都被排除在项目之外。这可以从一个角度来看，即回顾以大规模——因而在政治上有效——的方式进行的电力完全私有化，德里政府以给予私人投资者补贴的形式继续付出代价。显然，政府想要表明两件事：通过立交桥和电力展示其政治实力；在水资源供应方面，展示其金融稳健性以及对私有化担忧的理解。

在政治方面，该项目很快就遭到了左派意识形态的抵制和印度人民党的反对。它还设法以一种出乎意料的方式分裂居民福利协会。这个项目既有反对者也有支持者，他们都变得直言不讳。当居民福利协会巴吉达里的最高机构即罗希尼（Rohini）的居民福利协会联合会反对该项目，而瓦桑·维哈（Vasant Vihar）居民福利协会主席支持该项目时，这种现象可被解释为地方参与性民主形式成熟的标志。然而，尽管政府进行了谨慎的政治监督，反对派还是在2005年和2006年将抗议活动发展到了无法控制的程度。事实上，许多居民福利协会将自己政治化，或多或少地与印度人民党的反对立场保持一致。

这场叛乱展现的政治力量更为重要，因为它得到了经济支持。“城市倡议扩散中心”（Gaudin，1996）现在涵盖了从公共到私人、从地方到全球的所有参与者。与印度的许多其他城市相比，或者说作为一个先驱，德里资本主义的、基于规模的私人房地产开发商的崛起与居民福利协会的形成是同步的。他们围绕彼此构建自己。房地产私人开发商采用了合作团体住房协会（Co-operative Group Housing Societies，CGHS）模式，通常用于建造多层（6~10层）公寓楼。一个团体通常包括大约250块土地，面积从4 000到9 000平方英尺①不等。德里西北部的那莱拉（Narela）和罗希尼、德里东南部的德瓦卡（Dwarka）是城市社区发展部指定用于此类

① 1英尺≈0.093平方米。

发展的地区。这些团体中有几个因地制宜地进行了选择，特别是在德瓦卡地区，该地区有 100 万人口，面临严重的水资源不足问题。

就城市治理而言，人们已经可以得出这样的结论：第一，在德里水委员会留下的管理空白区，私营部门找到了促进替代系统的天然斜坡；第二，从长远来看，这些制度倾向于塑造以社区为基础的地方决策；第三，社区一级的初始社会条件至少在经济效率方面很重要；第四，强制实施居民福利协会本身并不是取得成功的充分条件。

作为地方背景的国家参与者：成为德里的重要性

至于德里供水和卫生设施治理的转变，还必须考虑外部影响和内部影响。多边机构在整个 20 世纪 90 年代为改善管理所做的说服工作取得了成果，并说服了现任德里政府。2002 年的电力私有化也是为了同样的“准备”，但后来却遭到了大众的抵制。

在城市“美化”的政治背景下，只有牢记德里政府和科学与环境中心（CSE）、新德里和最高法院，还有塔拉（Tara）、发展替代方案（Development Alternatives）这样几个非政府组织自 20 世纪 90 年代以来一直倡导的污染控制事业，才能理解工业界发起的节水措施。面对当地的环境，工业界担心搬迁。与此同时，全球经济环境要求德里逐步融入全球经济，并融入供应和外包网络。一些行业（钢铁、汽车、皮革和服装）因此意识到了全球环境标准。对这些组织来说，德里也是一个国家展示区。

水资源充足的印度城市既是“自上而下”的实验室，也是“自下而上”的实验室，它们的稳定来源于技术、社会经济和政治层面，不要忘记还有当今最缺乏的监管层面。倾向于在所谓（事实上是排斥性的）“社区民主”和国家规划（或在海得拉巴的情况下是区域规划）的范围内将水转化为俱乐部物品的趋势，产生了一种政治平衡，促使许多非政府组织（在德里和全国）充分行动起来，反对“水的私有化”，这使政府更加谨慎，不能行动过快。最后，在可以区分两个问题的地方，即一方面升级“中心地区”的管道网络，另一方面在外围地区创造新的能力，事实上已经做出了选择，让今天在资本投资方面要求更高的外围地区进入一个涉及私营部门参与的双重体系中，以便在过渡时期节省资本。这种对优先事项的定义，部分原因在于各市之间没有通过任何形式的税收政策实现财政团结。

第四节　结论

在一篇标题为《第三世界有政策发展进程吗?》的论文中，霍罗威茨（Horowitz，1989）论述了第三世界政权的合法性。这一论述通常被看作“有问题的”，从而导致“政策往往也意味着加强政权合法性”和“发展中国家的公众参与往往较少”的局面。

这种局面正在改变。加尔各答的过度“公共性”正受到挑战，尽管受到被边缘化用户的限制。海得拉巴的案例中，委员会的改革和自愿原则取得了一些成功，同时也伴随着一系列集体行动的结构性诉求。就德里而言，最重要的是第一届迪克希特政府有意识地建立了一个基于中产阶级和上层阶级的选区，并希望通过在许多部门领域内为其服务来获得合法性，包括立交桥建设和电力私有化（海得拉巴的改革顺序同样重要，见第二章）。这一政治项目得到了“业主”民间社会阶层的帮助，民间社会据此构建了自己，并通过参与——尤其是通过参与国家发起的巴吉达里计划进程——使该项目获得了认可。因此，公共物品被公共部门垄断的制度在经济和政治上受到“离心”（而不是自下而上）力量的挑战。现在说结果还为时过早，因为其他“离心”力量（拥有国家模式的非政府组织或希望规模资本化的房地产公司）可能会对一些模式的重新聚焦表现出兴趣，超越城市规模，从而战胜中产阶级的力量。如今，后者具有优势，取得胜利只是时间早晚问题。

最后，这种“系统性”分析不应给人一种虚幻的印象，使人认为过程一直是顺利的。事实上，霍罗威茨（1989：197－212）回忆道，“尤其是在特殊时期（例如危机期间），创新政策才能制定和实施”。由此出现的问题是，在面临“多重危机”或“全面危机”（交通、污染、住房、工作、电力和水）的情况下，如何确定建立合法性、选择部门、指定私营和公共部门的作用的排序。正如霍罗威茨（1989：197－212）所建议的那样，回答这个问题肯定需要对政策进行“贯穿其生命周期”的研究，人们当然可以假设当前的周期并不完整。

参考文献

Caseley, Jonathan. 2003. Blocked Drains and Open Minds: Multiple Accountability Relationships and Improved Service Delivery Performance in an Indian City. IDS Working Paper 211. Brighton: Institute of Development Studies.

Chandra, Medha. 2004. Bridging Everyday and High Politics — the 74th CAA and Inclusion in Kolkata, India, http://www.sasnet.lu.se/EASASpapers/31MedhaChandra.pdf (accessed 25 April 2009).

Chatterjee, Partha. 2004. *The Politics of the Governed: Reflections on Popular Politics in Most of the World*. New York: Columbia University Press.

Gaudin, Jean-Pierre (ed.). 1996. *La négociation des politiques publiques*. Paris: L'Harmattan.

Graham, Stephen and Simon Marvin. 2001. *Splintering Urbanism: Networked Infrastructures, Technological Mobilities and the Urban Condition*. London: Routledge.

Harriss, John. 2005. Political Participation, Representation and the Urban Poor: Findings from Research in Delhi. *Economic and Political Weekly* 40 (11): 1041－1054.

Horowitz, Donald L. 1989. Is There a Third-World Policy Process? *Policy Sciences* 22 (3－4): 197－212.

Huchon, Agnès and Tricot, Guillaume. 2007. Between Citizens and Institutions: The Dynamics of the Integration of Water Supply and Sanitation Services in Hyderabad. Centre de Sciences Humaines (CSH) Occasional Paper. Delhi: CHS.

Jaglin, Sylvy. 2005. Au Cap (Afrique du Sud), des services techniques entre intégration métropolitaine et différenciation socio-spatiale: peut-on parler de fragmentation urbaine. Plan Urbanisme, Construction et Architecture (PUCA) Réseaux et fragmentation.

Krishna and Green. 1986.

Maria. 2007.

May, Nicole, Pierre Veltz, Josée Landrieu, and Thérèse Spector. 1998. *La Ville Eclatée*. Paris: Editions de l'Aube.

Sivaramakrishnan, K. C. and Leslie Green. 1986. *Metropolitan Management: the Asian Experience*. EDI series in Economic Development. Economic Development Institute and World Bank: Oxford University Press.

第九章　海得拉巴和加尔各答的参与式城市治理和贫民区发展

阿卡纳·戈什

第一节　引言

城市治理可以定义为“政府与非政府力量之间和内部的互动关系”（Stoker，1998：38）。这意味着存在多个参与者，其角色也可能不同。“它包括正式和非正式的机构和程序，规定国家与受政府活动影响的一系列其他代理人或利益相关者的互动”（Satterthwaite，2005）。治理的概念强调了这样一个事实，即所涉及的参与者已经扩大到城市发展的各个方面，包括减贫。这并不是说，这些参与者以前不存在，因为他们中的一些人以更非正式的方式活跃着，但是他们在解决城市问题方面的贡献并没有得到正式承认。现在，政府系统以外机构的贡献受到鼓励，它们在发展方案中的角色也是受到邀请且被制度化的。包括非政府组织、社区组织和私营公司在内的民间社会团体，都被政府吸收为合作伙伴，一起应对城市挑战。但是，尽管治理确实意味着相互依存，但并不对真正决策权威的核心或特征过早下结论（McCarney et al.，1995）。因此，政府系统以外的参与者如何真正参与城市治理问题的决策有待观察。

本章试图在印度城市贫民区发展的关键领域中研究这种多方参与的治理。由于城市贫困集中（但不仅限于）在贫民区，因而我们在这里从广义上定义贫民区发展，作为中央、邦和地方政府以及其他机构通过不同的政策和方案进行减贫的衡量标准，一方面包括为贫民区提供住房和基本服务，另一方面为贫民区居民提供生计机会。

我们以加尔各答和海得拉巴这两个大城市为例，对这一问题的严重程度进行比较评估，通过贫民区发展政策和方案进行干预，最后是被选中的参与者的行动以及他们之间的关系。本章第二节介绍印度贫民区发展政策和方案中的现有组织层级。第三节简要介绍这两个城市的社会、经济和政治多样性。我们将在第三节中讨论每个城市贫民区住宅区的规模以及与之相关的定义不一致、衡量方法不一致、租赁状况等问题。该节还描述几个行政治理上的不一致之处，例如缺乏公开程序和给贫民区下达通知的程序问题。

在第四节中，我们界定加尔各答市政法人和海得拉巴市政法人的作用，两者皆为分权治理结构中的参与者，因为 1992 年《第 74 次宪法修正案》授权它们规划和实施社会发展和城市扶贫（UPA）方案，包括贫民区发展。这两个市政法人在功能、财务和组织方面多大程度上被授权履行这一职责，是该节要讨论的重点。第五节讨论在政府赞助的城市扶贫计划中社区参与的范围和性质，结合政府系统以外的机构，包括加尔各答的政治附属协会和海得拉巴的非政府组织管理的地方机构。它主要讨论地方政治和贫民区居民团体之间的问题关系（problematic relationship），这些关系应该在发展计划的框架内形成。在第六节中，我们探讨议员作为地方政府和社区之间接口的作用。第七节以概括性的评论结束这一章。

本章的论述基于从次要来源和主要来源收集到的数据。次要来源包括不同机构预算文件的报告、加尔各答市政法人和海得拉巴市政法人的年度行政报告。主要来源涉及对不同利益相关者的大量访谈：一是加尔各答市政法人和海得拉巴市政法人的官员，特别是加尔各答市政法人贫民区服务部（Bustee Services Department）和海得拉巴市政法人城市社区发展部的官员，他们主要负责执行贫民区的所有项目；二是以某种方式参与这一职能的其他政府部门/机构的官员；三是议员/市政官员以及一些非政府组织和社区组织；四是在每个城市中，对选定的贫民区进行有限的调查，并与这些贫民区的妇女团体进行焦点小组座谈会。[1] 2005 年 7—8 月，我们在加尔各答进行了实地访问、访谈，举办了焦点小组座谈会。在海得拉巴，这些工作分两个阶段进行，即 2006 年 2 月和 9 月。

第二节　印度城市贫民区发展的治理：一项多参与者的活动

贫民区是印度大都市的固有特征。贫民区发展涉及过多的组织和方案，在城市治理议程中占据显著位置。在国家一级的组织层级中，中央政府有关部委定期确定政策和方案，并为此目的配置资金。它还发布了具有全国适用性的法律条款。邦一级的政府应该确保这些方案的适当实施和资金的使用，并部分负责资助中央政府出台的方案；邦一级的政府还可以设计自己的方案，从自己的资源中调拨资金，用于贫民区的基础设施建设；邦一级的政府还负责颁布针对各邦具体情况的法律、规则和条例，并在必要时创建新的机构，以更好地执行政策。多年来，各邦设立了具有特殊目的的机构，如发展管理局、改善信托基金和贫民区清理/发展委员会，参与政策执行。但真正实施这些方案的是城市和城镇一级的地方政府。

除了政府，双边和多边捐助机构，如福特基金会、英国国际发展署、联合国儿童基金会和世界银行，以前在帮助政府解决贫民区问题方面发挥了重要作用，现在仍在发挥重要作用。这些捐助机构的干预措施不只限于资助贫民区发展；物质和财务规划、机构改革以及其所支持的项目的执行方法方面的主要政策准则是捐助机构考虑出资的先决条件。

由方案受益者组成的社区组织，在基于需求的规划、促进项目实施方

---

① 在海得拉巴，我调查了三个贫民区：其中两个［第 73 区的麦加清真寺和第 71 区的比比·卡·查斯马（Bibi ka Chasma）］位于老城区。麦加清真寺是一个有 50 年历史的贫民区，有 185 个家庭，总人口有 950 人，坐落在属于瓦夫·博德（Waaf Board）的土地（12 541.5 平方米）上。比比·卡·查斯马有 166 个家庭，人口有 830 人。第三个被选中的贫民区是在第 22 区的马克塔，位于拉吉·巴万（Raj Bhavan）附近的市中心地区。这个贫民区人口有 750 人。在加尔各答，被选择的两个贫民区在第 12 区和第 122 区。第 22 区的贫民区人口有 7 572 人，位于市中心拥挤的东部城市乌尔塔丹加（Ultadanga）。泰库普库尔（Thakurpukur）地区的第 22 区贫民区主要在该市的南部，1980 年后，被划归加尔各答市政法人管辖。

面发挥了突出的伙伴作用，一旦这些项目完成，它们还将维护这些设施。政府和捐助机构都在宣传这种参与，它们认识到，如果真正遵循这种参与，“赋权”就会产生，也就意味着资产的扩大，穷人有能力参与、谈判，影响、控制和追究相关机构，这些机构与他们的生活密切相关（World Bank，2002）。从项目机构的角度来看，社区参与也是可取的，因为它改进了项目设计和有效性；增强项目的影响力和可持续性，有助于实现善政、民主化和减贫等总体目标（Imparato and Ruster，2003）。因此，在所有政府赞助和捐助者支持的方案中，社区的作用都得到强调。非政府组织在社区工作中作为促进者的作用也值得注意。

私营部门直到最近才对贫民区发展倡议表现出些许兴趣，目前正逐步参与到这一领域中。自经济开放以来，各邦政府一直在相互竞争以吸引外资，这促使它们改善城市形象，塑造出清洁和无贫民区的样子。因此，邦政府和市政府想通过各种形式的公私合作伙伴关系模式来吸引私营部门，让它们为贫民区居民提供住房和基本服务，以减轻自己的负担。[①] 但是除了孟买，私营企业并未在其他城市中对这一部门表现出多大的兴趣。即使他们真的挺身而出，与其说是帮助政府，不如说是获得当局以多种交易的形式所承诺的让步。许多城市正在讨论通过土地管理来建设模范贫民区的公私伙伴关系模式，仿效孟买的达拉维（Dharavi）模式（在某一特定土地上建造的建筑物，将为现有居民提供住房）。这对于私营企业家来说是一个有利可图的提议，因为贫民区居民使用所剩的土地，他们可以用于商业目的，从而获得更大的楼面面积指数（FSI）。[②]

近年来，在政策方向和权利保护方面，司法机构也逐渐开始在贫民区发展中发挥新的作用。在几起案件中，该国最高法院进行了干预，以维护

---

① 海得拉巴市政法人已经联系顾问，计划在当地指定的贫民区建设高层建筑，这里的贫民区居民都持有地契。加尔各答市政法人正试图打破法律僵局，在根据《蒂卡租赁法》（*Thika Tenancy Act*）锁定的主要城市地区获得10 000英亩（1英亩≈4 046.86平方米。——译者注）贫民区土地，用于开发高层建筑，以容纳贫民区居民，并通过出售剩余土地用于商业目的来创收。尽管解放土地的法律障碍尚未被消除，但一些私人开发商对该项目表现出浓厚的兴趣。

② 自1997年以来，孟买向开发商授予可转让发展权，以换取为高密度贫民区开展改造项目，这是吸引私营部门参与的另一个激励因素，否则该项目无利可图。

贫民区居民的权利。但是，当法院认为贫民区是环境公害，并指示政府和其他机构驱逐贫民区时，这样的干预也并不少见。①

因此，两组参与者——国家和非国家——以新的城市治理形式参与贫民区发展。尽管每组中的参与者数量很多，但在本章中，我们只关注每组中一个参与者的角色，即国家组中的地方政府和非国家组中的社区。选择将地方政府作为国家参与者的代表很重要，因为在城市地区，参与性治理的重点大多在地方一级，地方政府对公民的生计有最直接的影响；民间社会团体与政府接触的最大机会也存在于地方一级（Satterth waite，2005）。我们从非国家参与者中挑选了由贫民区家庭组成的社区组织，这些家庭都处于国家和地方政府赞助的项目与方案当中。

第三节　加尔各答和海得拉巴的贫民区：定义和估算方法中的问题

加尔各答和海得拉巴在城市化水平和趋势、主要政治文化和地方自治制度的经验方面有很大不同。加尔各答是印度历史最悠久、规模最大的城市之一，有着久负盛名的市政治理体系，海得拉巴加入大城市行列的时间要晚得多。尽管加尔各答在过去 20 年经历了非常缓慢的人口增长，但它仍是该国第三大城市，2001 年人口超过 458 万。相比之下，海得拉巴是该国人口增长最快的大城市之一（1991—2001 年人口增长率为 19.02%），2001 年人口为 363 万，成为全国第七大城市。

如同印度所有大城市一样，贫民区是加尔各答和海得拉巴不可分割的一部分，但它们对贫民区的定义不一样，导致难以统一估计贫民区和贫民区居民。虽然市政府主要致力于为贫民区提供市政设施，但在界定贫民区的定义方面几乎没有起到任何作用。《第十个五年计划（2002—2007）》称，对贫民区的定义缺乏共识，是阻碍贫民区方案实施的问题之一。作为各邦贫民区人口数十年统计的一部分，《2001 年印度人口普查》对贫民区

---

① 详见杜邦和拉马纳坦（Dupon and Ramanathan，2007）。

进行了统一定义。[①] 然而各邦政府对贫民区都有自己的定义，从《市政法》或任何其他特别法中都可以看出来。[②] 加尔各答市政法人是一个例外，因为它在《加尔各答市政法（1980）》中对贫民区进行了定义。海得拉巴市政法人没有任何这样单独的条款来定义贫民区。1956 年，《安得拉邦贫民区改造（土地征用）法》[③] 给出的定义适用于所有城市地区，包括海得拉巴。但安得拉邦政府一直遵循一个独特的体系，根据这一定义，通过不时设立特别委员会来估算海得拉巴市的贫民区人口。1979—1994 年，安得拉邦设立了三个这样的特别委员会，但 1994 年之后又成立了委员会。加尔各答没有进行任何这种系统的尝试来定期估计贫民区人口，以简化贫民区的发展举措。

因为加尔各答和海得拉巴以及印度其他城市在对贫民区的定义方面存在一定的问题，所以我们在对贫民区人口的估算中出现了不一致的地方。根据 2001 年人口普查，加尔各答市的贫民区人口为 140 万人。但是加尔各答市政法人最近的调查数据表明，贫民区人口从 1991 年的 63 万人增加到 2002 年的 152 万人，在过去 10 年中增加了 138%。因此，贫民区人口占加尔各答总人口的 32.33%。贫民区面积为 24.28 平方千米，占总城市面积 187 平方千米的近 13%。然而除了这些已登记过的贫民区，还有许多未经授权/未登记的贫民区和许多流浪汉，市政当局无法对此做出真实的估计。

在海得拉巴，官方估计表明，1979—1994 年，贫民区数量从 455 个增

---

① 印度人口普查（2001 年）将贫民区定义为：① 根据任何法案被公认为贫民区的所有地区；② 所有被确认为贫民区但未被公认为贫民区的地区；③ 至少有 300 人或约 60~70 户住房拥挤、建筑简陋、环境不卫生的紧凑区域，通常基础设施不足，缺乏适当的卫生和饮用水设施。

②《加尔各答市政法（1980）》将贫民区定义为“由用于或打算用于人类居住的任何棚屋或其他建筑所占据或用于此目的的面积不少于 700 平方米的区域”。然而，如果我们不根据《加尔各答市政法（1980）》澄清“小屋”的定义，这一定义就是不完整的，即“任何建筑物，除了高出地面或地板高度达几厘米的墙，没有任何实质性部分是由钢筋混凝土、钢、铁或其他金属建造的”。

③ 根据该法，“当政府确信任何地区因地势低洼、不卫生或出现其他情况而对或可能对该地区的公共健康、安全或便利造成威胁时，它可以在安得拉邦公报上发布通知，宣布该地区为贫民区地区”［*Andhra Pradesh Slum Improvement*（*Acquisition of Land*）*Act*, 1956, section 3（1）, Government of Andhra Pradesh］。

加到 811 个，根据历届特别委员会编制的评估报告，贫民区人口已达 126 万人。但是，根据 2001 年人口普查，贫民区总人口只有 63 万人，是特别委员会 1994 年估计数的一半。[①] 为海得拉巴城市发展计划所开展的市政法人调查显示，贫民区数量和贫民区居民数量都大幅增加，分别为 1 042 个和 140 万人，贫民区人口占城市人口的 38.83% 以上。贫民区面积仅有 9.11 平方千米，占城市总面积的 5.3%（172.68 平方千米）。因此，贫民区的居住密度很大，每 0.01 平方千米有 1 382 人，而海得拉巴市政总密度仅为每 0.01 平方千米有 500 人。

但是，一个地方并不总是根据标准定义或客观评估而被有关方面宣称为贫民区。不同压力团体在各种动机的促使下，会在宣称一个地区为贫民区时发挥作用，这样的情况并不少见。正如奈杜在海得拉巴观察到的那样，贫民区的法定定义允许政治力量和既得利益者决定并宣布一个地区为贫民区。如果一个地方被正式宣称为贫民区，大量政府资金就会流入该地区，用于支持其发展。“相对富裕的地区有可能最终被贴上贫民区的标签，而真正贫困和破败的地区可能由于缺乏政治游说而仍然被忽视”（Naidu, 1990：101）。因此，海得拉巴的几个地区，特别是有围墙的城市，有大量房屋处于极端破旧和类似贫民区的状态，但并未被标为贫民区，仍处在贫民区干预方案的范围之外。

除了贫民区人口估算中出现的不一致，政府未能采取任何可持续政策根除贫民区问题的另一个原因是，各地市政法案或任何其他相关立法中没有任何规定，将基本生活设施已经达到一定标准的贫民区从名单中移除。《加尔各答市政法（1980）》和《安得拉邦贫民区法案》都没有这样的条款。日益增多的贫民区人口给市政府带来了巨大的应对压力。在海得拉巴成立的评估贫民区人口的特别委员会，曾在其报告中提议将一些贫民区从名单中移除，并添加新的贫民区，但邦政府从未就这项建议采取任何行动。

贫民区所在地区的法律地位通常决定了该贫民区是否有可能被定性。

① 与其他以市政选举区为估算单位的城市不同，该市 2001 年人口普查提供了 35 个人口普查区的贫民区人口数据。

但这反过来又对贫民区社区的谈判力产生了明显的影响，尤其是在与邦政府、市政法人就住房和基本设施谈判的时候。在加尔各答，蒂卡租赁制度（Thika Tenancy System）下的贫民区和其他公认的贫民区享有所有方案福利的特权。[①] 但是被侵占土地上的贫民区享受不到任何此类项目下的福利。在海得拉巴，市政法人确定的新贫民区不属于任何发展方案的范围，因为它们尚未被特别委员会归入贫民区，这显然是不正常的。与此形成对比的是，那些列出的或已被通知的贫民区则继续受益于几个邦和中央政府的举措。因此，许多被通知的贫民区看起来很不像贫民区，因为它们的道路、下水道、排水和供水设施布置得很好。这种状况与“无贫民区城市”的目标相矛盾，政府正试图通过促进连贯和扶贫的城市规划，包括城市范围内的贫民区改造来实现这一目标。通过市、地区、行政区和邦四个层级设立的特别委员会来确定贫困和基础设施的缺陷，以此为基础在所有城市中心进行一个精细的四层级贫民区认定，这是安得拉邦政府在 2006 年为非认定的贫民区提供基础设施的努力（之前都是把它们排除在外）。但令人惊讶的是，海得拉巴一直被排除在这一新倡议的范围之外，因为它已经有了一个体系，取代了定期成立特别委员会来认定和估算贫民区人口的做法。

第四节　界定加尔各答、海得拉巴市政法人在贫民区发展中的作用和表现

加强地方政府的作用是所有人类居住区方案和可持续减贫战略的关键决定因素。几个联合国机构近期的政策声明都坚持要求地方当局发挥催化剂作用，以吸引所有利益相关者，因为地方当局是最接近城市选区也最具代表性的角色。印度也是如此，将贫民区改造和升级以及城市扶贫纳入《第 74 次宪法修正案》的附表 12 中，这一举措强化了地方政府在这些领

---

① 加尔各答盛行的蒂卡租赁制度在该国是独一无二的。该制度下的贫民区以三层居住模式为特征，包括最底层的巴拉提亚（bharatiyas，租户/分租户）、中层的蒂卡租户或房主和顶层的土地所有者。这些小屋大多位于城市的中心，非常拥挤，每个小屋包括 10 个甚至更多的房间，每个房间的面积为 7~9 平方米，可以容纳一个四五口之家。

域内发挥更重要作用的承诺。地方政府机构被看作促进人民参与发展进程的机构。然而，几项研究表明，尽管《第 74 次宪法修正案》和所有邦政府都承诺分权和赋予城市地方政府权力，但几乎没有哪个邦可以声称在治理的这一重要方面从文字和精神上履行了宪法授权。

《第九个五年计划（1997—2002）》[①]强调了对城市扶贫计划的参与式管理，并建议市政府在市一级建立城市扶贫行动小组。它们还应与在城市扶贫计划领导下成立的社区发展协会以及在城市地区工作的各种非政府组织协同工作。城市扶贫行动小组应与社区发展协会协商制定城市扶贫规划，此外还应制定全市贫民区改造总体规划，贫民区改造和升级方案应以此类总体规划为基础。

这些建议在多大程度上得到了遵循呢？我们从历史的角度分析加尔各答和海得拉巴市政法人在落实贫民区发展方案方面的活动，重点是从职能授权、组织反应能力和获得贫民区发展资金的角度分析参与式城市治理新体制实施过程中的变化。

加尔各答和海得拉巴市政法人的职能授权和组织反应能力

在加尔各答，《加尔各答市政法（1980）》授权市政法人在贫民区实施改善工作，包括供水、铺设污水和排水系统、安装路灯、将在用的厕所改造成水厕、改善棚屋等。加尔各答市政法人还应为贫民区制定标准布局规划，批准永久建筑的规划。尽管如此，加尔各答的贫民区发展方案长期以来是由邦政府部门、半官方机构如加尔各答城市发展管理局规划和实施的。世界银行支持的加尔各答城市发展项目Ⅲ有贫民区发展部分，（英国）国际发展署支持的加尔各答贫民区改造项目在 20 世纪 90 年代由加尔各答城市发展管理局规划和实施，加尔各答市政法人完全被排除在项目规划和实施之外。

---

① 中央政府于 1997 年发起的城市扶贫计划是最重要的城市扶贫计划，旨在通过社区赋权为城市失业或就业不足的穷人提供就业机会。该计划强调建立和促进社区组织和结构，它们能发挥支持和促进地方发展的作用。为达到此目的，一个三级社区组织成立了。（该文件名原文有误，误将“第九个”写成“第十个”，这里根据起止时间、原文内容和脚注内容进行了修订。——译者注）

然而考虑到贫民区居民作为忠实票仓的重要性，1977 年在该邦掌权的左翼政府于 1985 年在加尔各答市创建了贫民区服务小组（后来更名为贫民区服务部），由一名市长委员会成员领导该小组。在行政上，（贫民区）总干事领导贫民区小组，并负责在城市内实施各种贫民区发展和减贫方案。但是，由于可支配的人力极其有限，该小组没有能力执行面向该市 150 万贫民区居民的大量方案。此外，该小组与在贫民区提供服务的其他职能部门的协调不力。2005 年 11 月，加尔各答市政法人在市长会议下设立了一个单独的社会部门，负责监督卫生、教育、扶贫、贫民区发展等部门的所有社会部门方案。但是，社会部门仍然处于成形阶段；在区一级，根据规范进行的人员部署仍未完成［Institute of Social Sciences（ISS），2007］。因此，就贫民区发展而言，要知道这种重组是否实际上改善了加尔各答市政法人的运作还为时过早。

与加尔各答不同的是，海得拉巴自开始在这方面进行有计划的干预以来，贫民区发展一直是海得拉巴市政法人职能领域的一部分。这始于引进城市社区发展项目，该项目于 1967 年开始，规模非常小，一直持续到 1985 年，因得到福特基金会和联合国儿童基金会的支持，才为城市贫困人口特别是贫民区的贫困人口带来社会和环境变化。海得拉巴市政法人专门设立的城市社区发展部开始实施这一项目——作为海得拉巴和塞康德拉巴德（Secundrabad）两市穷人的物质、社会和经济发展的综合方案。该部门仍然是海得拉巴市政法人的一个特别部门，负责在该市实施所有国家和中央赞助的扶贫方案。

海得拉巴的贫民区发展治理比加尔各答更系统。城市社区发展部在特设专员的行政控制下运作，由项目干事和其他工作人员通过一个由七个圈子组成的分散网络提供协助，每个圈子都有一个正式的城市社区发展部办事处。社会发展干事、社会工作者和社区发展组织者是该部门全职雇用的基层工作者。然而海得拉巴市政法人最近决定容许其他部门的人员以不同级别加入城市社区发展部，并以合约形式聘用员工。这令现有员工十分不满，有些员工曾在与我面谈时表达过这样的不满。他们不仅担心自己在该部门中的职业前景，还担心新系统会影响该部门的职能效率。他们担心，项目官员长期以来跟社区培养的密切职能关系可能不适用于与合同聘用的官员和方案工作人员进行合作。

财力

如果没有充足的财政资源作为补充，职能的下放和组织结构不足以确保方案的有效管理。我们通过对过去 4 年（2000 年、2001 年、2003 年、2004 年）预算的分析，评估加尔各答和海得拉巴市政法人获得贫民区发展资源和实际支出的情况。就这项活动而言，我们将调查市政法人获得贫民区开发资金的来源、它们如何使用收到的资金及其财务支出的关键程度。换句话说，这里的目标是评估地方机构是否有足够的财政能力以实现《第 74 次宪法修正案》规定的通过财政权力下放的方式达到贫民区发展和减贫的目标。

加尔各答市政法人贫民区发展基金

加尔各答市政法人接受邦和中央政府实施的方案或以赠款形式提供的贫民区发展资金，或国际捐助机构以赠款、软贷款或两者混合的形式提供的资金。加尔各答市政法人还用自己的收入基金投入贫民区的基本服务活动。[①] 除了在中央资助的方案中分担部分财政责任，邦政府还向加尔各答市政法人提供捐助，用于补充贫民区服务，包括供水、排污和排水服务以及发展赠款。然而我们对预算的分析表明，用于贫民区发展的资金在邦政府对加尔各答市政法人捐资总额中所占的百分比逐年下降。贫民区改造所得收入占加尔各答市政法人总收入的百分比（税收、非税收、邦政府捐资和暂收款之和）在本项目研究期间大幅下降，特别是自 2002 年以来。

因此，当用于贫民区发展的总支出被看作加尔各答市政法人总支出的一部分时，其结果令人沮丧，这个比例从未超过 4%（见图 9.1）。支出低的原因之一是不同项目下邦和中央政府对贫民区发展的捐资并不固定（见

① 特别是，邦和中央政府的方案所得的资金，列在加尔各答市政预算的暂记账户下。然而，加尔各答市政法人在贫民区资金中所贡献的份额并不可知，因为预算文件没有任何关于从收入/普通基金中转移资金用于贫民区发展的记录。不过我们可以从预算的支出方面估算加尔各答市政法人的资金投入，其中贫民区的收入支出可被看作加尔各答市政当局自己对贫民区发展的贡献。

表 9.1）。因此，尽管加尔各答市政法人在法律上负责执行所有扶贫方案，但如果邦和中央政府没有及时拨款，加尔各答市就无法完成目标。

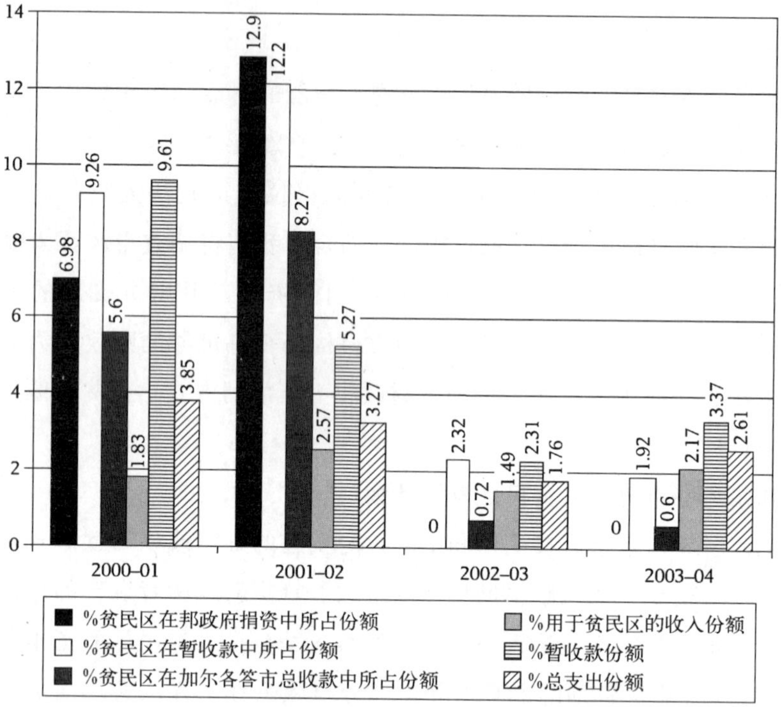

（数据来源：各年份加尔各答市政法人预算）

图 9.1　加尔各答市政法人用于贫民区的收入和支出

海得拉巴市政法人贫民区发展基金

尽管邦政府和海得拉巴市政法人根据其总体城市改革政策采取了几项新的贫民区发展金融举措，但海得拉巴市政法人在财政支出方面与加尔各答市政法人没有什么不同。海得拉巴市政法人于 2001 年为城市基础设施发展和贫民区发展推出了两个创新的财政方案，使海得拉巴市政法人成为迎接城市挑战的先锋，以实现《2025 年海得拉巴愿景》提出的目标，并使海得拉巴成为一个没有贫民区的城市。海得拉巴市政法人首先根据《海得拉巴城市发展战略》（CDS）设立了一个单独的城市发展基金（CDF），用于发展城市基础设施。城市规划署在不同部门收取的费用现已流入城市发展基金。

表 9.1　不同方案下对贫民区的资金配额　　单位：万卢比

方案名称	2000—2001 年度	2001—2002 年度	2002—2003 年度	2003—2004 年度
基本的最低服务	264	40	150	0
国家贫民区发展项目	963	0	0	400
城市发展项目第八次计划（贫民区、供水、道路、排水）	4	0	0	0
加尔各答城市发展项目Ⅲ	92	0	50	55
第十次财政委员会	440	2 314	0	0
第十一次财政委员会	196	377	100	0
低成本公共卫生	0	0	0	0
国家社会扶助项目	351	334	335	186
贫民区总收入	2 310	3 065	635	641

数据来源：各年份加尔各答市政预算。

海得拉巴市政法人设立的第二个重要基金是海得拉巴城市社区发展和服务基金或城市扶贫基金（UPA Fund），与贫民区发展直接相关。① 由于该基金与财产税挂钩，因此假设随着财产税征收的增加，可以确保资金的持续流动，用于这两个城市的贫民区发展和扶贫，每年向该基金转入 10% 的财产税收入。从 2005 年起，邦政府改变了这种做法，并指示市政机构，包括海得拉巴市政法人，将净资金②中的 40% 用于改善贫民区居民和城市贫民的生活水平，办法是在贫民区提供基本的基础设施和便利设施，并为居民改善生计创造创收机会，因此城市扶贫基金不再仅仅与财产税挂钩。

① 最初，该基金包括以下部分：① 海得拉巴市政法人每年征收财产税的 10%；② 海得拉巴市政法人每年从政府收到的人均年度赠款的 30%；③ 印度政府和邦政府在各种扶贫方案下提供的资金，如建立自营企业或提供有薪就业机会来解决报酬的就业计划（Swarna Jayanti Shahari Rojgar Yojana）、国家贫民区发展方案、促进女童存活率和健康的女童发展计划（Balika Samruddhi Yojana）、首席部长的青年赋权方案（EYP）、阿达什·巴斯提（Adarsh Basti）计划等（MCH，2002：8）。

② 净基金的计算方式为：收入盈余（收益-支出）-转移到储备基金的收入+资本收入-专用赠款-资本项目借款。

该体系预计将进一步增加贫民区发展的可用资源。

但是，尽管做出了这些值得称赞的努力，但是向城市扶贫基金的转移并不具有规律性，正如我们在城市社区发展部预算的资金收据中所观察到的那样。从表 9.2 可以看出，自 2000—2001 年度基金首次设立以来，支出预计将逐步增加。但从该表也能看出，除了第一年，尽管邦政府规定了法定义务，但从城市社区发展部预算中实际上看不到单独的拨款。原因与我们在加尔各答市政法人那里发现的相同：缺乏规律性的资金支持，有时邦和中央政府资金会全部撤回，我们可以在表 9.3 中看到。

表 9.2　海得拉巴市政法人对海得拉巴扶贫基金的转款　单位：万卢比

资金类型	2000—2001 年度		2001—2002 年度		2002—2003 年度		2003—2004 年度	
	修改后的数据	实际数据	修改后的数据	实际数据	修改后的数据	实际数据	修改后的数据	实际数据
对城市扶贫基金的转款	500.00	40.24	600.00	—	1 449.00	—	4 000.00	—
扶贫方案中的市政份额	286.00	100.00	300.00	—	1 000.00	—	9 860.00	—

数据来源：各年份海得拉巴市政法人预算。

表 9.3　城市社区发展部在不同方案下的资金收入　单位：万卢比

方 案 名 称	2000—2001 年度	2001—2002 年度	2002—2003 年度	2003—2004 年度
阿达什·巴斯提方案	0.00	17.50	0.00	0.00
国家贫民区发展项目	0.00	909.60	626.78	42.35
城市扶贫计划	230.35	1 416.07	34.50	21.15
女童发展计划	15.10	0.00	0.00	0.00
城市社区发展	1.28	0.00	0.00	163.75
当地供水和排水	0.00	1 366.00	1 000.00	0.00
印度人口项目（八）	0.00	0.00	71.04	0.00
总计	246.73	3 709.17	1 732.32	227.25

数据来源：各年份海得拉巴市政法人预算。

可以看出，在海得拉巴市政法人总收入中，城市社区发展部实际上并没有做出贡献。该数字显示，尽管海得拉巴市政法人的收入近年来大幅增加，但城市社区发展部的收入份额相对下降。在支出方面，城市社区发展部在2000—2001年度的支出总额占市政当局总开支的1.02%，接下来的两个年份略有增加，但在2003—2004年度又大幅下降至2.59%。因此，我们可以看到，虽然海得拉巴市政法人采取了几项创新措施，注重贫民区发展，但是与它用于城市发展和基础设施建设的预算不断增加相比，用于贫民区的支出占比仍然非常低。

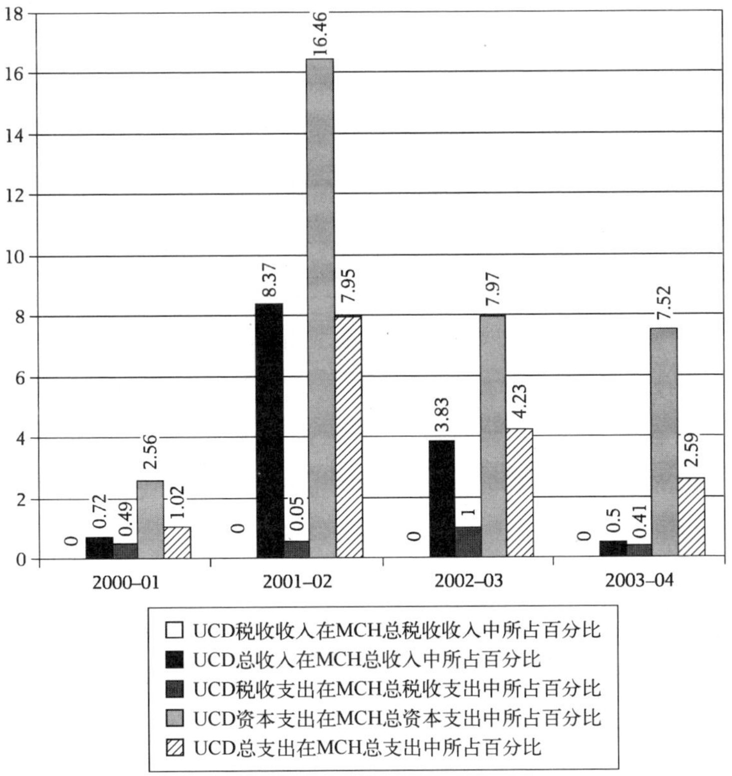

注：UCD是城市社区发展部。MCH是海得拉巴市政法人。
（数据来源：各年份加尔各答市政法人预算）

图9.2　海得拉巴市政法人城市社区发展部的收入和支出

因此，对两家市政法人的财务分析表明，尽管海得拉巴市政法人采取了创新办法来确保资金流动的规律性，而加尔各答市政法人没有发起任何此类创新措施，但海得拉巴和加尔各答市政法人都无法确保贫民区发展的持续收支，因为这两个地方政府对邦和中央政府的财务依赖造成了这种资金的不确定性。①

第五节　社区的作用：参与的结构和形式

社区在低收入地区（包括贫民区）城市服务提供中的作用并不是一个新概念。所谓社区，我们指的是贫民区居民，他们是几个有针对性的方案的受益者。从更广泛的意义上来说，社区参与可以解释为从规划、实施到监测社区基础设施的运行和维护的活动，这些基础设施都是在不同方案中创建的；或者可以被狭义地解释为仅指部分分摊费用，或者仅参与基础设施的运营和维护。社区参与的意义在于，一是增强人民的主人翁意识，二是免除政府日常运营、维护实体和社会基础设施的责任。

事实上，自 20 世纪 90 年代初印度实施自由化项目以来，在《第 74 次宪法修正案》确保的新的参与式政府形式下，对国家作用的重新审视使人们相信，国家应该是促进者，而不是服务提供者。《第八个五年计划（1992—1997）》设想人民（发展方案的受益者）的态度发生转变，从在发展活动中扮演“被动观察者”和“完全依赖政府”（Planning Commission，1992）的角色转变为（人民）自己采取积极主动的态度（Planning Commission，2002），这会促使计划取得更大的成功并具有成本效益。《第八个五年计划（1992—1997）》第一次提到志愿机构和其他人民机构有效参与到微观参与性规划的必要性。然而我们沮丧地发现，《第九个五年计划（1997—2002）》在这方面的进展并不能令人满意。《第十个五年计划（2002—2007）》进一步强调，城市扶贫计划下的社区结构将成为解决城市贫困问题的所有方案的共同模式和基础。这将为穷人提供一个平台，让他们能够谈论自己的需求，讨论共同的问题，并确保需求得到满足。

---

① 如果能够定期保持下去，海得拉巴市政法人试图系统地将其收入的一部分用于贫民区发展，这是值得称赞的。

因此，在互动城市治理模式中，社区在贫民区发展中的作用非常重要。社区将成为积极的合作者，而不仅仅是方案利益的被动接受者，可以通过非政府组织的倡议，或者通过成立自己的社区组织，或者通过几个现有的正式和非正式基层组织参与其中。在本节中，我们将讨论加尔各答和海得拉巴在贫民区发展中遵循的参与模式。

加尔各答的社区参与

在加尔各答，有地方政府或国家执行机构参与的贫民区发展方案是一项新的实践。人们建立了一些机制，让地方组织参与捐助者支持的贫民区发展项目以及政府资助的方案，但当地人的参与并不总是自发的；执行机构也没有表现出让当地贫民区居民参与进来的热情。后来的几项评价研究显示，实际上社区参与的程度并不是那么明显（Bardhan Roy，1993；Ghosh et al.，2003）。事实上，正如巴尔丹·罗伊（Bardhan Roy，1993）在对加尔各答于 20 世纪 60 年代实施的贫民区改进方案（Bustee Improvement Scheme，BIS）的评估中所指出的，贫民区改进方案实施中的一个主要失误是缺乏社区参与。最初，通过在市政法人的每个选区设立地区咨询委员会（Zonal Advisory Committees，ZACs），试图让当地人参与进来。反腐败委员会的成员预计将直接参与该方案的活动。但是，任命这样一个地区咨询委员会的制度在一段时间后就被停止了，这也结束了地方参与的机会。

然而，对加尔各答贫民区参与性治理的性质和范围的调查，使我们更深入地了解了该市的政治文化。就参与地方事务而言，地方一级的政治组织发挥着如此重要的作用。这证实了贾拉（2001：54）的观察，即“加尔各答的公民社会不是我们在印度其他城市中所发现的那样”。虽然人们很少看到正式的非政府组织或有组织的志愿组织，但有许多受欢迎的地方俱乐部或社区组织，被称为公民协会（Nagarik Samiti）、莫哈拉（街道）委员会、青年和文化俱乐部。我们与地方组织的交流互动进一步揭示了，每个地方都有所发展的社区组织主要是印度共产党（马克思主义）的基层单位。30 多年来，该党一直统治着该邦和加尔各答市政法人。这些社区级组织深深扎根于当地人的日常生活之中，并且将贫民区居民的日常问题反映给党内高层，就像地方议员或省议员所做的那样，并保持对这些选民的政治同情，以便在选举时能动员这样一个大票仓。其他政党也试图通过组建类似的组织来为自己开辟一个票仓。但是，执政党强大的组织网络及其在地方权力结构中的长期主导地位使得其他政党建立的组织存在感很弱。加尔各答贫民区联合会（CBF）是参与加尔各答贫民区生活和政策历史最悠久、组织最严密的社区组织。自20世纪50年代中期以来，该联合会一直通过地区委员会和贫民区一级的地方委员会（在较大的贫民区可能有两个地方委员会）组成的布局合理的组织网络来运作。该联合会隶属于印度共产党（马克思主义），在加尔各答市141个选区中的127个选区开展工作。加尔各答贫民区联合会的大部分地方单位已经注册①，与加尔各答市政法人的官员协调工作，举办健康营、拟出扫盲方案、组织药物使用宣传营等。在市中心地区，这些地方单位已经运作了40多年。

还有青年俱乐部、体育俱乐部等，在大多数情况下，它们也隶属于某一政党。凭借自身的政治影响力，这些俱乐部还帮助当地人解决与供水、卫生、排水等相关的城市问题。这些俱乐部中的大多数在贫民区里都有自己的空间，它们经常在贫民区开展活动，如举办健康营、职业培训班、脉冲脊髓灰质炎运动等。

除了这些志愿政治机构网络，另一种参与性治理形式正在通过地方政府赞助的社区结构出现，这对于所有政府和捐助者赞助的方案都至关重要。因此，根据1997年启动的中央支持的城市扶贫计划，由贫民区一级的社区组织、区一级的社区委员会和镇或区一级的社区发展协会②组成的三级社区结构是强制性的。中央城市发展和扶贫部发布的城市扶贫计划要求，任何地方的所有基础设施项目都应与社区发展协会体系的代表们协商进行。然而，尽管有这一强制性要求，即使在10年后，这一社区结构在该市也很难运作。在五个行政区，只有五个社区发展协会由行政区主席或几名议员单独倡议成立。即使中央政府以没有组成社区发展协会为由停止

① 这些组织将定期举行选举，以选举其主席和秘书（Ghosh et al.，2003）。

② 社区发展协会是注册社团，在最高级别开展工作，通过确定、实施、监测和评估项目的受益者，为该方案提供支持。

向加尔各答市政法人提供城市扶贫计划资金，也无法激励 2000 年至 2005 年期间由国大党领导的加尔各答市政法人董事会，或 2005 年之后由印度共产党（马克思主义）领导的董事会，在其余各行政区设立社区发展协会。

我们上面提到的加尔各答地方政治的复杂性是阻碍这种组织成立的因素之一。现有的地方机构负责人认为，这种组织的出现不利于它们在贫民区的权威。无论如何，我们在实地工作中的观察表明，无论这种机构在哪里出现，政府和非政府机构之间的区别往往都会变得模糊不清。这里研究的两个贫民区是加尔各答市政法人的阿特马萨曼（Atmasamman）和斯里尧尼（Srijoni）两个社区发展协会的一部分，分别位于第 3 区和第 13 区。我在焦点小组座谈会上遇到的妇女团体就是这些社区发展协会的成员。有人告诉我们，莫哈拉委员会和印度共产党（马克思主义）公民委员会与社区发展协会在整体上有着联系，这些委员会的大多数女性成员也是社区发展协会的成员。事实上，社区发展协会是议员们动员政治支持的政治平台。这一点非常明显，因为我（2005 年 5 月初）参加的斯里尧尼社区发展协会会议后来转变为即将（2005 年 6 月）举行的加尔各答市政选举召开的选举战略会议。

然而，它们的政治影响力并不能确保像上述基层政党单位那样参与地方事务。事实上，我们在加尔各答对社区发展协会成员的采访，引起了我们对此类机构效力的严重怀疑，这些机构不是自愿成立的，而是根据上述规定设立的。在我们的焦点小组座谈会中，议员和社区发展协会的成员们（当地的贫困妇女）说，除了每月举行会议，他们几乎没有其他职能要履行。他们没有参与该地区正在进行的任何发展工作，也没有人就此咨询过他们，尽管现在必须通过社区发展协会完成所有地方项目。他们的活动仅限于为贫民区妇女成立节俭和信贷团体。社区发展协会成员们还表示失望的是，始于 2002 年的加尔各答环境改善项目（KEIP）背后有亚洲开发银行（ADB）的支持，而作为其中一部分的贫民区发展板块（目的是在加尔各答 100 个市级行政区建设一个示范贫民区）承诺让地方议员和社区参与贫民区有形基础设施的建设、维护和监测进程，但完全无视了社区发展协会成员和当地社区。阿特马萨曼社区发展协会的成员说，在他们的一个选区中，在选择贫民区作为该项目下的示范贫民区时，没有征求社区的意见，他们甚至没有被告知有这个项目。因此，项目办公室为项目选择了两个贫民区——其他方案已经为这两个贫民区提供了良好的市政设施，而没有选择那些需求更迫切的贫民区。

海得拉巴的社区组织

社区参与在海得拉巴并不新鲜，也不像在加尔各答那样走政治路线。社区参与始于20世纪60年代的城市社区发展项目，其前提是社区应该积极参与。在后来的方案中，如海外开发署支持的海得拉巴贫民区改造项目，类似于20世纪90年代的加尔各答贫民区改造项目，参与并不局限于表达硬性需求或项目监测。海得拉巴贫民区改造项目首次强调了社区对基础设施项目和社区资产创造的财政参与。这些活动首先是在贫民区发起的，社区受益者同意提供30%的项目成本（其余来自海得拉巴市政法人的项目资金）。

该社区结构是根据城市社区发展方案建立的，后来根据不同的中央赞助方案进行了修订，被视为海得拉巴所有城市扶贫和贫民区发展方案的基础。1998年，城市扶贫计划启动了八个社区发展协会（分七个圈子），成立了740个社区委员会和5 984个社区团体，作为社区参与的途径。城市社区发展部采取了几项举措，帮助贫民区妇女建立社区发展协会，让她们了解程序和手续，帮助她们选举公职人员，随后帮助她们实施项目，按时支付项目资金，等等。社区发展协会的一位前主席①声称，她在社区发展协会工作得非常好，与城市社区发展部密切合作，参与了贫民区的各种发展工程，如道路、排水、路面建设等。项目成本由城市社区发展部直接移交给社区发展协会。社区发展协会雇用承包商，购买建筑材料，维护账目，并监督工程；还参与了建立自营企业或提供有薪就业机会来解决报酬的就业计划下属的创收项目，为自助团体组织了几个技能培训方案，并促

① 社区发展协会是注册的社团，在最高一级开展工作，通过确定受益者，实施、监测和评估项目，为该方案提供支持。

使其产品在国内外展览会上进行销售。因此，社区发展协会是以真正参与的方式参与到贫民区发展项目中的。

但我们在此必须提及，社区发展协会是在海得拉巴成立的，当时海得拉巴市政法人没有民选机构，由市政专员管理。自从 2002 年举行市政选举后（差了 14 年的时间），新当选的理事会就完全不鼓励社区发展协会的运作。当选的议员们担心社区发展协会将成为他们在当地的平行机构，危及他们作为人民代表的权威。2001 年成立的八个社区发展协会现已解散，因为这些机构的选举从未得到海得拉巴市政法人的允许，尽管过去几年里，中央对城市扶贫计划的赠款曾因此而中断。

然而，尽管社区发展协会在海得拉巴不再发挥作用，但地方组织和地方政府合作在贫民区开展公民活动尤其是挨家挨户收集垃圾这种活动，是受到鼓励的。过去几年里，在城市扶贫计划和非政府组织倡议下成立的几个自助团体参与了贫民区发展项目。1999—2000 年，海得拉巴市政法人发起了雄心勃勃的清除贫民区倡议，每 2 年将目标数量的贫民区改造成充分发展的状态（配备足够的城市设施）。① 第一阶段（2002—2003 年），海得拉巴市政法人选择了 105 个贫民区。每个贫民区都成立了一个由妇女组成的清除贫民区委员会。每个贫民区都有一个非政府组织，帮助动员和培训贫民区居民，并充当海得拉巴市政法人和社区进行联系的桥梁和纽带。贫民区妇女团体承担了监督卫生的工作，海得拉巴市政法人将为此提供一些资金，并提供免费三轮车。有了海得拉巴市政法人和社区的帮助，妇女团体可以雇用人力车夫在门口收集垃圾（MCH，2002）。

海得拉巴市政法人还确定了在不同民事承包商组织下工作的妇女清扫工，并帮助她们在城市扶贫计划下属的城市地区妇女和儿童发展（DWCUA）清扫工小组中进行登记，随后分配了新的清扫任务。我们在进行实地调查

① 根据这一由海得拉巴市政法人、非政府组织和社区团体参与的独特参与计划，每个贫民区最终将成为一个“小城市”，由社区提供基本的城市功能，如卫生、学前教育、成人教育、预防性保健、免疫、产前护理、节俭和信贷、创收等。社区能够维护创建的资产。有人提议在贫民区设立居民税征收员，他们可以向富人征收财产税和使用费，并利用这笔资金促进当地发展。该市政法人将向社区组织提供相应的资金。城市卫生站的医务人员将被指定为工作人员，他们每个人都将负责一两个贫民区。

时，14 个这样的清扫小组正在该市运作。城市扶贫计划下属的其他一些城市地区妇女和儿童发展小组表现得也不错。我们在比比·卡·查斯马观察到，一个由十名成员组成的妇女和儿童发展小组（现注册为健康、环境和扫盲促进协会）为当地的男孩和女孩开办了一个计算机培训中心，该小组负责人是一名合格的计算机专业人员。该组织还根据城市扶贫计划和邦政府支持的拉吉夫·余瓦·沙克提（Rajiv Yuva Shakti）方案，对年轻女孩进行裁缝、手工刺绣和查尔德须（一种刺绣）方面的培训。

社区对海得拉巴市政法人在贫民区宣传的参与性治理的类型有什么看法呢？从旧城案例研究贫民区的女性自助团体焦点小组座谈会的情况来看，人们通常对其所在地区的基本服务没有多少怨言。总的来说，城市社区发展项目向指定的贫民区提供了良好的基本便利设施，尽管城市新老地区的贫民区之间存在分配差异（见第十章）。贫民区有宽阔的铺砌公路，也有自来水供应。他们中的大多数人都有地契，这是拉玛·饶（Rama Rao）执政时在贫民区合法化的时候提供的。因此，当被问及她们认为自己所在地区的优先发展事项时，比比·卡·查斯马和麦加清真寺（我们在这两地也开展了焦点小组座谈会）的妇女团体表达了她们对创收活动的关切，而这些参与性的项目无法确保所有人都能参加这些活动。他们抱怨说，他们在城市社区发展项目指引下成立了自助团体，其中一些人甚至接受了各种技能的培训，但没有获得任何周转资金或贷款来进行创业。马可塔（Maktha）贫民区的自助团体成员和当地议员（该议员是一名泰卢固之乡党女性党员）还抱怨海得拉巴市政法人对该团体漠不关心，没有为成员提供任何技能培训方案；一些女孩在一个夏令营中接受护士培训，但是城市社区发展项目在培训结束后从未帮助她们找到任何工作。

第六节　地方政府—社区纽带：议员的角色

议员的纽带作用

在市政机构中，当选议员被视为社区和市政法人之间的纽带；作为人民的代表，他们对人民的作为（和不作为）负责。贫民区居民是所有议员眼中特殊的选区居民，是潜在的支持者。在《第 74 次宪法修正案》将市政选举作为地方政治的一个常规特征后，议员们更加渴望与选民保持定期联系。但是，这两个城市的议员们对贫民区居民的问题有着同样的回应吗？作为地方政府的代言人，他们是否被授权履行相应的职责？

议员作为纽带的有效性在很大程度上取决于地方民主的成熟程度。在这方面，加尔各答市政法人采用的市长会议制度授权议员代表一个集体机构做决定。自 1985 年以来，加尔各答市政法人定期举行选举，使人民代表更加了解基层人民的问题。此外，自 1985 年以来，一个政党几乎不间断的统治，给了若干议员一次又一次在同一个选区当选的机会，从而增强了他们与人民的联系。[①] 该政党的基层政治机构也使当选代表更容易与人民保持联系。这种情况根深蒂固，议员们甚至从未允许宪法授权的选区委员会在加尔各答成立或运作（Ghosh and Basu，2007）。

在海得拉巴，市政法人的权力结构完全不同，因为在"专员制度"中，邦任命的专员比选举产生的机构掌握更多的行政权力。此外，在 2002 年举行选举之前，海得拉巴市政法人已经有 14 年没有民选机构了。因此，市政法人的大多数工作人员都是新手。作为海得拉巴市政法人和社区之间的纽带，他们在市政管理体系方面缺乏经验，对穷人可获得的不同方案和福利了解得不全，这些都妨碍了他们发挥纽带作用。无论这些市政法人的工作人员的政治派别如何，都仍然受制于行政管理方面的繁文缛节。因此，我所见到的两个受调查选区的两个市政法人的工作人员，分别属于执政党和反对党，却都表达了同样的无助感，并在访谈中倾诉了大量的怨言。第 22 区的市政人员认为：由于她隶属于反对党，她所在的地区被海得拉巴市政法人忽视了；由于海得拉巴市政法人以这样或那样的借口推迟建设，她所在选区选民的养老金没有按时到位，分配给道路建设的市政基金[②]仍未启

① 自 1985 年以来，加尔各答市政法人一直由左翼阵线统治着，这是一个由五个左翼政党组成的联盟，由印度共产党（马克思主义）牵头，在崔纳木国大党 2000 年赢得选举而上台后的 2000 年至 2005 年期间出现了中断。

② 海得拉巴市政法人的每个议员每年有权获得 3 000 万卢比，用于改善其所负责区域的基础设施，但基金不会直接流向个人。该议员只是建议需要做的工作，海得拉巴市政法人官员会开展这些工作。

用；在城市扶贫计划下成立的社区团体在没有周转资金的情况下无法运作；多次向海得拉巴市政法人提出请求，但社区中心尚未建成。这位市政人员也是她所在选区委员会中的政治少数派，选区委员会由代表大会控制。她说，她在会议中提出的当地问题没有得到应有的重视。

第 58 区女议员的状况与反对党的那位市政人员没有太大不同，第 58 区属于印度穆斯林联盟理事会——执政联盟的伙伴。她因不能很好地为人民服务而感到沮丧。她极力批评城市社区发展项目，抱怨她所在选区的贫民区没有认真对待发展活动。她说，虽然城市社区发展项目的预算每年都在增加，但该项目的实施并没有相应的“计划”。当被问及“计划”是什么意思时，她说没有针对穷人的创收项目。自助团体已经成立，但周转资金从未惠及这当中的许多团体。她指责城市社区发展部将资金转到了其他领域。她抱怨说，城市社区发展项目只专注于基础设施发展，没有主动参与社区发展工作，也没有为男孩和女孩的经济发展拿出培训方案。

根据《第 74 次宪法修正案》的授权，市政法人的民选机构应该是全能的，因为议员应对选民负责。市政人员的连任机会在很大程度上取决于他们是否有能力通过各种途径，包括在发展方案下提供福利、接触人民，特别是在地方一级集体投票的贫民区居民。大部分人口生活在贫民区，在这些城市里，贫民区的发展一直是所有政党的主要口号，尤其是在任何选举之前。鉴于我在 2006 年 9 月进行采访时，地方机构的选举将在几个月内（至 2007 年 1 月）举行，市政人员的关切是可以理解的，所以向选民证明他们的价值迫在眉睫。与此同时，城市社区发展部的困境在于，在没有任何民选机构的情况下，长期以来该部完全负责所有扶贫项目，社区仍与该部官员直接联系以解决任何问题。然而从 2002 年起，作为人民代表的议员应成为解决任何当地问题的官方渠道，而当地官员也应对他们负责。因此，议员们多年来在加尔各答形成的根深蒂固的政治影响在海得拉巴还不明显。

第七节　结论

新的城市治理形式强调权力下放和参与，在贫民区发展中并不是一个不受阻碍的概念。我们对两个大城市中的两个主要参与者即地方政府和社区所发挥作用的研究表明，权力下放链中存在机构层级，每个机构都小心翼翼地与较低级别的机构一起塑造自己的权力和威望。在最高一级，中央政府参与所有决策，从构思干预方案到给这些方案提供资金，甚至为社区参与规定一个结构化的体制框架。在邦一级，政府必须遵循中央政府的政策和方案，并决定邦一级的具体政策，从确定贫民区的法律地位到准备邦一级的贫民区发展项目以及与捐助者就资金进行协商。如果不遵守已规定好的规则，中央和邦政府就可以决定停止为方案提供资金。在这个决策阶段，中央和邦政府很少会征求应该实施这些方案的市政法人的意见。尽管扶贫和社会发展规划的职能已经移交给市政法人，但市政法人的工作人员和财政仍然依赖于邦政府。社区在新治理模式中被看作合作伙伴，但选区委员会和社区发展协会等参与性机构完全不受议员们的鼓励，他们担心自己会失去政治影响力。在加尔各答，这些机构未能办起来，因为政治协会履行了代表贫民区居民利益的职能，在这样的背景下这些机构是多余的；在海得拉巴，感觉受到威胁的市政议员们反对这些机构。在这两种情况下，贫民区的发展似乎是城市治理“去政治化”（Chandhoke，2003）过程中遇到的实际困难之一。在基层，贫民区居民几乎没有机会对影响他们生活的决策施加影响。正如我们在海得拉巴看到的那样，社区的参与主要体现为其作为地方政府的代理人，促进选择性服务的供应。因此，贫民区的发展功能违背了有效善政的基本前提之一，帕特南称之为“公民文化”——在这种文化中，参与者通过“互惠和合作的横向关系，而不是权力和依赖的纵向关系”联系在一起（Putnam，1993）。

因此，这一章强调了理论和实践之间的一系列对比：关于国家和中央政府决策权力分散与集中的论述；关于贫民区发展作为城市规划的优先事项与城市预算中对贫民区发展拨款不足的问题；关于参与的讨论与贫民区居民几乎从未同有关其住房权和生计权的重大决策这一事实形成对比，尽管正如哈里斯在对金奈的研究中所说，贫民区居民是“竞选政客的投票站”（Harriss，2007：2722），而且他们的福祉是所有政党言论中的一个重要主题。

参考文献

Bardhan Roy, Maitreyi. 1993. *Calcutta Slums: Public Policy in Retrospect*. Calcutta: Minerva Associates.

Chandhoke, Neera. 2003. Governance and Pluralisation of the State: Implications for Democratic Citizenship. *Economic and Political Weekly* 38 (28): 2957 - 2968.

Dupont, Véronique and Usha Ramanathan. 2007. Du traitement des slums à Delhi. *Purushartha* 26, 'La ville en Asie du Sud', coordonné par V. Dupont and D. G. Heuzé. Paris: EHESS, Paris.

Ghosh, Archana, A. Mukherjee and A. Mitra. 2003. Wealth and Well-being. Impact of Slum Upgrading and Improved Service Delivery to the Poor: The Case of Kolkata. Study Report (unpublished), prepared for the Water and Sanitation Programme (South Asia). New Delhi: World Bank.

Ghosh, Archana and A. M. Basu. 2007. Urban Governance in Kolkata: Actors, Policies and Reforms. Paper presented at a seminar on on 'Urban Actors, Policies and Governance in Four Indian Metropolitan Cities', the Centre de Sciences Humaines de New Delhi (CSH) and the India International Centre, Delhi, 23 - 24 January.

Harris, John. 2007. Antinomies of Empowerment: Observations on Civil Society, Politics and Urban Governance in India. *Economic and Political Weekly* : 42 (26) 2716 - 2724.

Imparato, Ivo and Jeff Ruster. 2003. *Slum Upgrading and Participation: Lessons from Latin America*. Washington, DC: World Bank.

Institute of Social Sciences (ISS). 2008. *Kolkata Development Report — 2007*, Prepared for Kolkata Municipal Corporation, Kolkata.

Jalal, Jennifer. 2001. Decentralisation and Urban Governance in India: A Tale of Two Cities. *Urban Management*. Kolkata: ILGUS, Government of West Bengal.

McCarney, P., M. Halfani and A. Rodriguez. 1995. Towards an Understanding of Governance, in R. Stren and J. K. Bell (eds), *Perspectives on the Cities*. Toronto: Centre for Urban and Community Studies, University of Toronto.

Mohanty, P. K. 2003. City Development Strategy and Comprehensive Municipal Reforms. Working Paper 5, Centre for Good Governance, Hyderabad.

Municipal Corporation of Hyderabad (MCH). 2002. *Budget 2002 - 2003*. Hyderabad: MCH.

Naidu, Ratna. 1990. *Old cities, New Predicament*. New Delhi: Sage Publications.

Planning Commission. 1992. *Eighth Five Year Plan (1992 - 1997)*, *Vol. I*. http://planningcommission. nic. in/plans.

Putnam, Robert. 1993. *Making Democracy Work: Civil Traditions in Modern Italy*. Princeton, NJ: Princeton University Press.

Satterthwaite, David. 2005. *Tools and Methods for Participatory Governance in Cities*.

Report prepared for the 6th Global Forum on Reinventing Government: Towards Participatory and Transparent Governance, 24 – 27 May, Seoul.

Stoker, G. 1998. Public-Private Partnership and Urban Governance, in J. Pierre (ed.), *Partnerships in Urban Governance: European and American Experiences*. Macmillan: New York.

World Bank. 2002. *Empowerment Source Book*. Washington, DC: World Bank.

第十章　孟买和海得拉巴固体废物管理改革：政策融合，独特的过程[①]

玛丽·伊莲·谢拉

在这一章中，我们将研究固体废物管理，特别是生活垃圾收集方面的改革。垃圾收集的性质使得人们在将公共垄断外包出去时具有灵活性，有利于创造可竞争的市场。[②] 甚至在 20 世纪 90 年代初，一些城市地方机构就对这一部门的治理进行了改革（National institute of Urban Affairs, 1999）。这些经验包括金奈引进国际私营运营商（Anand，1999；Srinivasan，2006），海得拉巴引进当地私营承包商（Baud et al.，2004），德里、班加罗尔、艾哈迈达巴德和苏拉特等大城市以及一些小城镇各种倡议和伙伴关系的增多（Asnani，2006）等。城市平均每年的垃圾产生量以 5% 的速度增长，比人口增长速度还快。收入的增加和消费主义造成了废物成分的转变，其中可堆肥废物量减少、塑料和其他不可生物降解材料废物量增加（Asnani，2006）。此外，公众对城市清洁度和高级官员发挥作用的期望更大，促成了这个部门的治理改革，否则该部门将被忽视并受到低效率的困扰（Supreme Court of India，1999）。继 1996 年公共利益诉讼（PIL）之后，最高法院设立了一个委员会，调查固体废物管理问题。它提出了一些与技术、财政、体制和劳工方面有关的建议。最高法院的干预是一个里程碑事件，证实了司法机构在城市治理中的作用日益增强（Dupont and Ramanathan，2009）。在促进伙伴关系（公共—私人或公共—公民团体）、

---

① 我要感谢米塔丽·卡姆哈利亚（Mitali Kamkhalia）女士和马赫什·雷迪（Mahesh Reddy）先生分别在孟买和海得拉巴提供的研究援助。

② 当市场进入和退出成本较低时，市场是存在竞争的，因此与进入和退出成本较高的其他市场（例如水务行业）相反的是，该市场可以吸引竞争对手。

公共管理合理化和体制加强（Supreme Court of India，1999：54）的同时，法院的立场呼应了有关善治的论述，更具说服力。其建议被纳入环境和森林部发布的《2000 年城市固体废物（管理和处理）规则》中，各城市都必须遵守该规则。①

这项研究是基于孟买和海得拉巴的案例比较研究。由于垃圾收集是城市地方机构的法定责任，因而我们能够专注于地方治理本身的决策过程。② 专注于治理方面的研究往往把重点放在新的（和可见的）参与者身上。对这两个城市建立的伙伴关系范围的观察（第一节）也将我们引向了这一方向，并引出第一组问题（第二节）：授予私营运营商和民间社会组织的权限是什么？谈判与合作的渠道是什么？在动员公民方面有什么影响？总的来说，它将告诉我们印度伙伴关系的性质是什么。然而，公共部门仍然是这种多层次治理结构中的核心角色。这使我们进入了分析的第二阶段。一方面，涉及参与者之间协同作用的条件，这一过程中民间社会和机构相辅相成，以创造有利于发展的环境（Evans，1996：1034）；另一方面，涉及公共部门的必要发展（Tendler，1997）。通过将注意力集中在公共部门的工作转变上，坦德勒（Tendler）的方法为研究印度的公共改革提供了一个相应的框架。同样，在讨论应用于服务供应的协同理论时，奥斯特罗姆（Öström，1996：1073）提出的共同供应概念，即"非"同一组织"中"的个人对商品或服务供应做出贡献的过程，强调要保证伙伴关系成功，参与者应具备履行其职责、确保投入以及设计有效激励措施等能力的重要性。我们在最后一节将集中讨论这两个方面，并基于垃圾收集研究呈现出的现象，对这两个市政法人在推动变革、应对新需求、设计新闻指导工具和监管机制方面的能力，以及在这些过程中是否把民选议员包括在内等进行评估。最后，我们将对公共部门改革、伙伴关系日益增强的作用和城市分化之间的关系提出问题，以评估城市治理中的转变是转向增加平等待遇的机会（在社会和空间意义上）还是加大了差距。得出的结论是基于孟买三个行政区和海得拉巴两个选区的实证调查。它是

① 整个印度的遵守情况并不令人满意（Asnani，2006）。

② 本章涉及废物收集，但两个城市都强调运输和处理，特别是海得拉巴。

基于定性访谈、定性和定量调查、直接观察和对居民协会出版的当地通讯的细读。

第一节 政策制定：从公共管理到集体行动

将变化过程联系起来

对这两个城市来说，外部和内部制约因素都助长了危机局势的形成。最高法院命令和《2000 年城市固体废物（管理和处理）规则》迫使市政当局在人口增长和废物越来越多的背景下改善服务。①

布里汉孟买市政法人面临着特殊的困难。郊区的许多道路未曾清扫过；现有垃圾填埋场已经饱和，又没有足够的土地用来建造新的垃圾填埋场；由于交通拥挤和到垃圾填埋场的距离很远，因而服务成本上升。20 世纪 90 年代中期，负责固体废物管理的副市政专员支持住宅区零垃圾产生的概念。从源头减少垃圾和挨家挨户收集垃圾有望减轻运输和处理负担。后来，政府决定采用海得拉巴的私人承包模式，以确保郊区获得相同水平的服务。贫民区的家庭之前都是把垃圾扔进下水道与运河里，或者不得不把垃圾运到定居点外的社区并扔进那里的垃圾箱中。后来经过试验，尝试在居民的参与下组织废物收集（Dalvi，2001），市政当局逐渐为贫民区制定了一项具体方案。

海得拉巴的变革力量比孟买更早开始运作。20 世纪 90 年代初，有 25%～35%的垃圾仍未被收集。有些地区每周只收一次垃圾（Galab et al.，2004）。这种状况不符合奈杜（1995—2004 年任安得拉邦首席部长）想要宣传的形象。② 他在鼓励改革进程方面发挥了重要作用，改革进程被证明是海得拉巴市政法人的一项重要的和大力宣传的政策（Zérah，1999），时间顺序见表 10.1。

---

① 1991—2000 年，孟买人口增长了 20%，而 1994—2001 年产生的垃圾增加了 41%（Rathi，2007）。海得拉巴也出现了类似的趋势：1999—2005 年，垃圾产生量增加了 50%，而人口增长率约为 11%（笔者根据不同的资料来源做出的估计）。

② 肯尼迪（2006）详述了海得拉巴州政府在改革进程中的作用。

表 10.1 重大事件

年份	总体（对于整个领域而言）	孟买	海得拉巴
1993	—	—	自愿垃圾处理方案（VGDS）*
1994	—	—	私营领域的道路清扫和垃圾收集**
1996	公共利益诉讼（艾尔米特拉·帕特尔及其他与印度联盟）	—	—
1997	—	高级地方管理方案	—
1999	最高法院委员会	—	改善私营领域的道路清扫和垃圾收集计划："单位体系"
2000	《2000年城市固体废物（管理和处理）规则》	—	—
2001	—	贫民区改造方案	—
2002（2000年开始）	—	海得拉巴模式下的劳动力重组和特勤官员的引入	—
2005	—	指定选区助理环境工程师	—

资料来源：笔者的调查。

注：* 详见第九章。

** 1994—1999年，政府一直在努力改进这一制度。它从属于最低投标人的合同（直到1996年）发展到固定数量的合同（直到1999年）。前两个计划的漏洞促成了目前的制度的出台（Broekema，2004；Zérah，1999）。

移交服务供应的新方案

海得拉巴和孟买都没有垃圾收集税（或费用），这项服务完全由市政预算提供资金。同时，招聘冻结限制了增加劳动力。这两个制约因素是改革进程中的重要驱动力，改革的目的是脱离城市地方机构并降低服务成本。

海得拉巴保持清洁的模式是将清扫和清洁工作委托给小型私人承包商与非政府组织。在海得拉巴，一些单位由社区团体或居民福利协会管理。[①] 在索玛吉古达，一个居民福利协会运营一个单位。在自愿垃圾处理方案（Voluntary Garbage Disposal Scheme，VGDS）实施中，居民福利协会负责组织人员上门收集。他们雇用三轮车车夫收集垃圾，并激励家庭承担服务费用。孟买启动了高级地方管理方案，模仿居民团体倡议的模式（Redkar，2005）。与此同时，人们呼吁增强公民意识（Municipal Corporation of Greater Mumbai，2001）。在住宅区和中产阶级地区，这种伙伴关系并没有制度化。相反，贫民区改造方案通过分包形式将权限交给社区组织。

这些方案表明了孟买和海得拉巴的政策趋同，大趋势是把纯粹由地方政府管理的服务转向集体参与。这一进程依赖于各种类型的伙伴关系，赋予民间和私人参与者更大的作用，以及正式和非正式的体制安排。这些方案的相似性反映了城市之间关系的多元化以及对城市管理国际规范的接受。通常，参与性方案的前提是社区有一定的社会资本，社区组织是其成员的代表，能够支付服务费用。[②] 第二个共同点是行政部门在决策中占主导地位。这些方案的设计是印度行政部门高级官员的成果，自实行改革以来，他们一直与国际顾问和专家密切合作（Mahadevia，2003）。[③] 因此，这些方案理应由行政机构管理、协调和监测，当局的支持非常有限，而且在决策过程中被忽视了。他们被纳入孟买的贫民区改造方案只是社区组织的授权，社区组织含蓄地承认了其对当地情况的了解。在实施方面，孟买的分散程度更为明显，具体的责任细分到区一级（向社区组织授予合同和支付款项，与高级地方管理团队举行协调会议，管理海得拉巴方案）。管

---

① 它们是位于贫民区的妇女团体，被称为城市地区妇女和儿童发展组织（DWUACA）。

② 大多数参与性方案都积极看待社会资本，认为它是社区、信任和互惠规范内的一套关系，可以用来提供公共物品。伍尔科克和纳拉扬（Woolcock and Narayan，2000）详细阐述了不同类型的社会资本的作用。尽管这种综合强调了一些与社会资本有关的问题，但它属于帕特南传统中对社会资本在经济发展中的作用的乐观看法。

③ 五个方案中有三个是由印度行政部门的一名官员发起的。

理选区的市政专员在其选区中发挥重要作用，并得到最近设立的助理环境工程师这一职位的支持，以增加固体废物管理方面的专业知识。全市三名“特勤人员”也支持参与性方案，其中两名来自社会科学领域，而不是工程师。这与海得拉巴形成鲜明对比，海得拉巴的指挥体系仍然集中，行政部门的责任有限。[①] 这种差异可能部分归因于这个城市的巨大规模。

方框 1　所研究方案的说明

海得拉巴“单位体系”（在海得拉巴和孟买）

市政法人的区域被划分为统一的单位。每个单位有 7~8 千米（孟买是 9 千米）的道路需要清扫，还会产生 7~8 吨废物。每个单位又由一个清扫单位和一个垃圾运送单位组成。设备和人员方面的要求由市政府确定。单位成本由市政法人根据工资和设备成本计算。该合同规定了固定利润率（8.5%），而且是短期的。合同采用抽彩给奖法授予。

海得拉巴 70%的土地都在该方案的覆盖范围内，每七个月续签 166 份合同。在孟买，该方案在郊区实施。另一个方案是“操控和清扫”，涉及主要道路。它还具有短期合同和严格规范的特点。

自愿垃圾处理方案（VGDS，海得拉巴）

该方案鼓励挨家挨户收集垃圾和减少社区垃圾箱。在任一居住区，居民福利协会都可以向市政法人申请启动自愿垃圾处理方案（需要一套简单的文件）。市政法人免费提供三轮车，协会必须雇用人力车夫。服务费用从 10 卢比到 20 卢比不等，由该地区的每家住户按月支付。该方案在海得拉巴统一适用。

贫民区改造方案（孟买）

该方案旨在确保废物收集和妥善处理，重点是公众参与。以社区组织为代表的社区在市政法人的有限支持下负责实施该方案。每个贫民区改造方案由一个社区组织负责管理，为 200 个家庭提供服务。市政法人为社区组织提供为期 3 年的支持性赠款。随着时间的推移，补助金数额会减少，直到社区组织能够通过每月从居民那里收到的款项（每月 10 卢比）来资助自己。只要符合某些要求（对该地区以往的经验和登记文件进行调查），任何社区组织都可以申请实施这一方案。社区组织将会雇用社区成员。行政责任（包括与社区组织的互动、评估、发放补贴）会下放到区一级（更多细节请见 Desai and de Wit，2006）。

① 海得拉巴市政法人在行政上分为 7 个区，而孟买有 24 个行政区。

高级地方管理方案（孟买）

高级地方管理团队是代表一个建筑或一组建筑的微观层次的组织，覆盖一条或两条小巷。它们已注册并获得注册号码，但没有向负责信托或慈善组织的法律机构注册。这种登记既不赋予它们法律地位，也不赋予它们任何义务。高级地方管理方案的供资因单位而异。它们要么向其成员收取月费，要么依靠捐款（见表 10.2）。总的来说，一些活跃的成员管理着这个方案，并承诺会挨家挨户收集垃圾，将垃圾分类，并将可生物降解的垃圾制成堆肥。作为回报，行政当局会优先考虑慈善组织的投诉。目前有 648 个高级地方管理团队，但只有 150 个处于活跃状态（见 Nainan and Baud，2009；Zérah，2007b）。

第二节　评估实际过程和结果

服务供应的相对改善

自 20 世纪 90 年代以来，家庭垃圾收集有所改善，部分原因在于以前的忽视和如今采取的积极政策。海得拉巴连续六次获得住房和城市发展有限公司（HUDCO）授予的清洁城市奖，经常被誉为“最佳实践”案例。[①] 事实上，从数量上来说，道路清洁工作中的 70% 由私营部门处理，几乎无重大反对意见（Broekema，2004）。[②] 然而人们并不知道谁真正负责清扫道路（见表 10.3），这证实了我们关于公共部门继续处于核心地位的假设。根据官方数据，自愿垃圾处理方案的覆盖面正在扩大。认为这两个方案运作良好的受访家庭大约占 70%，因此不满程度也较低（见表 10.4）。此外，与 10 年前相比，海得拉巴的总体情况是乐观的：发现道路更加清洁的家庭占 63%，发现垃圾收集有所改善的家庭占 75%。但是，索玛吉古达和苏丹沙希之间的差异很大。调查显示，苏丹沙希的主干道路的清洁情况令人满意，表示内部道路和他们居住的街道从来没有清洁过的约占 50%（相比之下，索玛吉古达居民表示自己居住的街道得到了清洁的占

① 住房和城市发展有限公司是印度政府的一家国有企业，负责资助住房和城市基础设施项目。

② 这个方案开始实施时，反对意见很强烈。然而市政法人在首席部长的持续支持下，与工会进行了谈判，但没有违背其决定。

70%）。在废物处理方面，服务供应上的类似差异也是显而易见的。尽管服务有所改善，但是苏丹沙希的满意度仍然较低。上门收集垃圾的做法也不太流行。造成这些差异的原因有两个（相互关联）。第一，在索玛吉古达，该区域之前由一个有组织的居民福利协会管理了几年。这种情况适合市政当局，它们每七个月续签一次合同。第二，这是一个非常显眼的区域，高档住宅区通常受到更好的监督和监管（Zérah，1999）。

在孟买，官方数据显示项目数量有所增加，但这些项目被视为不可靠的。海得拉巴模式已经扩展到所有郊区的选区。2001 年，当开始实施贫民区改造方案时，布里汉孟买市政法人纳入了 87 个贫民区，代表 100 万贫民区居民；2006 年，官方数字上升到 961 个贫民区，代表 450 万人。[①] 正如莱德卡尔（2005）所指出的，以前许多居住区没有服务供应，贫民区改造方案是向前迈出的明确一步。尽管贫民区之间和贫民区内部差异很大，但我们的观察以及德赛和德·威特（Desai and de Wit，2006）的观察都证实了这一点。关于住宅区，从 1997 年开始，高级地方管理团队的数量稳步增长，在 2000 年达到了高峰。2006 年，估计有 648 个高级地方管理团队，但如前所述，其中活跃的团队约为 150 个。此外，并非所有选区都有该方案。大多数接受采访的高级地方管理团队成员都认为他们当地的环境发生了积极的变化，但这反映出在所研究的一个 K 西选区里，高级地方管理团队的成员都积极地参与了进来。这是一个局部现象，我们将在以后讨论。除此之外，在固体废物管理方面，K 西选区被普拉贾（Praja）评为表现最差的选区。普拉贾是一家志愿组织，对当局（并代表当局）进行定期调查。关于固体废物管理，满意度低于 50%，其中对该部门的投诉占对当局投诉总数的 13%，这表明孟买远未获得足够的服务。[②]

私有化：以低成本扩大服务和增加劳动力的权宜之计

对合同条件和私有化实施的审查表明，私有化主要被视为增加廉价劳动力的工具。首先，在海得拉巴，尽管服务有所改善，布罗伊科

① 这些由当局编制的数字在 www. karmayog. com 已有更新，然而人们对于两种方案的各种估计是并存的。

② 同上。

玛（Broekema，2004）认为生产力和效率有所下降，因为私人承包商使用性能差的手动设备，无法进入转运站。私营部门劳动者的工作条件大部分解释了每个单位运营成本降低的原因，因为市政部门雇员的工资比私营部门劳动者的工资高三倍，而且私营部门劳动者被雇主剥夺了各种福利①。尽管与市政部门雇员形成了这种对比，但私营部门劳动者获得的机会和保障都比以前的工作更好（Broekema，2004）。有了持续监控，单位系统运行良好。“清洁海得拉巴”的形象迫使市政部门雇员在市政专员施加的压力下，确保私立部门劳动者高质量地完成工作。此外，私营公司归邻近村庄的小型承包商拥有，他们依靠这些合同谋生。

其次，除了劳工方面的类似问题，孟买的情况略有不同，而且模糊不清，因为公共记录（关于承包商和运营成本）不透明。在S选区，私人承包商的名单是错误的，唯一确定的承包商实际上是取代了一个熟人。在K西选区，只有在一个有影响力的承包商给了我们一些信息后，我们才能采访其他承包商。这突出了各种类型的关系网的重要性。由于利润率很低，规模较大的承包商将这一方案作为对政府的一种服务，“只是为了在市场上保留自己的名字”，目的是签订更大的合同，并维护自己在孟买承包系统中的地位。② 其他一些承包商更接近海得拉巴的情况，对利润微薄感到满意。通常，他们将业务集中在一个选区，同时管理单位系统和贫民区改造方案（F-North）。监控机制是分散的，取决于初级工程师和承包商之间关系的性质。它为“朋友间的小安排”留出了空间，这取决于特派市政专员对选区机制的控制。

最后，在这两个城市中，议员的作用微不足道。它只限于广泛的监督，在某些情况下，还要求为党捐款。因此，尽管声称效率更高，私有化最终还是复制了以前的公共承包形式。合同的严格规范和短期性质并不是要利用私营运营商的潜力，而是要降低运营成本，因为私营运营商并没有获得什么激励来发挥作用。因此，它吸引了能够通过社交网络管理劳动力的承包商，但它不是提高生产力或技术效率的机制。

① 这里指劳工国家保险和公积金。合同规定了有关劳工的规则，但市政主管更关心服务效率，而不大关心遵守劳动规则。

② 根据我们的采访以及其他消息来源的证实，有一系列分包商的四家大公司获得了当局大部分的大型投标项目。

低收入社区的虚假参与

毫不奇怪，在贫困地区，市政当局被视为具有重要作用。在孟买的贫民区改造方案中，市政当局向社区组织提供非正式支持以获得合同和执行合同。市政当局为其政党成员领导的社区组织或与其有工作关系的社区组织提供担保。通常，社区领导参与社区活动，有某种政治联系或与政治领导保持友好关系。在某些极端情况下，议员实际上采用了贫民区改造方案，并以社区组织的名义管理该方案（“是的，我知道贫民区改造方案，而且我还负责管理”）。[①] 在海得拉巴，情况有所不同，因为自愿垃圾处理方案没有多少财政利益，议员的权力有限。然而对自愿垃圾处理方案申请的快速审读表明，其中大约50%是用市政当局的信头写的。这是海得拉巴少有的市政议员干预的地区之一。

德赛和德·威特（2006）强调初级工程师也有助于社区组织提交申请，因为社区领导以前经常与选区管理人员互动。这种情况在市政当局、社区组织和行政部门的较低层之间产生了联系，导致评价过程中出现欺骗行为。市政当局可以支持社区组织或展示其妨碍社区组织的权力。市政当局有关领导可以影响他反对的社区组织的黑名单，即使第一次是正面评价，之后他可能又与谁闹翻了（如果社区领袖改变了其政治忠诚），也会将其加入黑名单。这进一步破坏了由于工作量过大而没有得到适当执行的监测过程。此外，虚假罚款和选区管理部门延迟支付给社区组织的行为创造了一个复杂的回扣链（部分原因是总部延迟支付资金）。社区组织需要支付一些钱[②]来加快这一进程。尽管家庭的财政参与有限（根据德赛和德·威特2006年的数据，大约为30%），大多数社区组织领导却公开将贫民区改造方案作为一个赚钱的项目。

贫民区改造方案的管理层面分析了这一明显的矛盾。这是社区组织的另一种形式的分包，其基础是灵活但报酬低且装备简陋的劳动力。比海德（2006）的说法令人信服，该方案削减了就业劳动力，并创建了一个大型

---

① 采访于2006年2月在S区进行。

② 在某些情况下，高达给予社区组织的资金的很大一部分。

社区组织卡特尔，一定程度上会排挤较小的组织。它与私人承包商方案产生了强烈的共鸣。事实上，在一些选区里，同样的人依靠分配到不同地点的一些工人来运营这两个项目。

最后，关于更高参与度和微观就业的主张（如该方案手册所述）被驳回。除了个别几个例子外，参与治理没有实质性的进展。[①] 社区组织没有代表性，因为家庭层面不知道这些方案的存在，而且它们在决策过程中也没有发言权（field wor；Desai and de Wit，2006；Bhide，2006）。同样，在海得拉巴的苏丹沙希，我们没有发现任何实施自愿垃圾处理方案的痕迹。挨家挨户的垃圾收集是由人力车夫完成的，他们与社区组织没有什么联系（见表 10.5）。[②] 贫民区改造方案还表明，去集中化在本质上并不是积极的。贫民区改造方案在选区一级的管理实际上一直是客户化和寻租形式的私有化，这是贫困住区服务供应机制的特点（Devaranjan and Shah，2004）。垂直政治庇护仍然是弱势群体或弱势个人的主要庇护手段，哈里斯（2005）在德里证明了这一点。

居民区的动员和精英掌控

居民福利协会在各住宅区参与固体废物管理活动的流程是否不同？在海得拉巴，索玛吉古达居民福利协会展示了一个成功的合作服务案例。其所提供的服务质量良好，与政府之间存在信任关系（良好的评估和定期续约），并且它还是一个稳定的财务上可行的组织，多年来都雇用相同的员工。在孟买，高级地方管理方案是当局支持（34%）和应对具体问题的结果，通常与清洁度（42%）有关（见表 10.6）。尽管这是它们的主要目标，但继续进行垃圾分类的高级地方管理方案占比不到 50%，其数量在过去几年有所下降。这种失败（从当局的角度来看）的部分原因在于缺乏行政合作、缺乏激励措施以及难以长期动员居民。一旦一个特定的目标实现了，一些高级地方管理方案就不复存在了。然而，在高级地方管理方案发挥作用的地区，活跃的成员利用他们的谈判能力，对政府持续施加压力。

---

① 我们遇到了一两个这样的方案。

② 一些采访表明，占比达 50%的人力车夫由私人操控。

每月的选区会议是讨论当地问题的主要平台。关于地方问题的会议过程可能会比较烦琐，但重复地进行沟通互动也会产生积极的结果。这促成了一些领导者的出现，他们在高级地方管理方案中扮演着协调角色。他们在每月会议期间充当调解人（制定明确的议程，对问题进行分类，对官员表现出建设性态度）。此外，高级地方管理团队的成员除了扮演监督者的角色外，还展示了特定的专业知识。反专业人员调查了市政雇员的传统态度。最后，月度会议迫使市政雇员对公民的关切做出更积极的回应。

在这两个城市中，这种建立人际关系的能力是基于这些群体的代表和政府之间的社会关系密切。居民团体的成员被赋予了大量的政治资源，如时间、金钱、人脉以及演讲能力。例如，在海得拉巴，居民团体的成员们正在与市政当局讨论一项谅解备忘录，将责任进一步下放给居民福利协会。

因此，孟买的高级地方管理团队的成员和海得拉巴的居民福利协会的成员倾向于绕过市政当局，从某种程度上来说，他们与当选议员的关系有限甚至有冲突。在孟买，市政当局权力更大，大多数冲突都与清理小贩和非法建筑有关，因此为高级地方管理团队的成员所熟知。高级地方管理团队依靠公共利益诉讼来对城市空间实施某种形式的控制。为了在这种城市级别的问题上发挥作用，海得拉巴和孟买的居民团体与其他著名非政府组织建立了横向联系，这些非政府组织主要处理诸如公民治理、保护绿地以及最近的政治改革等问题。最近，这些对当地政治家非常挑剔的团体开始参与到政治层面的治理问题中来。孟买的高级地方管理团队设计了不同的策略来动员选民。在K西区的一个选区，高级地方管理团队还推出了一名独立候选人，之后该候选人还当选了（Zérah，2007b）。在海得拉巴，居民福利协会联合会正在考虑影响市政选举的战略，证实了城市之间交流经验的现象正在增加（Zérah，2007a）。

然而这两个城市中的这些群体只是在较富裕的地区被动员了起来，这仍然只是一个局部现象。尽管如此，也是由于他们主动接近政府以及英语媒体对其积极的新闻报道，使其受到的关注程度较高，因此而受益。这表明，一部分富裕的阶层能够在新形式的城市治理中占据战略地位，因此这一过程可能会出现精英掌控的局面。

第三节 市政府的变革与持久特征

第一个也是最重要的问题涉及行政集中和公共部门改革变化之间的关系。市政法人虽然采取了一些形式的去集中化措施，但其决策过程仍然高度集中。传统上，选区级工程师无权支付任何资金，最重要的决策是在总部一级做出的，在实施过程中非常依赖各部门的负责人（尤其是在海得拉巴）。目前，影响公共部门绩效的方式有很多。首先，在现有系统中，选区的行政能力主要取决于助理市政专员的领导能力（Pinto and Pinto，2005）及其与当选议员之间的平衡。考虑到管理职位的高更替率，这不利于稳定。其次，它强化了官僚机构中精英的重要性。有关方面很少关注较低层次的人员，他们除了得到特别职务官员的支持，没有接受任何培训，无论是技术培训还是与参与和监测等问题有关的培训。坦德勒（1997：137）在研究巴西政府改革时强调了市政雇员中“选定”（雇员们明白他们是被选定专门做这一工作的，因此负有特殊责任）在提高工作绩效方面的重要性。这也与精英管理（Tendler，1997：26－29）和扩大就业（Tendler，1997：138－139）的作用有关。在这两种情况下，工人可获得激励和灵活性，可以超越其分配的任务进行思考，并扩大其职责范围，这也是长期建立用户信心的一个途径。在垃圾收集这样一个已经被忽视的行业，清扫工和拾荒者的工作条件非常恶劣，这是一项艰巨的任务。不过，一些监督检查专员也指出了这些工人们由于无法得到晋升而消极怠工的问题。这突出表明孟买和海得拉巴不重视实施新方案和伙伴关系方面的问题（海得拉巴的水务局除外，Davis，2004）。最后，我们认为，这一被遗忘的治理改革导致所参与的进程存在弱点，主要表现在监管和协调两个方面。以下两个例子就能说明这些问题：监管是基于现场走访和检查，没有任何评估参考框架，专业知识和动机水平不足限制了排名较低的工程师评估这些非传统方案的专业知识。它要么以常规方式（海得拉巴）完成，要么作为一个临时过程（孟买）完成。协调需要采取一些举措来重组区级业务，然而并没有给不适应新情况的市政雇员提供激励措施。例如，在贫民区改造方案中，有关方面没有就垃圾箱的清理问题与社区组织协调好，破坏了在贫民区内所做的努力，不过议员和工程师之间的主动接近可能有利于情况的改善。

第二个关键问题涉及公务员、服务终端用户和当局之间关系的转变。首先，贫困地区没有合作生产。相反，我们已经证明，这些以社区为基础的方案保持了客户化的进程。其次，在居民区，“共同生产”使一些居民福利协会能够参与官僚决策过程。然而，实际上没有能力共同提供公共物品的居民协会声称要共同制定决策，并和政府一样受到平等对待。事实上，它们有助于推动从公共物品向专有物品的转变，而专有物品是指那些有能力支付的社区成员才能获得的。因此，精英掌控参与的过程，这个问题是孟买和海得拉巴的共同趋势，而这个趋势越来越强。最后，除了对权力下放的影响和议员的作用进行简单分析，议员们还没有在印度城市治理的转型中找到一个明确的空间，这就意味着与民主化相关的问题比较复杂。关于印度城市地方机构的文献强调了两种地方政府治理模式（Pinto，2000）：加尔各答模式中，市长手握重要的权力，专员制度将大部分权力掌握在市政专员和行政部门手中；海得拉巴是议员边缘化的一个明显例子，这根植于地方政府的历史，也体现了分权修正案的局限性（见第三章）。长期以来孟买的公民政治生活一直比较活跃，但由于行政部门需要接纳当选的议员，因而那里的形势更加矛盾。这体现在孟买当局的日常运营中，至少我们在选区一级观察到了这一点。在城市一级，当局不讨论他们影响预算和政策决策的能力。他们坚持认为，预算只有在地方议会投票通过后才能获得批准，这使得他们对政府已经做出的决定几乎没有发言权。在选区一级，议员们认为给他们的拨款不足，但也认为《第 74 次宪法修正案》赋予了他们更多的权力。他们对权力的概念主要与在自己选区“完成事情”的能力有关：“仅仅统治并不是权力。如果议员提出观点，而官员去完成了，这就是权力。”[①] 另一名议员夸口说，他有能力为自己的选区获得更多的资金，远高于一名议员或一名立法会议员所能调动的资金额度。虽然这种地方权力可以从当选议员的地位衍生出来，但往往也会

---

① 采访于 2005 年 11 月进行。

取决于其他因素①。行政部门和议员之间矛盾而多变的关系反映在实施垃圾收集计划的过程中。许多市政雇员强调了贫民区改造方案产生的既得利益，而其他人则强调议员与行政部门一起进行的每周检查以及当地对企业的了解。行政部门习惯于定期与议员沟通交流。尽管企业和行政部门之间的关系往往不健康，但这种相互接近在孟买可以得到积极利用。

与城市治理转变相关的第三个也是最后一个问题涉及减少社会差异和空间差异的能力。我们对不同选区的研究揭示了不同的集体行动模式，这取决于行政部门的反应、公民团体的声音和选区人口的社会经济构成。在孟买的F区北部，政府首脑和议员之间的权力平衡传统上更倾向于前者，而政府首脑也不鼓励创新形式的服务供应（见表10.7）。在K区西部，居民团体得到充分动员，以确保更负责任的运作模式。在较贫困的S区，客户化和对用户以及私人承包商的赞助占主导地位。除了这些差异，富裕选区的专业化水平和服务供应的手段（例如计算机系统和辅助人员）也比其他选区好。在海得拉巴，索玛吉古达的中产阶级选区和苏丹沙希的老城区之间也有类似的差异。在这两个城市，政府对中产阶级地区的反应更为积极（在孟买派驻更好的官员，在海得拉巴授予合同，着眼于与用户的合作程度）。在中产阶级地区，居民福利协会希望最大限度地参与决策过程。这些变化和发展非常重要，尤其是在公共行动向差异化服务提供机制转变的时候。贾格林（2005）从理论上解释了治理的这一空间重组方面的模糊性，一方面可以保证在一定程度上满足城市居民的不同需求，另一方面也可能导致对用户的不平等待遇、精英对公共服务的掌控，以及增加治理的复杂性。我们对过去10年生活垃圾收集服务提供机制演变的分析表明了相互矛盾的趋势。如果说孟买郊区想尝试迎头赶上，那么富裕的郊区似乎正在收获新计划的大部分好处。在海得拉巴，老城区仍然延续着它的传统，服务水平没有任何提高，而主要的焦点是新的中产阶级地区。这表明我们需要认真看待社会和空间差异的演变形式。

第四节　结论

对于服务结果的第一个评论是，在最高法院的施压和中央政府政策、

① 其中，如强大的地主地位、党内地位、社会经济地位以及与强大游说团体有联系。

当地管理规定的限制下，家庭垃圾收集方式确实发生了变化，然而仍有许多不足之处需要解决。此外，与固体废物管理链中其他部分的整合仍然是一个明显的缺失环节。

第二，新政策按照善治议程的规定重新分配了角色和责任，形成了包括私人参与者和人民参与治理的方案。然而这些方案的具体实施描绘了意想不到的结果和远离设计方案的现实情况，特别是随着新权力关系的出现以及其他权力关系的维持。一方面，参与治理促成了因群体的社会经济身份不同而不同的进程。在贫民区，参与治理几乎完全没有意义，甚至似乎是一种模糊的私人分包形式，至少在孟买是如此。另一方面，代表居民区利益的民间组织，特别是富裕的居住区，从其获得的新能力和角色中得到了巨大利益，并利用透明度和问责制满足了要求。在孟买，此类民间组织在政治领域采取了进一步的行动，并在当地民主的复兴中发挥了作用。需要指出的是，私营部门参与治理的工具没有发挥其潜力。这证实了当局治理向合作治理的转变，与其说是对自身重组提出要求的战略转变，不如说是受约束而做出的选择。

第三个结论与公共部门机制有关。它在自我转型方面似乎相当薄弱。与孟买相比，海得拉巴在确保公共部门平稳运行方面表现更好，这表明有效控制和权力下放之间的关系并不简单。问题在于这两个层面的行动之间需要取得平衡，以便提高效率和减少寻租方案，这似乎是孟买治理的特点。

第四，政治权力下放有一定的影响。尽管有《宪法修正案》，但在孟买这个地方政府的历史上，市政民选委员们仍被排除在管理机制之外。在海得拉巴，听说民选委员们在固体废物管理决策中有些发言权。这虽然与孟买的情况不同，但委员们的作用也大多局限在自己选区范围内，尽管选区是政治生活革新的地方。

第五，在孟买和海得拉巴这两个城市中，空间差异似乎是一个不变的特征，新形式的治理过程似乎为居民能够监管和控制新方案的领域提供了保障。这些地方主要集中在城市中的传统富裕地区，也是有发言权的新中产阶级居住的地区。

附录

表 10.2　高级地方管理团队（简称“团队”）的特征与活动

	F 区北部			K 区西部			S　区			总　计	
	计数/个	列比/%	行比/%	计数/个	列比/%	行比/%	计数/个	列比/%	行比/%	计数/个	列比/%
团队的数量	4		3.8	21		80.8	1		3.8	26	100.0
团队是否注册？											
否	2	50.0	7.7				1	100.0	3.8	3	11.5
是	2	50.0	7.7	21	100.0	80.8				23	88.5
总计	4	100.0	15.4	21	100.0	80.8	1	100.0	3.8	26	100.0
成立团队的原因											
解决特定问题	3	75.0	11.5	7	33.3	26.9	1	100.0	3.8	11	42.3
布里汉孟买市政法人倡导	1	25.0	3.8	8	38.1	30.8				9	34.6
其他团队的例子				2	9.5	7.7				2	7.7
报纸中出现过				1	4.8	3.8				1	3.8
特殊事件				1	4.8	3.8				1	3.8

续 表

	F 区北部			K 区西部			S 区			总 计	
	计数/个	列比/%	行比/%	计数/个	列比/%	行比/%	计数/个	列比/%	行比/%	计数/个	列比/%
印度善治和网络行动倡导				2	9.5	7.7				2	7.7
总计	4	100.0	15.4	21	100.0	80.8	1	100.0	3.8	26	100.0
与其他非政府组织的关系网											
无				2	9.5	7.7				2	7.7
与其他团队				2	9.5	7.7				2	7.7
与其他居民联盟				2	9.5	7.7				2	7.7
与印度善治和网络行动	1	25.0	3.8	9	42.9	34.6				10	38.5
与两个协会				2	9.5	7.7				2	7.7
超过两个	3	75.0	11.5	4	19.0	15.4	1	100.0	3.8	8	30.8
总计	4	100.0	15.4	21	100.0	80.8	1	100.0	3.8	26	100.0
垃圾分离											
否	1	25.0	3.8	9	42.9	34.6				10	38.5

续 表

	F 区北部			K 区西部			S 区			总 计	
	计数/个	列比/%	行比/%	计数/个	列比/%	行比/%	计数/个	列比/%	行比/%	计数/个	列比/%
是	1	25.0	3.8	10	47.6	38.5	1	100.0	3.8	12	46.2
废弃	2	50.0	7.7	2	9.5	7.7				4	15.4
总计	4	100.0	15.4	21	100.0	80.8	1	100.0	3.8	26	100.0
团队活动资金											
来源于活跃用户				6	28.6	23.1				6	23.1
每人缴纳资金	1	25.0	3.8	13	61.9	50.0				14	53.8
家庭税款+团队征税				1	4.8	3.8				1	3.8
节日的通讯或广告订阅	3	75.0	0.111	1	4.8	3.8				4	15.3
无资金							1	100.0	3.8	1	3.8
总计	4	100.0	15.4	21	100.0	80.8	1	100.0	3.8	26	100.0

数据来源：笔者的调查(2006)。

注：表内数据悉遵原版加以列出。由于统计过程中存在四舍五入现象，因而个别地区的个别项目的分项比例之和存在不足或大于100%的问题。特此说明。——译者注

表 10.3　海得拉巴道路清洁与清扫

项目	选项	选区						总计	
		索玛吉古达			苏丹沙希				
		计数/个	行比/%	列比/%	计数/个	行比/%	列比/%	计数/个	列比/%
谁负责街道清洁工作？	市政法人	30	44.8	69.8	37	55.2	62.7	67	65.7
	私营承包商	6	40.0	14.0	9	60.0	15.3	15	14.7
	无人打扫	0	0	0	2	100.0	3.4	2	2.0
	不知道	7	38.9	16.3	11	61.1	18.6	18	17.6
主干道路清洁了吗？	每天打扫	41	51.3	95.3	39	48.8	66.1	80	78.4
	隔天打扫	1	20.0	2.3	4	80.0	6.8	5	4.9
	很少打扫	1	12.5	2.3	7	87.5	11.9	8	7.8
	从不打扫	0	0	0	9	100.0	15.3	9	8.8
内部道路清洁了吗？	每天打扫	37	72.5	86.0	14	27.5	23.7	51	50.0
	隔天打扫	3	33.3	7.0	6	66.7	10.2	9	8.8
	很少打扫	2	15.4	4.7	11	84.6	18.6	13	12.7
	从不打扫	1	3.4	2.3	28	96.6	47.5	29	28.4
门前街道清洁了吗？	每天打扫	30	71.4	69.8	12	28.6	20.3	42	41.2
	隔天打扫	2	66.7	4.7	1	33.3	1.7	3	2.9

续 表

项 目	选 项	选 区						总 计	
		索玛吉古达			苏丹沙希				
		计数/个	行比/%	列比/%	计数/个	行比/%	列比/%	计数/个	列比/%
门前街道清洁了吗?	很少打扫	1	6.3	2.3	15	93.8	25.4	16	15.7
	从不打扫	10	24.4	23.3	31	75.6	52.5	41	40.2
您满意吗?	非常满意	31	64.6	72.1	17	35.4	28.8	48	47.1
	还行	9	42.9	20.9	12	57.1	20.3	21	20.6
	不太满意	1	10.0	2.3	9	90.0	15.3	10	9.8
	不知道	2	8.7	4.7	21	91.3	35.6	23	22.5
和10年前相比呢?	好多了	39	60.9	90.7	25	39.1	42.4	64	62.7
	不变	2	8.7	4.7	21	91.3	35.6	23	22.5
	更差	0	0	0	1	100.0	1.7	1	1.0
	不知道	2	14.3	4.7	12	85.7	20.3	14	13.7
对自己区域里协会的了解程度?	知道居民福利协会	25	59.5	58.1	17	40.5	28.8	42	41.2
	知道社区	0	0	0	1	100.0	1.7	1	1.0
	知道委员会	18	30.5	41.9	41	69.5	69.5	59	57.8
	不知道	0	0	0	13	100.0	22.0	13	12.7

数据来源：笔者的调查(2006)。

表 10.4　海得拉巴的垃圾处理

项　目	选　项	选　区						总　计	
		索玛吉古达			苏丹沙希				
		计数/个	行比/%	列比/%	计数/个	行比/%	列比/%	计数/个	列比/%
垃圾处理模式	扔在室外	3	37.5	7.0	5	62.5	8.5	8	7.8
	扔在社区垃圾桶	2	18.2	4.7	9	81.8	15.3	11	10.8
	室内收集	16	80.0	37.2	4	20.0	6.8	20	19.6
	人力车夫收集	20	40.8	46.5	29	59.2	49.2	49	48.0
	人力车夫+室外/社区垃圾桶	2	16.7	4.7	10	83.3	16.9	12	11.8
	室外+社区垃圾桶				2	100.0	3.4	2	2.0
	无	1	25.0	2.3	3	75.0	6.0	4	4.3
你为垃圾收集付费了吗?	是,我们定期付费	40	46.5	93.0	46	53.5	92.0	86	92.5
	是,但我们不定期付费	1	50.0	2.3	1	50.0	2.0	2	2.2
	是,但我们不付费	1	100.0	2.3				1	1.1
你满意吗?	满意	38	64.4	90.5	21	35.6	35.6	59	58.4
	还算满意	2	13.3	4.8	13	86.7	22.0	15	14.9
	不满意	1	5.3	2.4	18	94.7	30.5	19	18.8
	不知道	1	12.5	2.4	7	87.5	11.9	8	7.9
和10年前相比呢?	好多了	40	52.6	93.0	36	47.4	61.0	76	74.5
	一样	2	16.7	4.7	10	83.3	16.9	12	11.8
	更差	1	100.0	2.3				1	1.0
	不知道				13	100.0	22.0	13	12.7

数据来源：笔者的调查(2006)。

表 10.5　研究方法论的基本信息

项目		孟买		海得拉巴	
所研究选区的数量/个	3			2	
所研究选区的种类	行政区			选举区	
方法论	• 对高级地方管理团队的调查*			• 家庭调查+	
	• 对特定贫民区改造方案的定性分析**			• 对私营领域各方案的调查++	
	• 对私立承包商的调查***			• 对自愿垃圾处理方案的定性分析	
	• 定性采访			• 定性采访+++	
所研究选区的名称	F 区北部	K 区西部	S 区	索玛吉古达	苏丹沙希
每个选区的人口/人	524 393	700 680	691 227	= 34 000++++	= 34 000++++
选区位置	岛城	西郊	东郊	新城	老城

注：* 对高级地方管理团队的调查基于一份结构化的问卷。在本书所研究的三个选区中，我们选择了 27 个高级地方管理团队。为了巩固结果，我们对另外两个选区的 13 个高级地方管理团队进行了采访，但此处不进行分析。

** 基于对六个案例研究的分析。

*** 这项调查是基于对 7 个承包商进行的结构化问卷调查，不可能在其中一个选区查阅私人承包商的名单。

+在 102 户家庭中。

++在两个选区采访了所有承包商。

+++孟买约 30 家，海得拉巴约 12 家。

++++没有每个选区的确切人数。34 000 人是总人口除以选区数量的平均数。

表 10.6　高级地方管理团队的组成和贫民区改造方案

	F 区北部	K 区西部	S 区
助理环境工程师	是	是	是
高级地方管理团队的官方数量**/个	59	63	32
活跃的高级地方管理团队的官方数量	7	35	1
月度会议的举办	停办	是	否
会议记录	曾被选区政府保存	是——被 ALM 统筹员保存	否
当地通讯	是	是	否
组织重大事件	是	是	否
贫民区改造方案所覆盖的贫民区数量*/个	16	75	123
覆盖人数*/人	316 850	176 000	400 000

数据来源：笔者的调查（2006）。

注：* 2006 年 1 月初的数据，由市政法人提供。

** http://www.karmayog.com/cleanliness/almreport.htm.

表 10.7　高级地方管理团队层级的满意度以及与政府和当局的互动

项　目	F 区北部			K 区西部			S　区			总　计	
	计数/个	列比/%	行比/%	计数/个	列比/%	行比/%	计数/个	列比/%	行比/%	计数/个	列比/%
选区领导人的作用											
没什么作用	4	100.0	15.4	2	9.5	7.7				6	23.1
有点作用				16	76.2	61.5	1	100.0	3.8	17	65.4
非常有用				2	9.5	7.7				2	7.7
不知道				1	4.8	3.8				1	3.8
总计	4	100.0	15.4	21	100.0	80.8	1	100.0	3.8	26	100.0
你知道当局吗？											
否				3	14.3	11.5				3	11.5
是	4	100.0	15.4	18	85.7	69.2	1	100.0	3.8	23	88.5
总计	4	100.0	15.4	21	100.0	80.8	1	100.0	3.8	26	100.0
清洁度的变化（10 年来）											
一样	2	50.0	7.7	1	4.8	3.8				3	11.5
改善	2	50.0	7.7	20	95.2	76.9	1	100.0	3.8	23	88.5
总计	4	100.0	15.4	21	100.0	80.8	1	100.0	3.8	26	100.0

参考文献

Anand, P. B. 1999. Waste Management in Madras Revisited. *Environment and Urbanization* 11 (2): 161 – 176.

Asnani, P. U. 2006. Solid Waste Management, in A. Rastogi (ed.), *India Infrastructure Report 2006: Urban Infrastructure*. New Delhi: Oxford University Press.

Baud, I., J. Post and C. Furedy, eds. 2004. *Solid Waste Management and Recycling: Actors, Partnerships and Policies in Hyderabad, India and Nairobi, Kenya*. The Netherlands: Kluwer Academic Publishers.

Broekema, J. 2004. Trial and Error in Privatisation: The Case of Hyderabad's Solid Waste, in I. Baud, J. Post and C. Furedy (eds), *Solid Waste Management and Recycling: Actors, Partnerships and Policies in Hyderabad, India and Nairobi, Kenya*. The Netherlands: Kluwer Academic Publishers.

Dalvi, S. 2001. A movement in the slum by the people, for the people, to the people. Personal note, Municipal Corporation of Greater Mumbai.

Davis, J. 2004. Corruption in Public Service Delivery: Experience from South Asia's Water and Sanitation Sector. *World Development* 32 (1): 53 – 71.

Desai, P. and J. de Wit. 2006. Slum Adoption Program — SAP in Mumbai — An analysis paper presented at the IDPAD Seminar on 'New Forms of Urban Governance in Indian Mega-Cities', 10 – 11 January, Jawaharlal Nehru University, New Delhi.

Devaranjan, S. and S. Shah. 2004. Making Services Work for India's Poor. *Economic and Political Weekly* 39 (9): 907 – 919.

Dupont, V. and U. Ramanathan. Forthcoming. The Courts and the Squatter Settlements in Delhi — or the Intervention of the Judiciary in Urban Governance, in I. Baud and J. de Wit (eds), *New Forms of Urban Governance in India. Shifts, Models, Networks, and Contestations*. New Delhi: Sage Publications.

Evans, P. 1996. Introduction: Development Strategies across the Public-Private Divide. *World Development* 24 (6): 1033 – 1037.

Galab, S., S. Sudhakar Reddy, *et al.* 2004. Collection, Transportation and Disposal of Urban Solid Waste in Hyderabad, in I. Baud, J. Post and C. Furedy (eds), *Solid Waste Management and Recycling: Actors, Partnerships and Policies in Hyderabad, India and Nairobi, Kenya*. The Netherlands: Kluwer Academic Publishers.

Harriss, J. 2005. Political Participation, Representation and the Urban Poor, Findings from Research in Delhi. *Economic and Political Weekly* 40 (11): 1041 – 1054.

Jaglin, S. 2005. *Services d'eau en Afrique Subsaharienne. La fragmentation urbaine en question*. Paris: CNRS Editions.

Kennedy, L. 2006. Decentralisation and Urban Governance in Hyderabad: Assessing the role of different actors in the city. Gaps Working Paper, Centre for Economic and Social Studies, Hyderabad.

Mahadevia, D. 2003. Urban Reforms and Impacts, in D. Mahadevia (ed.), *Globalisation Urban Reforms and Metropolitan Response: India*. New Delhi: Manak Publication Pvt. Ltd.

Municipal Corporation of Greater Mumbai. 2001. Charter of good governance, MCGM's initiatives towards a better Mumbai. Municipal Corporation of Greater Mumbai 2009.

Nainan, N. and I. Baud. 2009. 'Negotiating for Participation: Decentralization and NGOs in Mumbai, India', in I. Baud and J. de Wit (eds), New Forms of Urban Governance in India. shifts, Models, Networks and Contestatious. *Shifts in Urban Governance in India's Mega-Cities*. New Delhi: Sage Publications.

National Institute of Urban Affairs. 1999. Solid Waste Management: Improvment Initiatives in Selected Cities of India. Research Study Series 75, National Institute of Urban Affairs, Delhi.

Oström, E. 1996. Crossing the Great Divide : Coproduction, Synergy and Development. *World Development* 24 (6): 1073 - 1097.

Pinto, D. A. and M. Pinto. 2005. *Municipal Corporation of Greater Mumbai and Ward Administration*. New Delhi: Konark Publishers Pvt. Ltd.

Pinto, M. 2000. *Metropolitan City Governance in India*. New Delhi: Sage Publications.

Putnam, R. D. 1995. Bowling Alone: America's Declining Social Capital. *Journal of Democracy* 6 (1), January: 65 - 78.

Rathi, S. 2007. Optimization Model for Integrated Municipal Solid Waste Management in Mumbai, India. *Environment and Development Economics* 12 (1): 105 - 121.

Redkar, S. 2005. New Management Tools for the Solid Waste of Mumbai: Some Concerns. Paper presented at the IDPAD Seminar on 'New Forms of Urban Governance in Indian Mega-Cities'. 10 - 11 January, Jawaharlal Nehru University, New Delhi.

Srinivasan, K. 2006. Public, Private and Voluntary Agencies in Solid Waste Management: A Study in Chennai City. *Economic and Political Weekly* 41 (22): 2259 - 2275.

Supreme Court of India. 1999. *Solid Waste Management in Class I cities in India*, *Report of the Committee constituted by the Hon. Supreme Court of India*. New Delhi: Supreme Court of India.

Tendler, J. 1997. *Good Government in the Tropics*. Baltimore, MD: Johns Hopkins University Press.

Water and Sanitation Program. 2006. *Solid Waste Management Initiatives in Small Towns: Lessons and Implications*. New Delhi: Water and Sanitation Program-South Asia.

Woolcock, M. and D. Narayan 2000. Social Capital: Implications for Development Theory, Research and Policy. *The World Bank Research Observer* 15 (2): 225 - 249.

Zérah, M. -H. 1999. *Report on the Documentation of Innovative Contracting Procedures in Hyderabad*. New Delhi: Water and Sanitation Program, The World Bank.

——. 2007a. Le rôle des associations de résidants dans la gestion des services urbains à Hyderabad.

——. 2007b. Middle Class Neighborhood Associations as Political Players in Mumbai. *Economic and Political Weekly*, 42 (47): 61 - 68.

第十一章　德里、海得拉巴、加尔各答和孟买的经验思考：城市治理与政府干预的新方式

乔尔·吕埃

各种参与者和国家机器不同层面之间相互作用的数量激增，性质多样且关注点发生了变化。这一现象或者出现在改革初期，或者就是改革带来的附加效应，其原因在于国家提供了初始动力，或者是其他参与者采取积极举措，促使国家必须做出调整来适应这些举措。与此相反，有的相互作用发生于非国家主体之间，而且其中一些产生了重要经济影响，这些新型模式大多已经在第三章中描述过。更深层次的问题是，这些模式中是否显现出一种新的治理模式，赋予国家新的角色。事实上，在非国家主体之间的互动中，有一些已经被国家“正式化”，因此有了合法地位，于是这些合法化机制促使更大规模经济力量的制衡局面发生了演变。在此背景下，本章试图通过政治—经济这一棱镜重新解读治理中的某些政治和社会演变。

简而言之，本章讨论调控的规范化思想。有人认为，如今亟须实行某种形式的调控与协作，而且这种形式要由邦一级和市政层面提供。这种想法最终涉及的还是印度城市的政治经济这一更宽泛的问题。例如，本章的主要话题就是城市治理研究如何能对“自由化”这一原本被忽视的概念有所启迪。在我们团队调查的大多数部门中，邦所起的发展作用已经达到极限，主要原因不在于“政治化”或政治干预——比如 20 世纪 90 年代曾出现的多边准则（见 Harriss，2001），而在于这种试图无所不包的经济社会调控出现了结构和组织上的缺漏。因此，我们的案例研究表明，尽管自由

化被部署到国家范围之外的多个参与者中，而不仅仅是“解除管制”，但它仍然转化为与邦互动的多种模式。然而，如今的问题似乎是：这些互动仍然很松散，无法为稳定的城市政权提供框架，着眼于城市及其所处区域的政治经济交织，即“城市和都市区域治理的嵌套式部署”（Sellers，2002：290）。

塞勒斯在重新讨论城市政权概念时，强调**稳定性**（就“联盟”与“制度化”议程而言）和“治理联盟中私人或社会利益的参与”所具有的特点。同他一样，我在本章中试图重点阐明城市治理中的一种变化模式，认为该模式的最大特点是模糊性（第一节）。[①] 第二节讨论这些模棱两可的地方，并通过研究公共改革的政治以及它们如何在全面扩大的城市治理中转化为**各种形式**，来证实迈向城市政权时的困难。第三节介绍我们所调查的精英阶层——这些精英来自民事、商业和政治社会等部门——所持的立场，以此来阐述政府在未来可能起到的作用。

第一节　变化模式、模糊性与城市政权：城市治理中的邦级和非邦级参与者

德里、海得拉巴、加尔各答和孟买城市治理中的变化虽各具特征，但大体上仍然表现出一种规律性模式。该模式有四个维度：变化由中心和政治驱动的重要性；对行政的回避；参与者数量增加且角色多样化；虽然不同阶级有差别，但他们的期望值和发声均有增强。上述四个城市在这些维度上存在差别，但差别仅在于程度上而非性质上。

这些演变是否导致邦范围的内部重组（即使它们调动的是外部参与者），或者是否主要提供邦之外的新治理区域（虽然可能意味着和邦某些部分之间存在相互作用的区域），回答这些问题就是我展示这些演变的目标。这些变化发生在治理的正式或非正式方面仍然很重要，因为这些不同

① 塞勒斯（2002：291）就这一争论性很强的观点回忆道：“大多数描述都认同以下几个特点：第一，当地决策综合中有稳定的制度化议程；第二，稳定的选举联盟；第三，稳定的控制性联盟；第四，私人或社会利益，包括该城市经济体制的商业和制度利益，参与该控制性联盟。”

类别具有持续性，它们的动态是合法化过程的一种表现：众多参与者是活动实施人，有时也是**规范**制定人，而政府则作为一个整体成为**权利**保证人。

最突出的问题是，城市治理中发生的变化大都是自上而下且以政治为驱动的（以“改革”时间为顺序，海得拉巴、德里、加尔各答属于此类）。在不属于此类的地方（例如研究中的城市之一孟买），即最初由非邦参与者——可能是由重要的国际参与者或专家们——带头改变的地方，邦政府随后会试图从政治上把这种由他人发起的变化为己所用。一种方式是通过提供正式空间，即正规化，来给予额外的合法标志。[①] 治理中发生的变化**从来离不开政治因素**。

此常见模式的第二个特点是我想强调的国家**机器**，这种官僚机构处于一种模棱两可的地位。邦政府用它来限制甚至缩短从邦政府到市政层级的政治分权。同时，政府也会在一些地方用同样方法回避这类机构。此外，它在城市活动中的总“份额”在下降，而各类新兴参与者或现有非官僚参与者的角色类型在增加，两者成正比关系。邦层面的行政机构于是成为更大规模力量制衡的要素之一。一些位高权重的高层公务员参与推动了此类变化的发生，但这一事实并不能掩盖我们研究期间行政机构的式微。然而与此相平衡的是，政客们也会拥有更多权力去推动符合自身利益的事情（大多是邦级政客，但地区选举出的人员同样受益）。同时，与《第 74 次宪法修正案》的预期相比，市政一级仍处于边缘地位，至少就治理的正式空间而言是如此（这无疑需要非正式层面的平衡，比如第五章讨论的经纪人制度）。在邦作为一个整体这个范围内，行政机构与当选官员之间的权力制衡也因此发生了很大变化。不过，正是这些变化构成了治理转型的重要组成部分。如果少了这一部分，自由化进程实际上就是把变化的一个关键维度遗留在了灰色地带，因为它谈论的仅限于邦干预的减少和此范围之外的发展。这些变化并不符合善治概念中隐含的因果关系的“线性”，即合适的制度与激励配套将自然而然地提高政治和经济效率。但是，本书作者们对此毫不意外。

---

① 在孟买，获得政府“背书”的《孟买愿景》，最初就是由商业精英发展起来的。

相反，这些非邦主体采取的行动是在追随最初发生于邦范围之外的变化，试图先确定与政客们的关系和互动方式，然后促使人们对邦的实际调控进行重新定义。这种探索式城市治理方法确实让我们回想起前几章讨论过的邦问题。邦正在进行自我转变，而且**对此积极主动并高度关注**。在德里，人民参与计划首先是国家发起的前瞻性行动，以一种新方式部署其影响力，从而让选民也能够参与了解。[①] 在海得拉巴，泰卢固之乡党首席部长的“商业行为主义”重新打造了行政机构内部的一整套直接联系。此过程虽然没有形成制度化，但我们不能因此低估它对高级公务员们产生的持续影响（超过 10 年）。[②] 在加尔各答，近期的改革就是为了调和印度共产党（马克思主义）和要求未得到满足的中产阶级之间的矛盾。反对派之所以能统治这个城市达 5 年之久，部分原因正在于此。[③] 在孟买，尽管政府在“慈善”方面发挥了积极作用，也在公共领域做出了贡献，但主要产业仍一直宣称，政府最好远离商业。在基于网络的基础设施中引入“独立调控”，为国家在公众眼中重新获得合法性提供了一种途径。[④]

城市治理变化常见模式的第三个特点是新兴参与者的数量增加或现有参与者的角色更新。这一点在此不必重复，因为这可能是本书几乎每一章的主要观点。值得一提的是，从这些参与者身上观察到的数量、种类的迅速增加，行动方式的改变和服务供给范围的扩大，都需要一个能够反映其丰富性的术语，这一点在后面将详细阐述。“自由化”一词主要指的是对国家昔日法规的**否定**或**废止**。该术语所表达的更多的是其所否定的内容，而不是其所包含的内容，因而似乎并不适合描述具有上述**内涵**的转变。邦并未自行退出，而且如同世界上任何其他自由化进程一样，所谓解除监管也意味着同等程度的重新监管。此外，还出现了许多新的角色。我认为，

---

① 一位负责该项目的高级官员在与笔者交谈时承认，尽管很难帮助到贫困阶层，这一项目仍促进了其与中产阶级和上层阶级的联系的恢复（个人访谈，2004 年 11 月）。

② 2001 年 3 月 1 日与一位部长的几次访谈；1998—2001 年与电业部门高级公务员的多次访谈；2004 年 5 月和 2005 年与一位前县税收长的私人谈话。

③ 同两位与印度共产党（马克思主义）关系密切的学者的交谈；2005 年 12 月 26 日与一位前警务处处长的私人谈话；2005 年与一位部长级高级公务员、来自不同“圈子”（如“孟加拉俱乐部”和“马尔瓦尔年青的一代”）的主要工业家们进行的系列访谈和私人讨论；对印度商会的访谈。

④ 2005 年 2 月 7—8 日与一位马哈拉施特拉邦电力管理局长的几次交谈。

这与发达国家的"自由化"经历大相径庭：商业关系的（更狭隘的）政治经济发生了变化，但参与者们以某种方式保持稳定，或至少绝不像印度那样表现出剧烈变动。在印度发生的变化更接近于后社会主义国家的经历，尽管这些国家的经历也各不相同。印度的"自由化"存在用词不当的问题，至少有"疏漏"，它绝不是一种去制度化的自由化（Ruet，2006）。

下面这一点更是如此。在印度观察记录到的变化远超经济学范畴，它还包含着有关话语权/期望值的增加，就如转变的第四方面那样。民间社会当然也参与治理，但就治理**正式**方面的决定性力量而言，它的重要性有限，或者它只是在政治方面起到了一些帮助作用。相反，企业部门的力量在增强，通过发展与政府的直接联系，可能规避邦内任何分权所造成的影响。

这些转变确实呈现出一种模式，虽然难以捉摸且模糊不清，但仍然是一种模式。我们的集体努力使本书得以面世，但或许仍不够理想，无法对我（方便起见）所称的"新城市治理"或印度城市治理中的一系列新模式进行有根据的分类或命名。每个城市的经济和工业轨迹都表现出一定的持续性，这是很自然的，但同时它们也会出现差别，接下来我就谈论这一点。表 11.1 显示了一些程式化要素，证实每个城市都在沿用这一模式。

表 11.1　一种常见的（虽然有差别）城市治理模式：城市角度的程式化表现

	德　里	海得拉巴	加尔各答	孟　买
集权化改革与分权	• 由于国家首都辖区缺少正常邦权力而勉强分权； • 立法议会议员与市政议员竞争	• 政治决策自上而下； • "改革"最先进但未进行政治分权	• 大多数民事职能下放但没有成立选区委员会； • 自 1977 年以来（除了 2000—2005 年），邦与市政府由同一政党控制	• 工业主导的改革议程； • 邦与市政府之间存在政治冲突

续　表

	德　里	海得拉巴	加尔各答	孟　买
邦/官僚机构对民主化的含糊态度	• 有善治话语但粗暴干涉公共事务； • 10 年选举空窗期	• 仍奉行专员制； • 泰卢固之乡党内部也很少进行讨论； • 专门绕开民选代表的方案； • 10 年选举空窗期	• 邦领导，印度共产党（马克思主义）位于中心地位且实施集权化； • 加尔各答大都市规划委员会提出《2025 年愿景》； • 市长议会制	• 地方市民群体作用重要：社区组织； • 社区组织和承包商角色区分不清
多种参与者以及公私营的相互作用	• 主要是一个行政城市； • 超出其管理范围的大型经济活动； • 限制工业的政策； • 网络服务私有化（电力）	• 城市是泰卢固之乡党/人民党《2020 年愿景》的实验场：国际机构议程； • 信息化和世界一流城市； • 本土资本主义； • 企业/法人团体很少协作； • “设计建设”成网络拉巴；与班加罗尔竞争	• 加尔各答大都市发展局：利用西孟加拉邦贷款从单一中心到多元中心发展/空间分散化发展； • 外包，没有真正的公私伙伴关系； • 近期工业有所复兴	• 土地中产阶级化议程； • 大多数社会基础设施建设遭到忽视； • 更多的是外包，真正的公私伙伴关系少； • 与班加罗尔和海得拉巴等城市竞争的意识
发声、途径、阶级	• 高等法院和环境“绿色议程 vs 褐色议程”； • 从移民是选举重要票仓过渡到人民参与计划，并偏爱中产阶级居民福利协会	• 期望值上升：洛克 · 萨塔的例子； • 划分旧城与新城； • 否定开放性政治从而使主导利益永久化； • 居民福利协会：上层阶级扮演的角色； 社区组织参与城市项目成为近期趋势	• 主要通过政党调解； • 非政府组织数量很有限	• 开放选区委员会的期望：洛克 · 萨塔，善治和网络行动…… • 贫民区卫生项目取得一些进展，但庇护关系盛行； • 2005 年贫民区拆除：邦、精英阶层、商业和专家的联合

来源：笔者，第二章至第十章。

如果进一步研究这些模式的细节，我们就可以对印度背景下的一系列问题进行初步评论。需要承认的是，如今印度大都市地区主要用于国家政府或执政党政策的展示，而且事实上这样的做法越来越普遍了。因此，我会就政治经济政权和国家工业管理方面简要地回顾过去 20 年间这四个城市的发展变化轨迹。

关于国家和城市政权

印度城市正处于一种更大规模的社会经济和政治的转变中，印度文献习惯上称之为城市的殖民或后殖民轨迹。我相信“政权”这个概念能够覆盖这些解释模型的决定性特点，显著再现一个区域的变化轨迹，而且可以避免过多引用那些打上了 60 多年后殖民性烙印的单一轨迹。哈里斯（1999）发展了这一概念，把它用于描写政府的形态与环境特征，该发展基于政客们的决策自主权是由三个因素决定的这一思想。库马尔（2006）综合哈里斯（2001）和科利（Kohli，1991）的观点后提出这三个因素，引用如下：

（1）保持社会团体联盟支持的稳定性；

（2）执政政权实施政府认定重要项目的有效性；

（3）政权“非暴力调解政治冲突”的能力。（Kohli，1991）

因此，这一概念与“治理”的概念是相容的，重点在于通过调解治理中的相互作用来保持长期规律性。它设置了一个背景，这个背景必定影响并在一定程度上决定某个特定政权国家内城市的治理。就安得拉邦和马哈拉施特拉邦的政权而言，两者都属于科布里奇和哈里斯所谓“邦内有中产阶级/种姓处于被支配地位的政权，国大党①面临有力挑战但并未垮台”（这里具体说明了“对下层阶级利益的调节政治在马哈拉施特拉邦继续非常有效地发挥作用”）。西孟加拉邦属于“邦内有更能代表下层阶级/种姓利益的政权”（上述引文，Corbridge and Harriss，2002），在城市层面可以看出该邦政权的一些特点，比如人们暗中认为权力会发生变化，该变化围

① 在哈里斯的模型里，与国大党相关的是他所说的“传统的统治”，而非“对下层阶级利益的调节政治”。

绕安得拉邦和马哈拉施特邦内地位关键的中产阶级/种姓发生，这将为权力恢复和适应性改革铺平道路；再比如这些由于社会阶层变动而形成的“中间阶层”有潜在意愿去进行适度的“改革”。就加尔各答而言，下层阶级角色更突出这一点或许会被用来解释改革中的长期政治拖延。从某种意义上说，这是接纳中产阶级的崔纳木国大党短暂控制加尔各答市政府后所走的一条道路。这一点甚至还可以用来表明，转换策略确实要突然进行。不过，与本章所提出的论点更相关的是，必须通过特定的城市维度，尤其是城市精英的角色，以及就 20 世纪 90 年代和 21 世纪初而言，越来越多的工商业精英的角色，来透视一个城市与一个特定国家政权的关系。

从方法论上来说，我们应该澄清一点，此时涉及政权的想法是为了补充而不是弱化我们在城市治理框架内发展的自下而上的方法。考虑政治制度环境对于以更规范的方式解决国家问题是必要的。

我们来比较四个城市在各自邦内的情况。安得拉邦政府引导海得拉巴大都市地区实行“设计好的改革”，把政治和经济密切结合起来，着力发展需要资金少的企业（尤其是信息产业），以及基础设施投资在行政机构和党派“控制”下可以长时间维持以供其发展的企业。① 同样，西孟加拉邦政府最近实施了一项工业振兴政策，主要通过邀请邦外工业家包括外国工业家来进行，这给加尔各答大都市地区东部区域造成很大冲击（尽管该政策并未使加尔各答主要地区的市政府运作受到什么影响）。相反，德里沿袭了另一种模式，它完全依赖中产阶级在行政和政治方面对治理的重点参与，这种治理具有广泛基础，不过仍是“自上而下”的。在孟买，邦通过了一项政治议程，最终还是接受了最初由一部分企业领导提出的经济愿景。

未来如果有人研究早期邦政权与其首都城市治理的衔接，那么一定会很有趣。可以肯定的是，我们不妨假设，城市的做法和政策（以及农村向城市的转变）已经日益成为城市政权更新的一个显著特征。在这里，城市政权的定义必须与政治政权概念的延伸（或地理和空间缩减）相衔接。它集合了地方邦政权的特征和城市进程的民族特征。有一点可以肯定：在很长一段时间里，阻止城市化的想法在印度占据主导地位，另一种有关城市

① 2001 年 2 月，笔者与信息产业部部长的访谈。

发展更“积极”的看法现在已经出现了。这种变化可能是在班加罗尔发起的，在 20 世纪 90 年代，班加罗尔就是生活质量和经济发展的代名词。海得拉巴的官员热衷于效仿这一模式，并声称，班加罗尔得益于其历史遗产而发生的变化，将在赛博拉巴/海得拉巴“通过设计”发生，并因此制定了旨在吸引私人和外国投资的政策。孟买在察觉到自己作为国家首席经济城市的历史地位受到威胁后，开始希望重新考虑自身在土地使用方面的做法，以符合现代工业化的要求（关闭工厂、把土地作为商业和服务空间重新开发、重建贫民区等）。西孟加拉邦政府和加尔各答都市发展局对海得拉巴的例子印象深刻，它们试图效仿，同时还要符合当地的政治特质以及与印度共产党（马克思主义）的选民们保持一致。在这里，我们有必要比较和对比这些城市中（不断变化）的“主要发展愿景”，同样是自上而下的、精英主义的，并与实施它们的国家机器进行比较。

事实上，这一问题可以概括为一个特定的、实用的城市治理获得长期稳定模式的可能性，即**形成城市政权**。要想定义一个特定的政权，塞勒斯强调议程和联盟（选举和治理）稳定性的作用。更重要的是，他提出了一个附加条件：私人或社会利益的参与应该“追随”所在邦设计建立的愿景。塞勒斯（2002：292）指出，“为了使城市治理具体化为城市政权，城市经济中的企业和其他机构必须与追求地方利益的官员结盟”。

就四个城市在各自邦内的情况来看，德里、海得拉巴和加尔各答（都会）地区可被称作“稳定”，虽然加尔各答市政府经历过一段时期的执政党更迭。然而除了表面上的相似，“官员们”（政党、精英和行政机构）的“盟友”并不完全相同。这些盟友们包括非政府组织和居民福利协会以及德里的中上阶层社区，海得拉巴（快速增长的）非资本密集型中等规模产业、少数高级官僚，以及加尔各答（尤其是邦外）的大工业家。接下来的问题是发起者是谁。很显然，海得拉巴和加尔各答就面临这种状况。而在德里，上层阶级精英通过非政府组织，以政治和行政为中心的商业发挥作用，使人们很难准确判定议程是以何种方式在何处启动的。对上层阶级的群体生态，即上层阶级与中上层阶级的联盟，需要进行政治方面的研究，同时还要研究在国际机构中工作的国际专家和精英们所发挥的明确作用。与这三个城市形成对比的是，孟买是个更具争议的地区，它位于一个因身份问题总是争议不休的邦内，可能会显现出不太稳定的政治局面，这可能是这里的企业率先采取行动的原因之一。在这种情况下，企业需要官员作为盟友，而不仅仅是企业追随邦政府的观点。

正是在此背景下，我对比了这四种城市“模型”，看看它们在现实中是如何被当地政权调整并共同确定下来的。

关于模糊性和模型

印度大都市在一定程度上是参与者和机构运作数量最多的地方，也是新选区不断涌现的地方，是民主问题的缩影。在自上而下的治理改革背景下，民主化往往被边缘化为政治**代表**。邦所部署的战略与遏制政治分权有关。这不仅仅是一个模棱两可的问题，事实上，可以说，如果它真的通过向新合作伙伴（公司参与者、协会）开放正式的治理渠道来达到此目标，就自相矛盾了。因为邦在通过与社会相互作用来实现“现代化”的同时，也会让民主化受到抑制。人们现在可以看到越来越多的替代渠道，其中一些在发展的最初特定阶段是非正式的。在所有城市里，（有限的）治理过程民主化的领域大多是民间社会参与者在做的工作。

最后，也许是因为政府尚未退出，也许是因为一些参与者也在寻找治理模式的稳定性，私人和公共领域之间的互动开始了。第七章、第八章、第十章已经对各种“部门”进行了比较详细的讨论。私营部门和邦之间出现各种新的相互作用形式，有的是抱有相同的目标，有的则一起组成发声渠道。如果中产阶级社区协会的经济利益在这一模型中都有体现的空间，那么在大规模产业和地方企业方面，四个城市的表现形式并不相同：海得拉巴和加尔各答推动地方企业发展，孟买出现大规模企业部门复苏，德里则是一种反对经济行动者的马尔萨斯主义。①

致力于自身重新合法化的邦？

治理的潘多拉盒子被打开了，初步的改革措施是成功的，虽然治理模

① 因为有支持德里外部卫星城镇繁荣发展的法规。

式如何保持长期稳定这一点还很难预测。与此同时，治理改革过程的局限性也清楚地反映出一个问题：大多数的改革都是由邦政府实施或要求实施的，它们希望在民主和经济挑战威胁其主导地位的时候使自身重新合法化。

这样就出现了一种矛盾情况。从理论上说，邦政府希望在城市治理中开辟更多的正式空间（就如同在世界上许多地区，发展中国家的中心地位正在受到怀疑与挑战），但这样一来，邦政府中的政治人士也希望重新获得合法性。在这件事上，人们正在尝试使用不同的**操作方法**。我建议他们围绕合法性展开，但没有回答可治理性问题。

德里的案例说明，即使是精心规划的"善政议程"也有局限性，而海得拉巴则在政府不断变化的情况下提出改革的可持续性问题。加尔各答以类似于海得拉巴的方式表明，工业改革并不一定意味着退出旧的政治游戏，也不会带来政治分权。孟买有一个以商业为主导的"愿景"，作为国家治理改革的实验场所，它可能会就地方层面提出一个关键问题：未来印度城市治理与政治经济的内部公私营平衡以及自上而下与自下而上之间的平衡。然而，如果邦很想试图恢复其商业合法性，就不应该掩盖这样一个事实，即通常很少有人试图通过穷人的需求使自己正式合法化。① 在某些领域中，可能会越来越多地出现针对穷人的公共服务；存在一些不同种类的外包和联合生产模式可能也是合理的，因为它们可以确保更有效的服务供给。但是从更大的范围来看，穷人合法参与政治所起的作用已经远远不那么重要了。在印度的案例中，这可以被解读为对麦卡尼（McCarney）所强调的发展中社会的确认，即国家很难接受外部参与者来建设一个有竞争力的城市和改善城市贫困人口生活等项目。

通过总结这些不同的经验，人们可以尝试对当今印度大都市的治理稳定性进行总体批判性评估。德里和海得拉巴的经历提出了基于政治能量的改革可持续性问题，这种可持续性没有得到充分制度化。

持续变化的政治经济中的模糊性

简而言之，发生变化的驱动因素已经出现，但它们比善治话语、民主

---

① 印度选民中穷人比富人或中产阶级更多。

化或经济自由化工具所能容纳的内容更加模糊不清。政治是核心——因此改革不仅仅是一台“反政治机器”，但这并不意味着直接的民主化。在围绕发展程序运转的国家中，官僚体制在一定程度上已经丧失了自身角色，不过这样的命运似乎更多的是不愿分权的结果，是越来越多的政治领导人想要施行法令，以及因私营部门和社会部门崛起而事实上被边缘化的结果。

同样，“自由化”的形式和参与者之多令人惊讶。因此，我们不能忽视这样一个事实，即它并不像其他正在转型的发展中社会近来经历过的强盗式统治转型。但这种自由化（暂且不谈论其阶级和社会方面）仍鼓励许多人诉诸经纪业务，也就是旧式印度邦的复苏。这就提出了城市治理本身、城市治理运作所在的邦的几个实践和理论问题，并就难以捉摸的“邦角色”引入了一些规范性的问题（见下文）。这里我们可以把这些民间社会发展及其模糊不清的方面[①]与政治社会范畴进行简要对照。[②] 声势浩大的争论提出了德里和孟买的可治理性问题，由于海得拉巴旧城和“新”城之间潜藏着不断扩大的分歧，也由于加尔各答社会政治联盟可能发生变化的理由越来越充分，城市治理的特征让人们开始质疑在四个城市中观察到的变化在多大程度上主要来源于重新获得城市精英支持的政治意愿，或者邦最终是否会察觉自己陷入了矛盾之中：一边是精英阶层的崛起和转型，另一边是被搁置一旁的其他阶层日益增长的期望，这些增加了冲突的可能性。在此有必要简短地说明我们集体的努力如何开辟关于印度新政治经济学这个普遍问题的研究途径，斯图尔特·科布里奇和哈里斯（Stuart Corbridge and Harriss，2002）、詹金斯（Jenkins，1999）最近在该领域里所做的主要研究也表明，在某种方式上，它们标志着巴德汉（Bardhan，1984）所描述的长期政治经济阶段的退出（见下文）。

在关注了邦的治理新模式之后，现在我来讨论，它在邦作为参与者以及邦与其他参与者的相互作用模式方面让我们了解了什么。

---

① 涉及社区组织和承包商、居民福利协会和市民团体间的角色混淆或重叠。
② 正如帕塔·查特吉在《被统治者的政治》中所介绍的那样。

第二节 城市治理发展的多样性与公共改革的政治

如前所述，所谓模型带有模糊性。我们来看看它们与本书研究的四个城市中观察到的不同类型治理是如何相互作用的。我希望最终把这些与模型相对照（在了解这种治理途径形成的制度背景之前），治理文献的规范部分通常都这样做。在本节最后，我会提出一个重大变化——昔日“公共利益”性质的范式转变——来证明新型城市治理的存在。

规范模型及其载体

关于治理和善治概念的起源，哈斯特（2003）提出了一种“治理思想演变”的叙事结构，从她所谓“结构主义论点”（其中主要参与者是公共部门），到“新古典主义对立”（其组合政策的首选是私有化），再到强调善治(不那么严格的新古典主义）的“新制度综合”。当然，进行这样的思想考古并不打算进行一种抽象的类型学研究，相反，是要让重新引入这些思想的**持有者和推动者**具有可能性，并将此作为可以研究的事物。全面的研究将包括各种游说形式乃至“符号政治”和合法性问题等。

我对此感兴趣的是，作为一种规范类型学，它们中的每一种都对邦的角色表达了各自的看法，这可以和邦作为参与者的实际行动进行比较。我相信，它会提供一种方法，可以对国家在城市治理中的行为进行深入描述。

我认为，大多数被研究的城市都介于第一类和第三类之间。虽然研究显示一些联系形式或类型与第三类有关，但邦对此的抵制仍然存在。从这个意义上讲，混合种类确实存在，它们是由于邦不愿被规范界定而产生的。必然的结果是，第二类在印度不知何故被略去了，所以我们关注细节后就会发现，“自由化”的解释又在某种程度上被削弱了。这一点在观察城市层面的政权时尤为明显。城市属性和城市之间的差异体现在联系形式和动员程度的历史上，这些部分来自历史根源，但由于篇幅所限，我不能在这里讨论（第二章和第八章都做过非常简短的介绍）。邦领导人的政治意愿、已建立的地区政党的作用及其动员模式等方面的最新发展，可以在这里简要讨论一下。

在孟买，企业精英们一度感到，即使算不上一种威胁，但至少也有被印度其他城市未来会出现的新企业家赶超的危机，孟买一直存在这个愿望，即“把孟买改造成上海”。在《孟买计划》（1944 年）实施 60 年后，工业领袖们提出《孟买愿景》，希望将其打造为印度的金融之都（尽管这一计划有内在矛盾），这是颇有象征意义的。该计划显然是效仿了海得拉巴（位于孟买的公司雇用了同一家国际咨询公司）最初采用的方法。不过在安得拉邦，这一计划受邦政府委托，在首席部长奈杜的领导下实施。该计划更多地依赖国际机构（世界银行和英国国际发展部）和领先的全球公司**以及**即将成立的区域性公司，同时也利用现有的机构来落实。直到最近，布迪哈德布·巴塔查尔吉所在的加尔各答才做出类似尝试，用来吸引外国的直接投资和制造业［与印度共产党（马克思主义）长期强调农业的做法不同］。在此情况下，有趣的是，这种转变结合了地区实业家和协会（例如印度商会的游说）的影响[①]和中国的例子［尽管建立起“两个共产党”的关联这一想法只能是幻想：因为印度共产党（马克思主义）是一个地区性政党，中国共产党则是执政党］。然而，该党的运作主要是通过支持亚太地区外国团体的加入来进行的。[②]

这里应该有所保留的是，这些途径与“全球变化”（自由化、分权、城市作为增长引擎和善政话语）联系在一起，将是以一种非常挑剔的方式。此外，论述中存在实际上却没出现（现实中是外包）的“私有化”，多半都在政策组合中缺失。更重要的是，这种均衡状态和**时间安排**反映了政权内的平衡。城市科学家、经济学家等所关心的问题，例如改善多部门联系、城市间协作，以此作为更高效、更分散的大都市形式，以及在新的国际交付模式下的经济整合，等等。这些决定通常处于次要地位。

---

① 至少在“自由化”的初始阶段，商界与政客的互动更加频繁和公开，绕过了早期强大的官僚机构。

② 在个人交谈中，亲共产主义意识形态的思想家们向我证实，这在一定程度上是为了遏制当地反抗力量的崛起。

民间社会与企业部门的有限参与对分权的限制

如上所述，半国营机构和市政官僚机构轮流被政治当局用来限制或对抗政治分权，还经常在政府制定和执行新政策时被绕开。后者出现过为新创建的“特殊目的工具”利益而绕过现有官僚机构的案例——这是印度奉行发展主义的邦的经典做法。另一种方法是与一些参与者建立直接渠道并强加于官僚机构（无论是在部门业务层面还是通过某些参与性进程），这是“新治理”很重要的一个内容。政府和企业家之间建立直接联系是海得拉巴的特点，也是加尔各答的特点。在世界银行计划的卫生项目中，孟买出现了一种对承包商的“强迫”行为。在我上文所述的遏制邦政府分权的背景下，这些通过向新伙伴（企业参与者、协会）开放官方治理渠道来遏制分权的机制与非正式发展的新兴类似渠道之间从根本上存在着日益增强的辩证张力，而民间社会参与者通过这些新兴渠道为所有城市的治理民主化做出贡献。然而，这种民间社会在加尔各答几乎不存在，在德里则表现出强烈的阶级性，而且许多非政府组织还参与寻租行为（当然不是普遍性的）。发达的、现代的、政治上有良知的、影响深远的非政府组织主要出现在海得拉巴（如洛克·萨塔），孟买的主要城市则更多（如洛克·萨塔、印度善治与网络行动组织等）。这里显现出的层级清晰，并以某种方式重现了政治集权的层级。由于篇幅所限，我无法详述，但这种同时出现的情况为检验民间社会将伴随着政治/国家领域的现代化与开放而发展的假说奠定了基础：这一假说有力地从社会学和历史学的角度提出来，远远超出了欧门（Oomen，2004）在短暂的后改革时代提出的基于社会运动自治化的解释框架。

以孟买为例，民族主义国大党邦政府希望确保自己对孟买事务的控制，并希望获得贾瓦哈拉尔·尼赫鲁国家城市改造计划的可用资金。2004年，国大党在海得拉巴上台，渴望在德里保留权力，而西孟加拉邦的印度共产党（马克思主义）则希望确保加尔各答市政府不与反对派真正合作，这些举措符合城市精英和新兴中产阶级的愿望。如果城市中产阶级的经济利益普遍得到了考虑，那么主要行业和地方企业家的联系在四个城市表现出不同的形式。在所有案例中，印度的许多大城市目前都存在一种趋势，即企业参与者加入了大都市一级的规划机构或智库中。在某些案例中，比如班加罗尔和孟买，我们甚至可以看到商业机构带头努力解决城市问题，通常是为了让城市对经济增长更具吸引力。但对海得拉巴等地的实地采访显示，企业发展计划通常没有市政议员参与。这引发了企业举措对政治分权和城市治理的影响的问题。

到目前为止，我的论证过程强化了治理在一定程度上是关于合并“软”链接的观点。然而令人震惊的是，用来加快基础设施改革进程的政治刺激仍然强大且有效，并重点关注有形基础设施建设而不是社会基础设施建设。这本来不应该让人感到惊讶，因为基础设施建设同时也是一个邦发展的“基础程序”，围绕这一程序，它进行着自身建设的过程，而“公私合作伙伴关系”的概念是在20世纪90年代首次提出的。

企业与官僚：公私相互作用模式①

现在，我将以一种对称的方式讨论国家如何需要企业、企业如何需要国家。前面已经讨论过两个参与者参与改革的先前性—同时性辩证逻辑。第一个讨论的问题是谁发起了改革，第二个是谁受益更多以及哪个参与者会依赖正在进行的改革。我不在本节讨论这一点，因为它需要一个非常大的社会经济框架，与我们在此所探讨的已经不那么相关了。但是，这些固有问题涉及各种关系的不同阶段，比如企业对政策的反应（企业社会责任和参加有关委员会就是其中的一些形式），或者企业要求邦向其项目提供援助，或者邦只是成为服务提供者或经济参与者。②

在第三章中，肯尼迪指出，“企业非政府组织”“密切合作，协助政府解决城市问题，包括服务供给相关问题”，并且“越来越多地参与设置城市的议程”。现有反馈仍然太少，还不足以正确分析协作成本——不管是经济成本还是社会成本。但很明显，虽然政府采取这些措施表现了在治

① 这与玛丽·雪莉（Mary Shirley）在1995年出版的《企业中的官僚》一书相呼应，该书将公私合作伙伴关系视作让官僚机构“回归企业”的方式。

② 在印度，个人职业生涯中政治和企业角色“定期互换”的情况相当罕见；比较引人注目的例外情况就是，在一些公司董事会中有一些担任独立董事的退休官僚。

理中坚持明确的开放态度，这些措施却可能会在自上而下的“筛选”和自下而上构建民主空间——例如未“入选”的社区组织构建的那些空间——的尝试之间造成冲突。

至于“企业的需求”，不仅规模巨大，而且也比通常所设想的更“简单”，也绝对更有限。我们在对实业家的采访中发现了一个令人惊讶的事情，那就是他们“不需要再去德里”，而是可以“在不征询国家意见的情况下工作”。企业需求的主要特点是，自21世纪初以来，除了土地使用权问题是个明显的例外，企业对国家的其他要求越来越少，因为它已经在内部开发了所需的大部分资源。这一点在作者对辛杜佳（Hinduja）集团一位高管的采访中得到了很好的概括。他说，“辛杜佳集团绝对是‘对邦政府积极主动’。……在获得土地使用权方面，邦一级政府的作用最为重要。辛杜佳集团让邦之间在权力和土地上而不是在基础设施上进行‘竞争’，因为这些基础设施是不受它们控制的”。[①] 2005—2007年，接受采访的其他泛印度甚至印度跨国集团负责人都宣称，他们甚至在能源方面也开发了自己的能力，而土地是他们进行非常积极、直接游说的唯一问题。[②] 当然，还有一种愈发常见的请求形式，不过采用的是新闻声明的形式，而不是（目前）游说的形式，这涉及的是对有形基础设施的治理。但班加罗尔议程工作组是该邦企业正式参与市政和大都市基础设施“公共”改革的唯一例子，该工作组已于2004年被国大党终止。

最后一个需要考虑的问题是公共合同。它与公共支出的一个重要部分有关，但只涉及一小部分企业。在这方面，下层官僚（官僚链条使他们得不到贿赂）和承包商之间早已建立了渠道。越来越多的企业部门倾向于“避开公共合同”，这一点在我们采访时经常被提及。许多公司任命退休公务员进入董事会，但多数时候都是为了“加速”那些只差最后一道行政法规领域里的案例，而不是为了赢得合同和影响力。

---

① 2005年在孟买与笔者进行的访谈。

② 当然，这是城市治理中的一个重大问题，用普拉纳布·巴尔丹（Pranab Bardhan）的术语来说，城市治理已经有过被“所有者阶级”长期侵占的历史，并且还会继续下去。在班加罗尔案例中，所罗门·本杰明（Solomon Benjamin）是一位对该主题进行了广泛研究的学者。

企业在曾经的国家垄断行业成为经济参与者，这可以细分为两种类型的相互作用方式。最常见的类型实际上是遵守基本的行政要求而不是协作，协作的情形并不多。另一种类型是著名的“公私伙伴关系”。

以教育为例，教职人员问题，如公务员轮换、公职人员稳定性、派驻管理等，都是公务员职业化制度的要素。目前尚不确定发展私立学校是否有助于重新思考公立学校的组织结构。还有一个问题是**外包**，它涉及垃圾收集、供水服务（如在金奈）或登记和处理各种类型行政证书的颁发需求。事实上，在加尔各答接受采访的人们自豪地将公私伙伴关系称为外包处理文件来构成完整的文件。在这种情况下，公私部门合作生产的想法只是建立在廉价劳动力的基础上，并没有采取措施对行政活动进行任何形式的重建。就更大规模的有形基础设施（例如供水）而言，在印度城市中很少出现“私有化”，例如财产转让，或者仅仅是经营权的转让。[①] 从技术上讲，公私伙伴关系是以区分“管理”和“政府”这一思想为基础的。但很明显，在印度，由于阶级和种姓差异及不平等，这一点几乎在本书每一章中也都强调过，“管理”工具会区分不同类别的用户，以便为特定用户提供优质服务（这造成了社会空间碎片化过程的出现，见第八章和下文），从而影响“政府”。所谓公私伙伴关系的实际运作方式处于混乱的状态，并且邦对其覆盖范围和限制也没有明确定义，该方式就是这种联系的例证。如今，用户、利益相关者和股东们都属于容易被政府混淆的类别，这最终反映了政府对其自身角色的困惑。到目前为止，邦进行自我改革的有限能力是推动公私伙伴关系发展的理由；然而在实践中，它如今成为发展明确的现代化公私关系的一个限制因素。在邦有机会重新构建自身角色的地方，人们反而会发现行政机构力量不足，无法进行自我改造，朱迪思·坦德勒（Judith Tendler，1997）在《热带地区好政府》中也对此强

① 资产转移（严格地说，就是私有化）遇到了意想不到的困难。在就德里三个配电区中的两个被接管一事接受采访时，信实能源（Reliance Energy）的高管告诉笔者，“我们没有想象到（网络的）这种状况，举起电缆它就会断裂，馈电线不仅满载，而且超载”。就这样，他们发现了政府日常运作的现实：“邦电力部门的管理是出于行政目的，而不是为了客户的利益”；组织结构则是“文件动，而人不动”。（2005 年 4 月 11 日，笔者在孟买邦总部进行的采访。）

调过。如果我把我观察到的一些过程定性为不稳定的，那么这里有一个过程确实是偶然的。印度政府尚未找到方案，使分散管理的民主兼行政机构与健全的责任机构（行政、财政等）协调一致。与此同时，2008 年唯一仍在运作的公私合作伙伴关系是那些拥有强大土地的既得利益者。

公私合作伙伴关系只是协作的一种形式。经济管制意味着各种形式的协调和外部管理。只要阶级扭曲、地理分布和交叉补贴等仍然是重要问题，就需要部门协作。在“人口转型结束”时期，教育经济学、营养经济学和健康问题将对印度如何稳定产生长期影响。如果新制度主义者所称的“治理模式”包括市场/受监管的市场、行政/分权行政、公私协议等各种形式，那么很明显，它们都需要邦具有特殊能力。这些到目前为止还没有当然更不会出现在市政层级。①

总而言之，邦仍然不确定它现在和将来想要什么，而企业也没有积极主动地与邦相互作用。新的城市治理具有明确的模式，但很明显，建立**城市政权**的可能性还不大。不过，在缺乏共同愿景与项目的情况下，我会建议设置一种隐含模式，这种模式可以自行配置，允许精英阶层的意愿与邦的角色之间存在更大的模糊性。

第三节 关于精英与邦的角色：从多元化到隐蔽的“俱乐部物品”治理？

邦并没有“消失”。每个参与者不仅都保持着在邦中的“定位”（旧的参与者重建与邦的关系，新的参与者和新组织以某些形式介入），而且地方企业家和地方服务提供商正在与分权化的邦层级和市级政府发生越来越多的相互作用。虽然发展中的政权相当于以中央集权方式对国家机器进行阶级占有，但在新治理的背景下，“公共改革”有时会提出、经常支持并在很大程度上满足了“新的所有者阶级”的要求，而后者反过来也在市政府和邦政府层面引导或提出新的政治经济制度的要求。

① 有时甚至也不出现在邦政府层面，就像电力行业从业者向我们表明的那样，该行业需要“对企业更熟悉的监管人”。（笔者在 2005 年 4 月所做的采访。）

但作为一个机构，邦已经失去了动力和经济愿景，因为它进行的改革与分权程度不足，无法接触到富于创新精神的决策行动者们；它尚未实现充分的现代化。一位高级官员（在采访时是印度政府中一位担任经济职责的联合秘书）承认经济因素存在结构维度。他表明，“邦政府，更重要的是市政当局，有必要进行经济和政治分权，因为如今的经济力量是分散的”。因此，邦面临的挑战是其自身“松散的凝聚力，而中央集权邦的愿景是错误的”，有必要“改变整个系统：不仅改变部门，而且改变整个**公共**治理”，“因为公众是一个整体，包括官僚和政客们，因为他们之间的隔离只是一个殖民概念，如今政客们已经不再是远在伦敦”。这就是本章试图描述的模糊性的全部范围，即邦内部的、民选和专业机构内的以及从邦到社会的。然而，考虑到如此庞大的议程，他只能得出这样一个结论：“要获得一份清晰的书面备忘录已经不可能了。”他进一步补充说，私下里，在管理层高层以及效仿中国模式时，限制农村阶级和穷人行动的想法越来越普遍……虽然他们感受到了强烈的挑战，但可采取的手段却少得可怜，这中间是深深的无助感。[①] 虽然城市治理的变化已经改变了经济积累的模式（这些模式控制政治再分配），但重新分配的行政可能性还没有开发出来。而我现在要说明的是，城市服务挪用为“俱乐部物品”的情形已经出现了。

俱乐部物品时代的多样性与集体目标：上下级治理回路

我会根据上述发展，简要回顾精英阶层的立场。尽管邦的作用仍然存在，也在关键决策中扮演重要角色，并在一定程度上被政客们加以工具化了，但新的参与者已经出现。正如加雅尔在项目结束研讨会上所说，“公民的参与和新行动者倍增并不一定就是托克维尔式（tocquevillian）的”。事实是，当我试图观察众多参与者和**众多官方机构**如何相互作用时，发现了政策与供给**中介**出现的变化。政客、技术人员、公民社会等之间的相互作用通过某种方式变得极其专业化，权力等级体系**阶层内部**的相互作用倍

① 所引话语均摘自2004年年末笔者与一名印度行政服务官员私人交谈的记录；而多次与几名高级官员的类似交谈也表明，这种无助感在上升。

增，超过了阶层之间的相互作用。除了弄清正式邦结构（包括分权立法）和（非正式）城市民间社会安排，还要确定精英、穷人和邦角色之间的相互交织的动态关系，我认为本杰明（Benjamin，2000）提出的方法很有帮助。他区分了**上级和下级治理回路**，并建议：

> 社会的分裂因贫富群体之间的分隔而加剧，导致“治理回路”，公民政治围绕着这一有争议的城市地形、公共资源和基础设施项目的实施而进行组织。在这一观点中，一类社会包括许多贫困群体（以动态和异质的方式构成）、较低级别的官僚机构、上述地方经济集群的商业精英，以及其他参与者。这些团体构建了一种特定类型的公民政治，通常以地方政府机构为中心，其政务委员们是主要政治代理人。这被称为**下级治理回路**。与此相对照的是精英阶层，他们利用公共体系的方式截然不同。他们的团体由大企业、更高级别的政府官员们组成，其利益集中于包含更高级别政府的影响力回路——**上级治理回路**。对于下级治理回路，公民政治的重点是获得基本基础设施、服务以及地区的安全保有权，所有这些都强调聚集当地经济的生产力。对于上级治理回路（稍后讨论），公民政治主要影响总体规划，以获取当地经济集群已经占用的土地，并将其重新分配给公司使用。这还包括获取特殊目的的基础设施和服务，包括可以提供低于市场成本的机构融资的法律地位。因此，从这个角度来看，治理与政治影响的方式和结构密切相关，以塑造公共干预的性质和制度形式。（Benjamin，2000：35－36）

仅仅举一个例子来说明这一想法。企业受访者向我表明，会“积极主动地向政府介绍，公开表明如果（基础设施）私有化，我们公司会去争取”。[①] 一家公司的代表声称，“在电力部门占有一席之地会让我们能够轻松地扩张到城市交通、水淡化等领域”。

这种途径当然是值得商榷的，尽管社会联系确实存在并构成了这个社会。第五章论及“纵向治理”的概念：

> 纵向治理是参与城市管理的各种行动者实践和相互关系的总和，

---

① 2005年4月笔者在孟买所做的访谈。

这些实践和相互关系的模式主要是纵向的。由于赞助、基于社区的身份和联系社会资本的重要性，这种模式延伸到了各种社会阶层和群体的范围。

这里我并不想就其普遍性进行辩论，只是想强调，在描述一个远远称不上民主国家的印度社会时，这两种方法是相辅相成的。事实上，在民主国家里，每个人都可以发出自己的声音。强化这两级治理间的差别，再加上各自更高的社区专业化程度，可能会使邦越来越支持"印度社会阶层化"，支持其中各种精英之间的竞争。也就是说，它从根本上具有优点，可以找出"公众"概念在何处遭到了否定。换句话说，这里的问题是治理可以做什么？为谁做？就当代发展经济学而言，这些问题可以转变为，例如在社会平等和环境可持续性的意义上，新的治理形式和使城市可持续发展之间的关系具有何种性质。

城市服务的规模，特别是有形基础设施的规模，用来对此进行研究是比较合适的。我想强调的是，如果这包括社会政治层面——通常都是如此，那么它也包括技术层面。本杰明提出的治理阶层社会经济分析方法，可以通过研究以基础设施特别是有形基础设施为基础发展起来的社会经济技术结构来得到很好的补充。这里我指的是"俱乐部物品"这个核心概念。

"俱乐部物品"指的是生产和经营商品或基础设施的技术—社会—经济性质。它与"公共物品"的不同之处在于它"排除"了一些潜在用户，把使用权限制在特定群体中（因此有俱乐部的概念），而公共物品则意味着每一个公民都包括在内了。在经济理论和范畴中，这一概念同样重要，与公共利益、私人利益或共同利益的概念不相上下。从鲜为人知的事实中可以看出，在过去几十年的政治经济平衡中，国家扮演着将城市服务作为公共物品强行管理的角色，或者如最近的言论所说将其视为私人商品。实际运行的技术系统与实际规模——现在持续降低到"社区"级别——在此级别上他们围绕支付能力进行部署，允许社会排斥，甚至重新定义"社区"。印度城市出现了一种范式转变，即使这种转变在城市间有差别，从加尔各答的"公共性"，到海得拉巴的连续发声，再

到德里城市企业家的“有组织部门”，但三个城市在这种范式转变中显示出越来越明显的“前进”状态。（第八章）

由于商品本身很少具有客观经济**性质**，因此在实践中有一个重要条件，就是邦接受或不干涉那种执行时可以决定商品经济性质的操作模式。于是这种想法出现了：可以发展一种“俱乐部”式的邦职能①，接纳它或适应它，同时发展与该体系相匹配的目标和目的。

这绝对有必要，因为它证实了许多当前可观察到的变化。在一个俱乐部里，与每个用户都是正式公民的集体相比，政治的运作方式是不同的。它直接与社区的理念相一致，也可能与客户主义理念相一致。在俱乐部中，人们不愿共同生产服务，而是**平等**地发言，**共同生产**对服务的控制权。第八章在介绍德里的水改革时提供了这样一个例子，也正是基于这种背景，人们可以读懂谢拉在第十章中的这段叙述：“有效控制和权力下放之间的关系并不简单。问题在于这两个层面的行动之间取得平衡，以便提高效率和减少寻租方案。”当利益相关者的规模、组成和观点发生变化，体系从“公共物品”愿景（约定俗成的说法，并不完美且颇为夸张，但具有持久内涵）转为“俱乐部物品”愿景时，分权和效率会显现出另一个维度。在这种背景下，我们可以合理质疑政治学最青睐的框架是否真的抓住了这些复杂性，这个框架就是“退出”和“发声”范式。例如，莫伊和贾拉对教育的研究（第六章）可以这样来重新解释：他们认为存在这样一种风险，那就是“退出”仅仅是**退出公共体系**，而“发声”只是**私人体系中的发声**。当某些领域与资本密集型的有形基础设施服务一样，通过居民福利协会开始拥有独立或半独立的体系和交叉补贴（不同于公共系统），而不再与城市团结一致时，情况就会变得更加复杂。

关于调控

在我们研究小组的一次早期会议上，哈里斯问道：“我们每个人应如何调整自己的项目，才能把所有参与者都考虑在内？”他是在回顾这

---

① 跨越资源管理的政治经济和运营基础设施系统的想法来自伯纳德·巴拉克（Bernard Barraqué）、谢拉和笔者之间自2002年以来一直在进行的有关科学的对话。

一背景，“更长期的错综复杂的趋势：计划性政党的衰落，如果印度有过这种主导模式的话，以及向社区政治和民间社会、运动、身份政治……转变”。在整个过程的终点，与那些庆祝“参与”的人相对照，当前的研究可以表明人们对问题的定义、如何试图解决问题、政治参与和协会活动的一些初步模式都存在许多模糊之处。协会、参与者等之间的横向联系需要在纵向联系被改变的**同时进行**构建，然而从本质上讲，有一种纵向联系不应消失，那就是国家对城市的**管理**，这种管理是行为也是过程。

从这个更大的视角来看，本章揭示的是，无论是从经济效率的角度，从民间社会与政府真正相互作用的角度，还是通过政治社会的要求来观察，都需要某种程度的公共再调控。在动机（经济、政治和伦理的）及其必要的形式和工具方面也存在一个问题。邦，包括市政层面，正在慢慢适应新的平衡，但在许多情况下，它似乎处于以前的位置和新“角色”之间的过渡或中间阶段。在这方面，公私伙伴关系的“去政治化”概念不像城市治理中参与模式的概念那样更有利于分析，因为印度的社会经济结构日益表现出获得服务的“俱乐部物品”模式的特征。

这种演变是有风险的。为了进一步阐述帕塔·查特吉对民间社会和政治社会的区分，它提出力量问题，将其视为四个城市治理变革的动因。经济强制和城市之间存在的某种程度的竞争是一个足够明确的变革动机，正如人们可以从海得拉巴，然后是德里，接着是孟买和后来的加尔各答看到的，从海得拉巴想成为第二个班加罗尔的愿望中也可以看出这一点，不过它是“通过设计”而不是“基于历史”，或者从一些效仿艾哈迈达巴德金融改革的城市那里看到这一点。但这种“外部关注”不应该是由于忽视或低估了内部动力才发生的。处理相应的政治转型的方式是通过政治意愿来重新获得城市精英的支持。这导致了一种混合状态：一方面是这些精英的转变和他们的总体扩张，另一方面是那些被置之不理的社会阶层日益增长的期望，从而加剧了冲突的可能性。作为一个整体，邦最终可能会发现自己一方面陷入了精英阶层崛起和转型的矛盾，另一方面又处于被忽视的群体和阶层日益高涨的期望中，这些都转化成了对机会不均等的越来越强烈的呼声。这种不均等在德里和孟买正在引发声势浩大的争论（前者提出了可治理性问题），促进海得拉巴出现社会空间差异，让加尔各答社会政治联盟出现根本性的潜在变化。

当前治理的“现代化”进程（主要是规范性的）包括尝试通过协商扩大正式治理的范围，并且**由**一些参与者推进经济发展，但并不确定这个进程是否可以始终具有“选择性”。事实上，在许多时候，邦（由其最高级别政客代表，有时由其高级官僚们代表）想要筛选，尽管它**表面上**保有某种主动性，但它的现实存在——其行政框架——已经失去了引领社会实现集体目标的能力。

对许多人来说，邦可能在很多方面都令人失望。要在未来做到兼收并蓄，不论“代表”和“治理”的模式和水平如何，也不论本研究对它采取的研究方法如何，民主运作都不应该包含由邦来主导的选择，也不应该有邦的退出。印度左翼活动家的历史可能就是这种现象的一个征兆，他们曾把邦作为斗争的头号对象，如今比邦更强大的力量出现时，他们就陷入了混乱。相反，一些政治性的非政府组织则可能会在印度大都市中重启必要的集体性项目。

第四节 结论

作为结论，我把取得的进展以及我认为与此直接相关的问题进行了总结。这些问题在集体讨论印度大都市研究中的治理概念时普遍得到了回答。

关于四个大都市城市治理的特点，本章概括了多种方式，书内各章的作者们通过这些方式表明城市治理不仅是善治所暗示的“过程”，也表明权力制衡不应该被忘记，还表明邦政府在它们当权的大都市中继续发挥着非常重要的作用。按照邦政府和执政党的政策，大都市地区在国内和国际舞台上被当作邦的展示区。这样一来，城市“改革”最重要的方面最初就被邦政府设想为自上而下的，由政党驱动或政治领导驱动，而不是参与式的。这是为了适应印度政权、经济和社会的变化，因为邦政府最近不得不去接受地方的需求和若干独立方案（从而试图在政治上恢复它们）。本章回顾了这一过程的第二个特征，即官僚机构作为政治家权力中的关键平衡要素和发展中邦的驱动力，现在却处于一个模棱两可的位置。

关于实际治理的元叙事，第一章提出“邦作为主要决策者受到越来越多的争议”。在印度这个背景下，邦**作为主要决策者而引发的争议**可能会越来越激烈。然而，有几章巩固了科布里奇和哈里斯的观点，即邦仍然很重要。首先，在城市治理层面，它的表现包括邦的重新监管、地方的非国有发展源于邦资源，无论是财政资源还是体制资源。其次，很明显，对集体事务的管理至少在三个方面是以此为基础的。它仍然蕴含强大的邦内部动力，这一点相当重要。此外，公私行动者之间的相互作用不仅仅是（重新）结盟的“伙伴关系”，这种关系不影响商品与服务的社会—经济—政治性质（俱乐部物品的发展存在经济动态，这些商品相互影响，促进了阶级偏见的演变）。“伙伴关系”的概念本身需要一个规范性维度，该维度与导言中解释的启发式治理愿景并不一致，而且也不代表当今印度城市的现实。最后，还有私营者之间的相互作用。这一点仍然值得我们研究，观察有关问题如何能稳定下来（它们很可能尚未稳定），以了解私营参与者何时会在认为不需要邦完全参与的情况下进行相互作用，以及何时开始重新考虑这一问题。

思考城市治理的概念，可以说印度的情况提供了具体参数，从而使研究补充性定义具有的相关性成为可能。此外，正如我们所看到的，不同的方法具有不同的理论优势，印度大都市作为一个领域，不再只是优秀的操作概念，它们还能够成为（概念上的）参与者，对这一点做出说明很重要，我只用我们进行集体研究的少数几个作者——在第一章中都被提到过——来举些例子。

斯托克（1998）认为界限和责任被模糊化，并且指出了超越政府命令或权力做事的能力。他的观点如果作为一种启发式方法颇有成效，但作为一种综合方法，也许不太能显示出其中的转变或连续性。印度不是中央集权国家（不夸张地说），在这样的发展中国家里，“模糊”一直是反复出现的特征。当然也可以试探性地认为，国家已经将其治理角色相对扩大到了更广泛的治理领域。然而，从普拉纳布·巴尔丹的“所有权阶级联盟”以及科布里奇和哈里斯对精英阶层的观点可以清楚地看出，不仅国家是可渗透的，而且当今的流动社会与国家支柱也是相协调的——这种变化不仅表现在联系的性质上，也表现在联系的数量和种类上。

相比之下，许多强调横向与纵向的方法对本章着重论述的**模糊性**具有强大的解释力。无论是谈判、协调、合作、网络还是伙伴关系（伙伴关系在经济方面有一点引人关注，就是它们可以履行规范职能），关键层面都是超越“垂直性”的先验假设，如通过参与实现自由化、分权化和民主化。本书几位作者就各种问题进行了多次讨论，特别有助于在各种问题，如作为经济效率的政治中介和作为政治谈判的经济声音之间架起桥梁。这说明了当今印度的一个关键特征：需要超越“印度政治经济的三个中心转变”（政治分权、自由化、在政权中发展重新构想的宗教空间），并且不是把它们作为纵向进化来单独探索，而是分析多种横向联系。① 其中的核心是**治理所依赖的基础设施**。在这里，我希望提出一个差不多显而易见的结论，特别是在涉及物质基础设施（相对于社会基础设施）的章节中，它有助于我们纳入对唯物主义决定论和社会建构的思考。无论在印度社会和经济中观察到的分化或分隔程度如何，最终都取决于“俱乐部物品”概念和实践的发展，这种概念可能会取代公共物品的概念，而后者也经历过兴衰、苦难和反复。排除一些潜在受益者的可能性，确实与网络的当代治理有关（见 Grahamand Marvin，2001）。我们研究排除现象与政治经济逐渐转变（尽管有许多阻力）之间的联系，关注从“中央邦”具有突出地位，希望对“公共物品”合法行使其权力，到地方参与者变得具有“参与性和代表性”这一转变，是为了加强关于社会经济包容性及其规模的讨论，否则对“善政”的关注就不那么集中了。对于非马克思主义者来说，这可能具有缓和“阶级”概念的优势。

最后一点是关于更大规模的社会变革的，治理可能用作描绘变化的工

---

① 这个想法最初是斯图尔特·科布里奇、哈里斯、帕塔·查特吉、桑贾伊·雷迪（Sanjay Reddy）和桑贾伊·鲁帕拉里亚（Sanjay Ruparelia）希望在 2005 年进行的研究议程中以明确的形式引入。

具，以及被描述为治理的“现代化”的过程的假设，可以等同于试图拓宽正式治理范围，伴随着一些代理人推进经济发展的相关进程。如果把“改革”理解为主要是自上而下的，那么变化发生的主要动力就与邦试图进行的“治理改革”有关。然而，实际变化的最终结果是播下渐进式变革的种子，并质疑“政府”的合法性，因为这一“政府”已经把若干社会阶层排除在其话语和基本功能之外了。

参考文献

Bardhan, Pranab. 1984. *The Political Economy of Development in India*. Oxford: Basil Blackwell.

Benjamin, S. 2000. Governance, Economic Settings, and Poverty in Bangalore. *Environment and Urbanization* 12 (1): 35 - 56.

——. 2004. Urban Land Transformation for Pro-Poor Economies. *Geoforum* 35 (2), March: 177 - 187.

Corbridge, Stuart and John Harriss. 2002. *Reinventing India: Liberalization, Hindu Nationalism and Popular Democracy*. Cambridge: Polity Press.

Graham, S. and S. Marvin. 2001. *Splintering Urbanism: Networked Infrastructures, Technological Mobilities and the Urban Condition*. London: Routledge.

Harriss, John. 1999. *How Much Difference does Politics Make? Regime Differences across Indian States and Rural Poverty Reduction*. Development Studies Institute, London School of Economics and Political Science. Mimeo.

——. 2001. *Depoliticizing Development: The World Bank and Social Capital*. New Delhi: Leftword.

Hust, Evelyn. 2003. *About the Genesis and Meaning of the Concept of Governance*. Working document, mimeo.

Jenkins, Rob. 1999. *Democratic Politics and Economic Reform in India*. Cambridge: Cambridge University Press.

Kohli, Atul. 1991. *Democracy and Discontents: India's Growing Crisis of Governability*. Cambridge: Cambridge University Press.

Kumar, Girish. 2006. *Local Democracy in India: Interpreting Decentralization*. New Delhi: Sage Publications.

McCarney, Patricia L. 2003. Confronting Critical Disjunctures in the Governance of Cities, in Patricia L. McCarney and Richard E. Stren (eds) *Governance on the Ground: Innovations and Discontinuities in Cities of the Developing World*. Baltimore and London: John Hopkins University Press.

Oommen, T. K. 2004. *Nation, Civil Society and Social Movements, Essays in Political Sociology*. New Delhi: Sage Publications.

Ruet, J. 2006. Une libéralisation sans privatisation: réformes et nouvelle économie politique de l'Inde. *Critique Internationale* 32. Paris: Institut d'Etudes Politiques.

Sellers, J. M. 2002. *Governing from Below: Urban Regions and the Global Economy*. Cambridge: Cambridge University Press.

Tendler, Judith. 1997. *Good Government in the Tropics*. Baltimore: Johns Hopkins University Press.

主 编 介 绍

乔尔·吕埃，巴黎东大国家科学研究中心技术、区域与社会研究实验室研究员，在国立巴黎高等矿业学院、巴黎高科高等商学院和巴塞罗那大学任教，毕业于国立巴黎高等矿业学院，拥有工业经济学博士学位，曾任伦敦经济学院玛丽居里学者、MSH-巴黎和哥伦比亚大学高级研究计划研究员，领导新德里的人类科学中心，并曾在德里的贾瓦哈拉尔·尼赫鲁大学任教。出版著作包括：《国家电力局改革中的胜者与败者：组织分析》（*Winners and Losers of the State Electricity Board Reforms: An Organisational Analysis*, 2001）；《印度大都市的水和卫生方案：德里、加尔各答、金奈、孟买的资源和管理》（*Water & Sanitation Scenario in Indian Metropolitan Cities: Resources and Management in Delhi*, *Calcutta*, *Chennai*, *Mumbai*），此书与萨拉瓦南（V. S. Saravanan）、玛丽·伊莲·谢拉共同主编（2002；主编《逆流》（*Against the Current*, 2003）；与让-弗朗索瓦·胡克斯·胡奇斯（Jean-François Huchois Huchis）合编《中国、印度和俄罗斯的全球化：国家集团的出现与公司的全球战略》（*Globalisation in China*, *India*, *and Russia: Emergence of National Groups and Global Strategies of Firms*, 2007）。

斯蒂芬妮·塔瓦·拉玛-瑞瓦尔，巴黎印度和南亚研究中心的国家科学研究中心研究员，2005—2009 年担任新德里人类科学中心研究协调员，曾在巴黎的国家东方语言和文明研究所任教，主要研究印度城市民主，重点是微观局部动员。出版著作包括：《印度和尼泊尔的女性与政治：图像和存在》（*Femmes et politique en Inde et au Nepal: image et presence*, 2004）；主编《印度的选举保留、政治表现与社会变化：比较视角》（*Electoral*

Reservations, Political Representation, and Social Change in India: A Comparative Perspective, 2005)；与阿卡纳·戈什合著《进行中的民主化：印度城市中的女性与地方政治》（*Democratization in Progress: Women and Local Politics in Urban India*, 2005）。

编著者介绍

凯沙布·达斯，艾哈迈达巴德古吉拉特发展研究所教授，2004 年获得著名的 V. K. R. V. Rao 社会科学奖（经济学）。他的研究涉及区域发展、小公司和产业群动态、非正式部门、基础设施和发展政治。主编《印度产业群》（*Indian Industrial Clusters*，2005）；与阿斯威尼·库马尔·米什拉（Aswini Kumar Mishra）合著《确保横向公平：第十三届财政委员会面临的挑战》（*Ensuring Horizontal Equity: Challenge before the Thirteenth Finance Commission*，载《经济与政治周刊》（*Economic and Political Weekly*），2009，44（5）。

拉维·达格尔，社会科学与健康研究人员，在社区卫生研究基金会、健康及相关主题调查中心、瑞士援助和国际行动援助等机构从事公共卫生问题研究近 30 年，目前是一名独立顾问/研究员，与国际预算促进会和人民健康运动有联系。近期发表的论文包括：《印度的医疗保健：改变融资战略》［*Healthcare in India: Changing the Financing Strategy*，载《社会政策与行政》（*Social Policy and Administration*），2007，41（4）］和《全民农村健康计划（NRHM）背景下的卫生预算》［*Health Budgets in the Context of NRHM*，载《印度经济评论》（*India Economy Review*），2008 年 2 月 5 日］。

阿卡纳·戈什，社会科学家，目前是加尔各答社会科学研究所东部地区中心城市研究的负责人，研究兴趣包括城市治理、贫困和环境问题。她出版过若干著作，主编《城市环境管理：地方政府与社区行动》（*Urban Environment Management: Local Government and Community Action*，2003），与斯蒂芬妮·塔瓦·拉玛-瑞瓦尔合著《进行中的民主化：印度城市中的女性与地方政治》（*Democratization in Progress: Women and Local Politics* *in Urban India*, 2005)。

阿涅斯·于雄，曾研究发展中国家的城市公用事业，曾在一家非营利组织中担任运输项目经理，并与纪尧姆·特里科特合著《公民与机构之间：海得拉巴供水和卫生服务一体化的动态》(*Between Citizens and Institutions: The Dynamics of the Integration of Water Supply and Sanitation Services in Hyderabad*, 2008)。

詹尼弗·贾拉，新德里贾瓦哈拉尔·尼赫鲁大学法律和治理研究中心助理教授，教授城市治理课程。她的研究兴趣广泛，涉及城市空间政治、全球化及其对基础设施和零售业的影响，以及发展中国家城市服务交付的"治理"。出版的著作有：《Chukimane：以社区幼儿保育和教育能力为基础》(*Chukimane: Building on Community Capacities of Early Childhood Care and Education*, 2003)。其《公共部门改革最佳实践：两个印度城市的若干例子》(*Good Practices in Public Sector Reform: A Few Examples from Two Indian Cities*)，载于阿米塔·辛格主编《行政改革：走向可持续实践》(*Administrative Reforms: Towards Sustainable Practices*, 2005)。

洛兰·肯尼迪，巴黎印度和南亚研究中心国家科学中心研究员，2007—2009年，在新德里人类科学中心担任研究协调员。她的研究重点是印度增长背后的区域因素和新兴的联邦治理模式。近期作品包括：《转向以城市为中心的成长战略》(*The Shift to City-Centric Growth Strategies*)，载于《经济与政治周刊》，2008，43（39）；《海得拉巴的新治理形式》(*New Forms of Governance in Hyderabad*)，载于鲍德和德·威特主编《印度城市治理的新形式：转变，模型，网络与争论》(*New Forms of Urban Governance in India: Shifts, Models, Networks and Contestations*, 2008)。

吉里什·库马尔，德里印度公共行政学院高级研究员。他感兴趣的领域包括公共政策、分权、治理改革、政府、社会部门改革、农村和城市发展、女性赋权和参与。近期作品有：《印度的地方民主：解释分权》(*Local Democracy in India: Interpreting Decentralisation*, 2006)；《重塑地方治理：联锁战略与方案的表达》(*Reinventing Local Governance: Expressions of Interlocking Strategies and Programmes*)，载于2009年发布的《公民治理和发展报告（2008—2009）》（*Citizen's Report on Governance and Development*, *2008 - 2009*）。

弗雷德里克·兰迪，地理学教授，主持巴黎第十大学（University of Paris Ouest-Nanterre-La Défense）的盖蔻（Gecko）实验室（法国）工作。他是巴黎印度和南亚研究中心副研究员、法国大学科学院名誉研究员，致力于印度城市和农村的分权及国家—公民关系研究，近期出版著作有《供给印度：粮食政策的空间参数》（*Feeding India: The Spatial Parameters of Food Grain Policy*, 2009）。

乔斯·莫伊，鹿特丹大学社会科学研究所公共政策与发展管理副教授，研究重点为印度社会政策和治理。她在国际刊物上发表过关于食品、卫生、教育和社会部门预算方面的文章，并出版了一本关于公共食品分配的专著，与黛博拉·布莱斯森和克里斯托瓦尔·凯（Deborah Bryceson and Cristóbal Kay）共同主编《消失的农民》（*Disappearing Peasantries*），2000]，主编《印度经济改革的政治》（*The Politics of Economic Reforms in India*, 2004）。

纪尧姆·特里科特，曾研究发展中国家的城市公用事业。在印度的此项研究工作后，他加入了一家城市发展领域的咨询公司。出版著作有《公民与机构之间：海得拉巴供水和卫生服务一体化的动态》（与阿涅斯·于雄合著，2008）。

玛丽·伊莲·谢拉，巴黎发展研究所城市研究高级研究员，派驻新德里人类科学中心。她此前曾在世界银行的水与卫生项目中工作，并曾在包括欧盟在内的多个组织中担任顾问，研究兴趣涵盖城市服务领域，以及权力下放和自由化进程对印度城市治理和民主的影响。近期作品有：《作为孟买政治参与者的中产阶级邻里协会》（*Middle Class Neighbourhood Associations as Political Players in Mumbai*）[《经济与政治周刊》，2007，42（47）]和《分裂孟买城市主义：多层社会中的不同趋势》[《地球论坛》（*Geoforum*），2008，39（6）]。

译 后 记

在当今世界里，城市化速度不断加快，城市居民数量持续增长，特大城市数量增多且规模庞大，如何进行大都市治理成为许多国家面临的一个问题，在中国是这样，在印度也同样如此。

苏迦塔·帕特尔（Sujata Patel）主编的《城市与城市的当务之急》（*Cities and the Urban Imperative*）系列，评估了印度城市现象的独特之处，介绍了研究城市、城市体验及其想象的整体方法，同时也描绘了特定城市在应对变化和设法体验现代化时所采用的独特方式。《印度大都市治理：四城市个案研究》是该城市系列研究的一部分。

本书主编乔尔·吕埃和斯蒂芬妮·塔瓦·拉玛-瑞瓦尔分别是巴黎东大国家科学研究中心技术、区域与社会研究实验室研究员，巴黎印度和南亚研究中心的国家科学研究中心研究员。他们研究的核心问题是谁在负责印度大都市的管理，而管理又为谁在服务？研究团队选取了德里、孟买、加尔各答和海得拉巴四个不同类型的城市代表，主要收集了这四个城市从2004年到2006年的有关数据，采用一系列实证、定性和比较性研究方法，如访谈、主题小组讨论、直接参观市政或协会会议、研究官方文件（包括基础设施状况报告、市政会议纪要、参与式项目记录）等，在某特定城市内的不同部门之间以及不同城市的部门之间进行一系列案例研究，挑选出不同类型的地点和群体进行数据收集，以体现各城市在行政地位、社会经济状况和城市面貌等方面的多样性。

本书第一部分着眼于与治理有关的主题和问题，各章对城市治理的具体方面进行了一系列回顾，内容涉及所研究的四个城市的介绍、对当代城市治理的界定、城市治理参与的新模式、城市治理中社会动态性的表现等。第二部分则论述城市治理中的部门、课题、方法和公共性，从部门方面介绍不同的案例，主要涉及教育、医疗、供水和卫生、贫民区改造、固体废物处理五个部门，对每个部门都确定了两到三个城市进行对比。第二部分包含丰富的实证细节，是对第一部分内容的阐释和细化。

他山之石，可以攻玉。本书丰富的研究内容，跨学科多样性的研究方法，项目研究团队在大都市治理问题上严谨科学的学术态度与集思广益的协作方式，可以给有关领域的学者们带来更多的启发。

在此，作为译者，我要特别感谢华东理工大学外国语学院翻译硕士研究生刘璃珂和贺阳阳在本书翻译过程中所做的努力，也感谢华东理工大学出版社的编辑们对书稿的修正。鉴于译者专业知识所限，译文中难免存在不当与疏漏之处，在此表示歉意，敬请读者批评指正！

赵春雨

内容提要

abstract

当今城市治理的特点是地方事务管理参与者众多，这就提出一些有待调查的问题：到底谁在规划和管理城市事务，是个人还是机构？公共的还是私营的？又是怎么规划和管理的？这一进程中有哪些共同利益？在何种条件下可以采取合作行动？城市治理的众多参与者相互作用的关键动机是什么？本书以德里、孟买、加尔各答和海得拉巴的一系列案例研究为基础，围绕上述问题讨论了印度大都市的治理问题，对21世纪最初10年印度大都市治理的变化特点进行了基于不同部门的比较性研究。书中分析了自由化和权力下放后发生的变化，侧重于初级教育、医疗保健、贫民区改造、供水和卫生、垃圾管理五个公用事业。